suhrkamp taschenbuch 4304

Im September 1894 entdeckte der französische Geheimdienst eine undichte Stelle im Generalstab der Armee: Militärische Geheimnisse wurden verraten, ausgerechnet an die Deutschen. Wenige Wochen später wurde Hauptmann Alfred Dreyfus trotz mangelnder Indizien verhaftet, des Landesverrats für schuldig befunden und zu lebenslanger Verbannung auf der Teufelsinsel verurteilt. Kaum jemand zweifelte an der Richtigkeit des Urteils: Dreyfus war Jude. Begley zeigt, wie Antisemitismus und Rassismus in einer vermeintlich liberalen Gesellschaft funktionieren, damals wie heute. Vorannahmen führen zur Anklage, Racial Profiling ersetzt die Suche nach der Wahrheit, Beweise werden fabriziert. Guantánamo liegt der Teufelsinsel näher, als man glauben mag.

Louis Begley, 1933 in Polen geboren, studierte Literaturwissenschaft und Jura in Harvard und arbeitete von 1959 bis 2004 als Anwalt in New York. Als Schriftsteller wurde er mit seinem ersten Roman *Lügen in Zeiten des Krieges* auf Anhieb international bekannt. Louis Begley lebt in New York.

Zuletzt erschienen im Suhrkamp Verlag die Romane *Ehrensachen* (st 3998) und *Schmidts Rückkehr* (2011).

Louis Begley

Der Fall Dreyfus

Teufelsinsel, Guantánamo,
Alptraum der Geschichte

Aus dem Englischen
von Christa Krüger

Suhrkamp

Die Originalausgabe erschien 2009 unter dem Titel
Why The Dreyfus Affair Matters bei Yale University Press,
New Haven USA und London.

suhrkamp taschenbuch 4304
Erste Auflage dieser Ausgabe 2012
© Suhrkamp Verlag Frankfurt am Main 2009
Suhrkamp Taschenbuch Verlag
Druck: CPI – Ebner & Spiegel, Ulm
Printed in Germany
Umschlag: Göllner, Michels, Zegarzewski
ISBN 978-3-518-46304-8

1 2 3 4 5 6 – 17 16 15 14 13 12

Inhalt

Für Robert und später auch für Jacob und Elisabeth

Vorwort

Als ich heute, am Tag nach der Amtseinführung von Präsident Barack Obama, die letzten Änderungen in das Manuskript dieses Buches eintrug, erfuhr ich aus einem Artikel im *Miami Herald*, daß der Anklagevertreter des Pentagon auf dem Stützpunkt Guantánamo acht Stunden nach dem Amtseid des Präsidenten beantragt hat, den Kriegsverbrechenprozeß gegen Khalid Sheikh Mohammed, den mutmaßlichen Chefplaner der Anschläge vom 11. September, 120 Tage lang auszusetzen. Der Aufschub soll der neuen Administration Zeit zum Studium der im Zusammenhang mit dem Krieg gegen den Terror anhängigen Anklagen verschaffen. Ein Sprecher der Militärkommission in Guantánamo bestätigte, daß für alle anderen schwebenden Verfahren gleichfalls Aufschub beantragt werden soll. Mohammed ist einer von fünf mutmaßlich an der Planung der Anschläge auf die Türme des World Trade Center beteiligten Gefangenen, für die der Anklagevertreter der Regierung in Militärkommissionsverfahren die Todesstrafe fordert. Die Klage gegen Mohammed al Kahtani, den sechsten Gefangenen in dieser Gruppe – womöglich ist er der gesuchte zwanzigste Flugzeugentführer, der keine Einreiseerlaubnis in die Vereinigten Staaten erhalten hatte –, wurde abgewiesen. Susan J. Crawford, eine hohe Regierungsbeamtin, die im Auftrag der Bush-Administration zu entscheiden hatte, ob Guantánamo-Häftlinge vor Gericht gestellt werden sollten, hat kürzlich in einem Interview gesagt, daß al Kahtani vom US-Militär gefoltert wurde und daß sie deshalb ein Verfahren gegen ihn nicht zulassen wird.

In seiner Antrittsrede sagte Präsident Obama, während Expräsident George W. Bush und Exvizepräsident Richard B. Cheney ein paar Reihen hinter ihm im Publikum saßen: »In der Frage unserer Landesverteidigung weisen wir die Wahl zwischen unserer Sicherheit und unseren Idealen als falsch zurück. Unsere Gründungsväter hatten mit Gefahren zu kämpfen, die wir uns kaum vorstellen können, und trotzdem haben sie eine Charta zur Gründung eines Rechtsstaates und zur Sicherung der Menschenrechte entworfen – eine Charta, die mit dem Blut von Generationen weitergeschrieben wurde. Diese Ideale bringen immer noch Licht in die Welt, und wir werden sie nicht aus Gründen bloßer Zweckdienlichkeit aufgeben.« So wies der Präsident mit zwei stolzen Sätzen das Erbe zurück, das ihm Bush und Cheney hinterlassen haben: ihre grobe Mißachtung der internationalen Verpflichtung der Vereinigten Staaten, sich an die von ihnen unterzeichneten Genfer Konventionen zu halten und die Barbarei im Krieg einzuschränken; Verstöße gegen das Folterverbot der UN-Konvention; Umgehung und Verletzung des Rechts und der Verfassung der Vereinigten Staaten. Damit ist es vorbei; die Zeit der Masseninhaftierungen und Mißhandlungen sogenannter feindlicher Kombattanten und der geheimen CIA-Gefängnisse ist zu Ende. Das war Präsident Obamas erster Schritt zur Einlösung seines Wahlversprechens, Guantánamo zu schließen und die Vereinigten Staaten wieder zu einem Rechtsstaat zu machen.

Die Nachricht von Senator Obamas Wahlsieg am 4. November 2008 muß sich in Guantánamo von Zelle zu Zelle herumgesprochen haben, allerdings vielleicht ohne diejenigen Gefangenen zu erreichen, die – in manchen Fällen angekettet – in Einzelhaft saßen. Man kann sich gut vorstellen, daß diese Nachricht Hoffnung geweckt hat. Noch besser kann man sich ausmalen, wie erleichtert die Gefangenen waren, als sie erfuhren, daß die Verfahren vor den Militärkommissionen aufgeschoben werden. Gewiß können Häftlinge, die wissen, daß sie mit Grund vor Gericht gestellt werden, nicht erwarten, der Verurteilung zu entgehen. Aber die Verfahren werden vor ordentlichen US-Bundesgerichten oder vor rechtmäßig gebildeten Militärgerichten stattfinden. In beiden Fällen werden die Guantánamo-Insassen unter dem Schutz der amerikanischen Gesetze und Verfassung stehen und im wesentlichen den gleichen Rechtsschutz genießen wie andere Angeklagte, die sich wegen des Verdachts auf verbrecherische Handlungen vor US-Gerichten verantworten müssen.

Man kann die Phantasie noch weiter schweifen lassen, bis zur Teufelsinsel, wo Alfred Dreyfus am frühen Nachmittag des 5. Juni 1899, nach fast fünf Jahren Einzelhaft unter brutalen Vollzugsbedingungen, endlich erfuhr, daß der *Cour de Cassation*, der Oberste Gerichtshof Frankreichs, den Schuldspruch eines Pariser Kriegsgerichts aufgehoben hatte, das ihn im Dezember 1894 wegen Landesverrats verurteilt hatte. Die Nachricht, die ihm die Gefängnisverwaltung auf der benachbarten größeren Insel übermittelte, besagte, daß er nicht freigesprochen war, sondern noch einmal vor ein Militärgericht gestellt werde, aber mehr hatte er auch nicht gewollt. Dieser ehemalige französische Artilleriehauptmann, den man mit der Aberkennung seines militärischen Dienstgrads und lebenslänglicher Haft auf einer tropischen Insel mit ungesundem Klima bestraft hatte, wollte vor allem seinen Freispruch von dem Schuldvorwurf, er habe Landesverrat begangen, das abscheuliche Verbrechen, das ihm eine Jury aus französischen Offizieren zur Last gelegt hatte. Er wollte seine Ehre und die seiner Kinder retten. Er wußte, daß er nicht schuldig war. Kein klar denkender Mensch konnte ihn für fähig halten, Landesverrat zu begehen. Er hatte kein Motiv. Der Schuldspruch war nach einer Verhandlung unter Ausschluß der Öffentlichkeit und der Presse gefällt worden und, soweit Dreyfus wußte, nur aufgrund eines einzigen Dokuments, mit dem ihn nichts verband als eine vermeintliche Übereinstimmung der Handschriften. Ein Generalstabsoffizier, der als Belastungszeuge aufgetreten war, hatte seine Aussage mit einem

Meineid beschworen. Die Offiziere, die über ihn zu Gericht saßen, waren eingeschüchtert von seinen Anklägern aus der Armeespitze. Trotzdem – aber davon wußte Dreyfus an jenem Nachmittag noch nichts – war es zu dem Schuldspruch erst gekommen, nachdem die Jury insgeheim und ohne daß man ihm oder seinem Verteidiger Einblick in dieses belastende Beweismaterial gewährte, manipulierte Dokumente erhalten hatte.

Zeiten und Umstände ändern sich. Einige Guantánamo-Häftlinge sind womöglich so unschuldig wie Dreyfus, einige andere mit Sicherheit nicht. Aber sie hatten Verfahren zu erwarten, die so unfair und so gegen sie voreingenommen waren wie das Militärgericht, das Dreyfus verurteilte. In diesen Verfahren fehlte der elementare Rechtsschutz der Angeklagten: die Möglichkeit, Beweismaterial, das gegen sie verwendet wurde, zu prüfen und anzufechten; die Gelegenheit, Zeugen der Anklage ins Kreuzverhör zu nehmen und Entlastungszeugen zu benennen; das uneingeschränkte Recht auf einen Verteidiger; ein Tribunal, das nicht unter Druck von außen stand. Aus dem Fall Dreyfus wurde die Affäre Dreyfus, die Frankreich so tief spaltete, daß das Land auch nach dem Abschluß des Falls und der Rehabilitation von Hauptmann Dreyfus noch jahrelang gespalten blieb. Vielleicht ergreift Präsident Obama Maßnahmen, die den Vereinigten Staaten einen ähnlich bitteren Streit ersparen, dem getrübten Bild wieder Glanz geben und den Guantánamo-Häftlingen, die es verdienen, den Weg in die Freiheit ebnen.

New York, 21. Januar 2009

Danksagung

Großen Dank schulde ich:

Professor Robert O. Paxton, der so selbstlos war, mein Manuskript in seinen Ferien auf dem Land zu lesen.

Meinen Freunden Joel Conarroe und Donald Hall, die zu diesem wie schon zu so vielen meiner Bücher unschätzbare Kommentare gegeben haben.

Ich danke meiner Lektorin Ileene Smith von Yale University Press für ihr kluges Urteil und ihre nie versagende gute Stimmung,

Susan Laity von Yale University Press für die sorgfältige Betreuung meines Manuskripts,

Lisa A. Kofod, die mich durch das Labyrinth der Textverarbeitung geführt hat,

meiner Freundin und deutschen Übersetzerin Christa Krüger, die auch in diesem Manuskript wieder mehr Fehler gefunden hat, als ich zählen kann.

Antoine Kirry, einem Pariser Partner der Kanzlei, aus der ich mich nach fünfundvierzig Jahren Arbeit zurückgezogen habe, bin ich dankbar, daß er meine Vermutungen über französisches Recht und Verfahrensvorschriften verifiziert hat.

Meinem Sohn Adam Begley verdanke ich die Befreiung aus einer literarischen Falle, die ich mir selbst gestellt hatte.

Meinem Stiefsohn Robert Dujarric danke ich, daß er mein Manuskript mit unermüdlicher Aufmerksamkeit geprüft und mich in mehr als einem Problem der französischen Geschichte auf den richtigen Weg gebracht hat. Dieses Buch ist ihm gewidmet und meinen französischen Enkelkindern Jacob und Elisabeth.

1

»Wenn sie nicht Befehl haben, ihn zu verurteilen, ist er heute abend frei.«[1]

Am 15. Oktober 1894 um neun Uhr morgens meldete sich ein französischer Artillerieoffizier, Anwärter auf den Dienst im Generalstab, im Kriegsministerium; er war zur Inspektion durch den Chef des Generalstabs einbestellt worden. Ein Termin so früh am Morgen statt abends, wie üblich, dazu die Anordnung, in Zivil zu erscheinen, war überraschend für ihn. Seine Überraschung wuchs, als er, begleitet von Major Georges Picquart, der ihn in Empfang genommen hatte, im Büro des Chefs, General Charles Le Mouton de Boisdeffre, eintraf und erfuhr, daß weder Boisdeffre anwesend war noch einer der anderen Anwärter. Statt dessen sah er einen Offizier, der sich als Major Armand Mercier du Paty de Clam vorstellte, und drei ihm nicht bekannte Zivilisten. Du Paty erklärte, der General werde in Kürze wieder dasein, und bat den Artilleristen, einen Brief zu schreiben, den er diktieren werde, da er selbst wegen einer Verletzung der rechten Hand nicht schreiben könne. Als das Diktat – Auszüge aus einem Text, der bald als *Bordereau* (Liste) berüchtigt werden sollte – beendet war, richtete sich du Paty zu seiner ganzen eindrucksvollen Größe auf, legte dem Offizier die Hand auf die Schulter und schnarrte: Im Namen des Gesetzes: Ich nehme Sie fest, Sie stehen unter Verdacht auf Landesverrat! Die Zivilisten stürzten sich auf den Offizier und durchsuchten ihn.

Der Artillerieoffizier war natürlich Hauptmann Alfred Dreyfus, der im folgenden Jahrzehnt einer der bekanntesten Männer in Europa oder sogar weltweit werden sollte. Die drei Zivilisten waren der Chef der Sûreté générale, der dem Innenministerium unterstellten Polizei, die oft mit politischen Aufgaben betraut wurde, der Sekretär des Chefs und Félix Gribelin, der Archivar der Section de Statistique des Generalstabs. Diese Abteilung, das Nachrichtenbüro, war zuständig für Spionage und Spionageabwehr. Major Joseph Henry, ebenfalls von der Abteilung für Statistik, stand als Beobachter hinter einem Vorhang versteckt. Nach der Festnahme übernahm Henry das Kommando und brachte Dreyfus zum Militärgefängnis in der Rue du Cherche-Midi, einer sehr langen Straße links der Seine, die sich vom sechsten bis zum fünfzehnten Arrondissement erstreckt.

Damit waren – bis auf eine Ausnahme – alle Hauptakteure des Dramas, das nun begann, schon im ersten Akt auf der Bühne versammelt. Nur Major Ferdinand Walsin-Esterházy fehlte. In den Kulissen wartete die gesamte militärische Führungsriege auf ihren Auftritt: der Kriegsminister General Auguste Mercier, Generalstabschef Boisdeffre, sein Stellvertreter Arthur Gonse und Oberst Jean Sandherr, der Chef des Nachrichtenbüros, der Gonse zugeordnet war. Im Lauf der folgenden fünf Jahre sollten die drei Generäle ihre Untergebenen zu illegalen und häufig bizarren Handlungen anstiften oder ermutigen oder solche Handlungen in Auftrag geben und mit ihrer Autorität absegnen.

Die Ereignisse, die zu diesem Arrest führten, sind hinlänglich bekannt. Am 24. Juli 1894 bot der französische Major Esterházy dem deutschen Militärattaché Oberstleutnant Maximilian von Schwartzkoppen wichtige französische Militärgeheimnisse zum Kauf an. Esterházy entstammte einer illegitimen französischen Seitenlinie der vornehmen alten österreichisch-ungarischen Familie, die diese französische Nebenlinie nie anerkannt hatte. Er war ein amoralischer Soziopath, der zwanghaft log, betrog und intrigierte. Zudem war er chronisch verschuldet; seine Frau, eine französische Adlige, die ihn gegen den heftigen Protest ihrer Familie geheiratet hatte, sah sich gezwungen, rechtliche Schritte zu unternehmen, um ihr eigenes kleines Vermögen vor seinem Zugriff zu schützen. Schwartzkoppen hatte Bedenken, einen französischen Offizier als Spion zu beschäftigen, wollte sich aber auch eine vielleicht einmalige Gelegenheit nicht entgehen lassen und fragte seine Vorgesetzten in Berlin um Rat. Mit ihrer Billigung nahm er die Offerte an. Wie Schwartzkoppen später schrieb, berichtete Esterházy ihm am 1. September bei einem eineinhalbstündigen Gespräch in der Botschaft viel Wissenswertes und gab ihm eine Schießvorschrift der Feldartillerie und eigene Aufzeichnungen über ein neues von den Franzosen entwickeltes 120-Millimeter-Geschütz, über französische Truppenpositionen und Veränderungen in den Artillerieformationen, außerdem Pläne zur Invasion und Kolonisierung Madagaskars.[2] Die Übergabe dieser Dokumente wurde im *Bordereau* protokolliert, einem Schriftstück auf dünnem Papier ohne Datum und Unterschrift. Der Hinweis auf das kurze 120-Millimeter-Geschütz war besonders wichtig, weil das französische Militär seit der Niederlage gegen Preußen im Krieg von 1870/71, zu der die technische Überlegenheit der preußischen Waffen beigetragen hatte, große Anstrengungen unternahm, ein Geschütz zu entwickeln, das den preußischen Kanonen voraus war. Kurz nachdem das *Bordereau* beim Militärattaché eingetroffen war, gelangte es über *la voie normale*[3] (den üblichen Weg) in das französische Nachrichtenbüro. Der Euphemismus bezog sich auf Madame Bastian, eine vom Nachrichtenbüro bezahlte Putzfrau in der Pariser deutschen Botschaft. Es gehörte zu den Pflichten der Putzfrau, Schwartzkoppens Papierkorb täglich zu leeren und den Inhalt zu verbrennen. Statt dessen lieferte sie die Papiere, die sie darin fand, einem Mitglied des Nachrichtenbüros ab. Meist war das Major Henry, unter anderem zuständig für die große, bunt zusammengewürfelte Gruppe der korrupten Dienstboten, Pförtner und Doppelagenten im Dienst des Nachrichtenbüros.

Das *Bordereau* wurde Henry am 26. September auf diesem Weg zugespielt, zusammen mit einem Bündel anderer Dokumente. Es war in Fetzen gerissen, aber – anders als die meisten Schriftstücke aus Schwartzkoppens Papierkorb – in französischer Sprache geschrieben, deshalb konnte Henry es ohne die Hilfe seines Deutsch sprechenden Kollegen Hauptmann Jules Lauth wieder zusammensetzen. Wie wichtig es war, wurde ihm beim Lesen sofort klar. Am nächsten Tag zeigte er das wiederhergestellte Dokument seinem Vorgesetzten Sandherr. Aus der Größenordnung der verkauften Geheimnisse schlossen Sandherr und seine Kollegen im Generalstab, daß der Verräter ein gutinformierter Insider aus dem Ministerium sein müsse. Kurz zuvor waren schon andere geheime Informationen durchgesickert, offenbar aus undichten Stellen im Ministerium, und das Nachrichtenbüro hatte versucht, die Quellen zu finden – ohne Erfolg. Das *Bordereau* zeigte, wie dringend notwendig es war, den Verräter dingfest zu machen.

Die neue Untersuchung wurde mit einer fast lächerlichen Inkompetenz durchgeführt. Man verglich die Handschrift auf dem *Bordereau* mit den Schriftzügen anderer abgefangener Dokumente in den Akten des Nachrichtenbüros. Übereinstimmungen wurden nicht gefunden. Mehr noch: Keiner der Chefs in den vier Abteilungen des Generalstabs konnte die Handschrift einem der ihm unterstellten Offiziere zuordnen. Folglich war man gut eine Woche später kurz davor, die Fahndung nach dem Verfasser des *Bordereau* aufzugeben. Die Lage änderte sich jedoch dramatisch, als am 6. Oktober Oberstleutnant Albert d'Aboville wie ein *Dämon ex machina* aus dem Urlaub zurückkehrte. Er war gerade erst befördert worden, brannte darauf, sich hervorzutun, und erklärte prompt, er habe die Lösung, die seinen Kollegen nicht eingefallen war. Man müsse sich auf das Täterprofil konzentrieren. Laut d'Aboville konnte nur ein Artillerieoffizier Daten über das kurze 120-Millimeter-Geschütz liefern. In Anbetracht der Vielfalt von Themen, die im *Bordereau* aufgelistet seien, müsse der Informant außerdem einen Überblick über das breite Spektrum der Arbeit im Generalstab haben. Nach d'Abovilles Meinung war damit das Feld der Verdächtigen eingeengt auf Offiziere, die als Anwärter beim Generalstab arbeiteten, da sie nach dem Rotationsprinzip in allen Abteilungen hospitierten, um sich mit den Aufgaben der verschiedenen Bereiche vertraut zu machen. Trotz seiner arroganten Selbstsicherheit irrte sich d'Aboville: Esterházy war Linienoffizier und Infanterist. Seine Kenntnis der Themen, die er im *Bordereau* aufgezählt hatte, war begrenzt und oberflächlich, aber das hatte ihn nicht abgeschreckt. Er schrieb gewandt und schwungvoll und war es gewohnt, seinen Lesern Sand in die Augen zu streuen.

Eine Liste der Generalstabsanwärter wurde bereitgestellt, und der Name Dreyfus fiel sofort ins Auge. Als Artillerieoffizier paßte er zu d'Abovilles Annahmen. Dazu kam, daß d'Aboville und dessen unmittelbarer Vorgesetzter, Oberst Pierre-Elie Fabre, Dreyfus kannten und ablehnten. Fabre hatte sogar kurz zuvor ein negatives Gutachten über den Hauptmann geschrieben, in dem er ihm zwar Intelligenz und Begabung bescheinigte, aber Arroganz, mangelhaftes Verhalten und Charakterfehler ankreidete. Man ließ sich eine Schriftprobe von Dreyfus' Hand vorlegen: Die Anwesenden fanden sie der Handschrift des *Bordereau* ähnlich. Die Ähnlichkeit hätte sie nicht überraschen dürfen; damals lernte man in allen Schulen eine schräge, flüssige Schrift mit zusammenhängenden Buchstaben. Gonse und Boisdeffre wurden alarmiert, und Boisdeffre informierte den Kriegsminister General Mercier. Major du Patys Interesse an Graphologie war seinen Kollegen im Generalstab bekannt; man bat ihn um seine Meinung. Nachdem er die Schriftprobe übers Wochenende untersucht hatte, bestätigte du Paty den Schluß, zu dem die

Gruppe gekommen war: Die Handschriften seien identisch. Und Dreyfus der Landesverräter.

Dreyfus war der einzige jüdische Offizier im Generalstab, und schon in dieser Sonderrolle bot er sich als Verdächtiger an. Der Antisemitismus – in seiner traditionellen religiösen Ausprägung, aber auch der ökonomisch und rassistisch motivierte – hatte zu dieser Zeit in Frankreich einen noch nie dagewesenen Höhepunkt erreicht.

Die Offiziere, die bereit waren, Dreyfus anzuklagen, hatten ihn zwar als Kollegen korrekt behandelt, aber sie waren Antisemiten. Schon aus diesem Grund lehnten sie ihn ab. Es ist jedoch auch wichtig, festzuhalten, daß Sandherr, seine Kollegen und seine Vorgesetzten nicht etwa ein Verbrechen erfanden oder einen Juden als Sündenbock suchten. Das *Bordereau* war ein wirkliches Dokument; ein wirklicher Verbrecher war am Werk, und ihn zu finden war eine normale Aufgabe der Gegenspionage der Nachrichtenabteilung. Diese Aufgabe versuchten die Offiziere zu lösen. Die oberflächliche Ähnlichkeit zwischen Esterházys und Dreyfus' Handschrift war ebenfalls real. Aber daß Dreyfus Jude war, machte es seinen Offizierskollegen leichter, ihn anzuklagen. Er war nicht »einer von ihnen«, denn für die antisemitische Propaganda waren Juden keine echten Franzosen. Wenn er aber kein französischer Offizier war, hinterließ sein Landesverrat keinen Fleck auf der Ehre des Generalstabs. Daß Dreyfus überhaupt zum Generalstab gehörte, wenn auch nur vorläufig, war in Frankreich – wie in jeder anderen europäischen Armee der Zeit – eine Anomalie. Nach Meinung traditionalistischer Offiziere eine unselige Anomalie, die nur bewies, daß die Modernisierungen nach dem Vorbild der deutschen Reformen – Kandidaten für den Generalstab mußten Ausleseprüfungen absolvieren und wurden auf der Basis ihrer Prüfungsergebnisse zugelassen – unkluge Neuerungen gewesen waren. Unter dem vorher üblichen, altbewährten Kooptationssystem hätte ein Offizier wie Dreyfus keinen Zutritt zum Generalstab gehabt und nichts ausspionieren können.

Gut eine Woche nach Dreyfus' Verhaftung, die noch immer geheimgehalten wurde, hatte Sandherr eine Unterredung mit Maurice Paléologue im Außenministerium, um ihm vertrauliche Mitteilung über neue Entwicklungen in der sensibelsten Angelegenheit zu machen, mit der das Nachrichtenbüro beschäftigt war, einer Angelegenheit, die schon allerhand Gerüchte ausgelöst hatte. Paléologue war ein junger Diplomat – damals siebenundzwanzig Jahre alt – im Rang eines Generalsekretärs mit Kontakt zum Geheimdienst des Außenministeriums und fungierte als Verbindungsmann des Ministeriums zum Nachrichtenbüro und ganz allgemein zum Generalstab. Als Nachfahre der byzantinischen Kaiser gleichen Namens (Palaeologus) hatte er in der Pariser Gesellschaft eine glänzende Stellung, die ihm erlaubte, mit seinem Minister, mit dem Präsidenten der Republik und vielen anderen deutlich älteren Männern in Machtpositionen freundschaftlich vertraut umzugehen. Paléologue führte Tagebuch und hielt darin Sandherrs Äußerungen fest:

> Der des Landesverrats beschuldigte Offizier ist ein Jude, Hauptmann Dreyfus, der gerade eine lange Vorbereitungszeit in den verschiedenen Abteilungen des Generalstabs absolviert hat. Aus diesem Grund hatte er Zugang zu so vielen Informationen. Außerdem hat er sich mit seiner indiskreten Neugier, seiner ständigen Schnüffelei, Geheimnistuerei und endlich mit seinem unaufrichtigen, arroganten Charakter, »in dem man den ganzen Stolz und die ganze Niedertracht seiner Rasse erkennt«, schon lange verdächtig gemacht.[4]

Die Behauptung, Dreyfus habe schon vor der Entdeckung des *Bordereau* und vor dem Handschriftenvergleich unter Verdacht gestanden, war reine Erfindung. Sie zeigt, wie sehr Sandherr und seine Gefolgsleute sich bemüht hatten und weiter bemühen würden, den Vorwurf des Landesverrats nachträglich zu untermauern und Dreyfus in ein antisemitisches Stereotyp einzupassen. Das Vorurteil gegen Dreyfus war jedoch eine Tatsache: Es erklärt, warum der Prozeß gegen ihn schlecht geführt wurde. Wäre Dreyfus ein typischer Generalstabsoffizier gewesen – katholisch, adelig, aus einer Offiziersfamilie oder mit gutbürgerlichem katholischen oder protestantischen Hintergrund –, dann hätten der Handschriftenvergleich und die Untersuchung möglicher Motive für den Verrat viel genauer und objektiver ausfallen müssen, bevor man ihn beschuldigte. So aber konnten Dreyfus' Ankläger sich sagen, er sei ein Mann ohne Land und wie alle Juden von Natur aus ein Verräter.

Zwei Monate vergingen, bis es zum Gerichtsverfahren kam; während dieser Frist unternahm das Nachrichtenbüro angestrengte, manchmal hektische und durchweg unergiebige Versuche, den Verdacht gegen Dreyfus zu erhärten. Zu Merciers großem Ärger erklärte der Schriftsachverständige der Bank von Frankreich, den man um ein Gutachten gebeten hatte, das *Bordereau* könne trotz der Ähnlichkeiten im Schriftbild auch von einem anderen als Dreyfus geschrieben sein. Alphonse Bertillon, der Leiter des Erkennungsdienstes der Polizeipräfektur, wurde ebenfalls nach seiner Meinung befragt und entwickelte eine ausgeklügelte Theorie, die erklären sollte, warum beide Schriftproben trotz einiger Unterschiede im Schriftbild von Dreyfus stammten: Er behauptete, Dreyfus habe seine Schrift absichtlich verfälscht und an einigen Stellen die Handschrift anderer nachgeahmt. Noch drei zusätzliche Gutachter wurden bestellt, alle gerichtlich anerkannte Sachverständige; zwei von ihnen bestätigten, Dreyfus sei der Verfasser des Schriftstücks, der dritte war anderer Meinung. Mercier war so angetan von Bertillons Arbeit, daß er ihm die Gelegenheit verschaffte, Jean Casimir-Perier, dem Präsidenten der französischen Republik, seine These zu erläutern. Nach dem Treffen sagte Casimir-Perier Paléologue im Vertrauen, dieser Sachverständige sei nicht nur bizarr, sondern vollkommen verrückt, wie aus einer Nervenheilanstalt entsprungen.[5] Es ist sehr unwahrscheinlich, daß der Präsident trotz dieser Überzeugung vollkommen passiv geblieben wäre, wenn das Leben eines nichtjüdischen Offiziers auf dem Spiel gestanden hätte. Die abweichenden Meinungen des Sachverständigen der Bank von Frankreich und eines der drei anschließend vom Gericht bestellten Gutachter gaben Mercier nicht zu denken. Nur Tage nachdem er du Patys Bericht gelesen hatte, war er von Dreyfus' Schuld überzeugt und hielt unerschütterlich an seiner Überzeugung fest.

Merciers Entscheidung, Anklage gegen Dreyfus zu erheben, wurde in den obersten Rängen der Regierung und der Armee nicht einhellig gebilligt. General Félix Saussier war als Militärgouverneur von Paris und Vizepräsident des *Conseil Supérieur de Guerre* der ranghöchste französische Offizier. Er wollte die Auswirkungen auf die französische Armee vermeiden, die eine Anklage wegen Landesverrats gegen einen ihrer Offiziere haben würde, und er zweifelte an Dreyfus' Schuld. Das Verfahren konnte nicht ohne seine Zustimmung eröffnet werden, aber trotz seiner Bedenken unterzeichnete er die erforderlichen Dokumente. Nach Aussage von Paléologue teilte Saussier in der Folgezeit die Meinung Casimir-Periers, daß Dreyfus nicht schuldig war; Mercier stolperte wieder über die eigenen Füße. Als der Präsident ihn fragte, warum er Befehl erteilt habe, Dreyfus vors Kriegsgericht zu stellen, behauptete er, der Bericht über die Untersuchung habe ihm keine andere Wahl gelassen und außerdem komme es nicht darauf an. Militärräte würden den Fall fair und gerecht beurteilen. Saussier hatte Mercier zuvor nahegelegt, es sei womöglich klüger, Dreyfus nach Afrika zu schicken, wo die Armee häufig in Scharmützel mit feindlichen Stämmen verwickelt sei und er den Tod finden könne. Der Minister hatte eingewendet, Dreyfus werde vermutlich eher mit einer Beförderung zurückkommen. Gabriel Hanotaux, der Außenminister, lehnte eine Anklage gegen Dreyfus ebenfalls ab. Er fürchtete, daß es zu unangenehmen diplomatischen Konsequenzen käme, wenn offenbar würde, daß ein Agent des Nachrichtenbüros Dokumente aus der deutschen Botschaft gestohlen hatte und daß Schwartzkoppen, ein Offizier der kaiserlichen Garde und akkreditierter Diplomat, mit Spionage zu tun habe. Hanotaux' Bedenken waren so stark, daß auf sein Betreiben der Ministerpräsident Charles Dupuy, der selbst geteilter Meinung über den Prozeß war, Mercier das Versprechen abnahm, das Verfahren nur anzustrengen, wenn es zusätzlich zum *Bordereau* andere Schuldbeweise gab.

Dieses Versprechen war schwer zu erfüllen. Man fand kein zusätzliches Belastungsmaterial. Außerdem hatte Dreyfus kein Motiv, Spion oder Landesverräter zu werden. Er war reich, glücklich verheiratet und Vater von zwei kleinen Kindern; er hatte weder Schulden noch Laster; er war Absolvent zweier Eliteschulen, der *École Polytechnique* und der *École Supérieure de Guerre*, und seine Noten im Abschlußzeugnis der Militärakademie kamen den Spitzenergebnissen so nahe, daß sie ihm den begehrten Ausbildungsplatz beim Generalstab sicherten. Nichts stand seinem Aufstieg bis zum Generalsrang im Weg. Warum sollte dieser Mann Geheimdokumente an den deutschen Militärattaché verschachern? Darauf gab es nur eine Antwort: weil er Jude war.

Dreyfus wurde zwei Wochen lang im Gefängnis an der Rue du Cherche-Midi isoliert; er durfte weder mit seiner Frau noch mit seinem Anwalt Kontakt aufnehmen. Seine Wohnung wurde mehrmals durchsucht. Du Paty, den Mercier mit der geheimen Voruntersuchung beauftragte, drohte Dreyfus' Frau Lucie: Wenn sie auch nur ein Wort über die Hausdurchsuchungen oder die Verhaftung verlauten lasse, müsse sie mit den übelsten Konsequenzen für ihren Mann rechnen. Die Durchsuchungen waren nach französischem Recht illegal. Zwei Wochen vergingen, bis man Dreyfus das *Bordereau* zeigte: Während dieser Zeit hatte du Paty ihn sechsmal lange und mit verbaler Brutalität verhört. Sein Ziel war es, durch eine Mischung aus Drohungen und Angeboten zur Milde ein Geständnis zu erzwingen. In seinen unveröffentlichten Erinnerungen schrieb Dreyfus, du Paty sei immer spät am Abend in Begleitung des Archivars Gribelin gekommen, der als sein Sekretär fungierte. Er diktierte Dreyfus dann kleine Textstücke aus dem *Bordereau*, zeigte ihm ganz kurz auf dem Papier Wörter oder Wortfetzen, fragte ihn, ob er seine eigene Handschrift wiedererkenne, machte verdeckte Anspielungen auf Fakten, die Dreyfus nicht begriff, und verließ die Szene mit theatralischem Gestus. »Wenn ich in diesen langen Tagen und Nächten nicht den Verstand verlor«, schrieb Dreyfus, »dann lag es nicht an du Paty. Der hätte mich der Leere überlassen.«[6] Dreyfus hatte nur eine Antwort auf alle Fragen: Er beteuerte seine Unschuld. Er war dermaßen erregt, daß der Gefängnisdirektor, Major Ferdinand Forzinetti, seinen Zustand als lebensbedrohlich einschätzte und gewisse von du Paty ausgeklügelte Befragungsmethoden – Dreyfus mitten in der Nacht aus dem Schlaf zu reißen oder ihn vor dem Verhör mit einer sehr hellen Lampe zu blenden – untersagte. Forzinetti, der Dreyfus während seiner gesamten Haftzeit genau beobachten konnte, kam zu dem Schluß, daß dieser Häftling unschuldig war, und wurde später einer der ersten Dreyfusards außerhalb der Familie des Hauptmanns.

Du Paty dagegen hielt Dreyfus für schuldig und machte seinen Vorgesetzten gegenüber kein Hehl aus seiner Enttäuschung. Während einer stürmischen Sitzung am 27. Oktober in General Boisdeffres Büro, an der auch Sandherr und Henry teilnahmen, berichtete du Paty Boisdeffre, daß Dreyfus nicht gestanden hatte, daß die Durchsuchung seiner Wohnung kein belastendes Material ergeben hatte und daß man außer dem *Bordereau* nichts gegen ihn verwenden konnte. Anschließend schrieb er einen Brief an Boisdeffre, in dem er noch einmal wiederholte, daß Dreyfus ein Geständnis verweigert habe, und warnte, daß man mit einem Freispruch rechnen müsse. Abschließend regte er an, das Verfahren abzubrechen, Dreyfus freizulassen und dann einen neuen Handlungsplan zu entwerfen; in der Zwischenzeit müsse man dafür sorgen, daß der Hauptmann keinen Kontakt zu Agenten ausländischer Mächte aufnehmen könne. Am selben Tag bestellte Boisdeffre du Paty zu einer Unterredung ein und erklärte ihm:

> Wir sind zu weit vorgeprescht, um jetzt einen Rückzieher zu machen. Dreyfus ist ein Schwein, er verdient das Erschießungskommando. Machen Sie Ihre Arbeit weiter, kümmern Sie sich nicht um die Folgen und maulen Sie nicht.[7]

Zwei Tage später schickte du Paty seinen Bericht an Mercier. Darin nannte er Dreyfus einen Verräter, hütete sich aber, eine Anklage gegen ihn zu empfehlen. Die Entscheidung über den nächsten Schritt überließ er dem Minister.

Mittlerweile war die Inhaftierung von Dreyfus kein Geheimnis mehr. Die Nachricht sickerte durch, und die nationalistische und antisemitische Pariser Tageszeitung *L'Éclair* konnte in ihrer Spätausgabe vom 31. Oktober als erste berichten, daß die Gerüchte über die Verhaftung eines dem Generalstab zugeteilten Offiziers und seinen möglichen Landesverrat der Wahrheit entsprachen. Am nächsten Tag ergänzten andere Zeitungen die Geschichte: Der verhaftete Offizier sei der Artilleriehauptmann Alfred Dreyfus, fünfunddreißig Jahre alt, wohnhaft in der Avenue du Trocadéro. Es gebe Hinweise darauf, daß die Affäre vertuscht werden solle, weil der Offizier Jude war.

Wenn Mercier jetzt angeordnet hätte, Dreyfus freizulassen, hätte die nationalistische und antisemitische Presse ihm vorgeworfen, die Untersuchung verpfuscht zu haben und nicht entschieden genug gegen den Juden vorgegangen zu sein. Wenn er jedoch den Hauptmann in Haft behielt, eine offizielle Untersuchung eröffnete, sich die Schuldvorwürfe gegen Dreyfus dann aber als haltlos erweisen sollten oder er nach dem Prozeß freigesprochen würde, so wäre ein Skandal anderer Art die Folge. Dann würde man ihm, Mercier, vorwerfen, leichtsinnige, entehrende Beschuldigungen gegen einen Offizier erhoben und durch seine Dummheit eine Krise der diplomatischen Beziehungen mit Deutschland riskiert zu haben. Damit wäre nicht nur sein Ansehen ruiniert, sondern wahrscheinlich auch sein Sitz im Kabinett verloren. Mercier war bekannt für Starrsinn und impulsive Entscheidungen, und beide Eigenschaften verstärkten sich zur fraglichen Zeit durch seine Unpopularität und durch heftige Kritik an neuen übereilten Beschlüssen, die er getroffen hatte. Am 7. November gab er das Signal zu einer gerichtlichen Untersuchung. Die Folgen dieser Entscheidung und der Indiskretionen gegenüber der Presse, die sie beschleunigten, waren so gravierend, daß in der Forschung eine Menge detektivischer Feinarbeit investiert wurde, um ausfindig zu machen, wer die Informationen ausgeplaudert hatte. Der Verdacht hat sich auf Major Henry konzentriert, weil ihm am meisten daran gelegen war, daß es zur Anklage kam, aber er hat sich nicht bestätigt, und ein nachweislich Schuldiger wurde nicht gefunden.[8]

Man brauchte nun noch dringender belastendes Material gegen Dreyfus. Da man keines finden konnte und da Mercier Peinlichkeiten erspart werden sollten, mußte man es fabrizieren. Diese Aufgabe übernahm Henry. Mit Unterstützung des Archivars Gribelin stellte er die Dokumente des berühmten *dossier secret* zusammen – oder ›frisierte‹ sie, wenn sie nicht beweiskräftig genug erschienen. Dazu gehörten Kopien von erstaunlich indiskreten Briefen, die Schwartzkoppen und der italienische Militärattaché Oberst Alessandro Panizzardi gewechselt hatten; außerdem der fast unverständliche Entwurf einer Notiz Schwartzkoppens, in der er anscheinend abwägt, welche Vorteile und welche Risiken das Spionageangebot eines nicht namentlich genannten französischen Offiziers enthält; drei Briefe von einem spanischen Militärattaché, die, in ihrer von Henry veränderten und ergänzten Version, den Empfänger, einen Agenten des Nachrichtenbüros, darauf aufmerksam machten, daß ein Offizier des Generalstabs dem deutschen Attaché Informationen verkaufe; und ein drei oder vier Seiten langer Kommentar von du Paty, der den Blick auf die Dokumente in die erwünschte Richtung lenkte. Das wichtigste Dokument im Dossier, ein Brief Panizzardis an Schwartzkoppen, auf den man im Lauf der Affäre immer wieder zurückkommen würde, betraf Pläne militärischer Einrichtungen in Nizza, die »cette canaille de D. [die Kanaille D.] mir für Sie gegeben hat«. Nach Aussage Schwartzkoppens war »D.« – von den Anklägern ausnahmslos als »Dreyfus« gelesen – in Wirklichkeit ein gewisser Monsieur Dubois, ein Zivilbeamter, der in der kartographischen Abteilung des Kriegsministeriums arbeitete und jahrelang Pläne französischer militärischer Einrichtungen an die beiden Attachés verkauft hatte.[9]

Die Fälschungen im Geheimdossier und ihre Verwendung waren nach französischem Recht strafbare Handlungen. Mercier erkannte die Gefahr für sich und seine Untergebenen. Nach Dreyfus' Verurteilung gab er Befehl, die Prozeßakten des Kriegsgerichts im Kriegsministerium aufzubewahren und nicht in die Archive des Pariser Militärkommandos zu bringen. Anfang Januar wurde die Regierung Dupuy abgelöst, und in der neuen Regierung war Mercier nicht mehr Kriegsminister. Vor der Amtsübergabe am 17. Januar 1895 verbrannte er seine eigene Kopie von du Patys Kommentar in Sandherrs Gegenwart und befahl ihm, dafür zu sorgen, daß keine Spur dieses Dokuments im Nachrichtenbüro zurückblieb. Gleichzeitig gab er Sandherr die anderen Schriftstücke des Geheimdossiers, die er nach dem Prozeß behalten hatte. Er wollte, daß sie wieder in die verschiedenen Ordner eingefügt würden, denen sie entnommen worden waren; auf diese Weise würden sie nur mühsam wieder aufzufinden sein. Als zusätzliche Vorsichtsmaßnahme verlangte er in einer merkwürdigen Zeremonie von seinen Komplizen im Generalstab – Boisdeffre, Gonse, Sandherr, Henry und du Paty –, bei ihrer Ehre zu schwören, daß sie nie verraten würden, was zur Vorbereitung oder während des Dreyfus-Prozesses geschehen war. Sandherr war mehr als zehn Jahre lang Leiter des Nachrichtenbüros gewesen. Aus bürokratischer Gewohnheit hielt er sich nicht an den Befehl, den Kommentar du Patys zu vernichten. Er steckte seine eigene Kopie dieses Kommentars und Fotokopien des *Bordereau* zusammen mit den Dokumenten des Geheimdossiers in einen Umschlag, den er versiegelte und in seinem Büro behielt. Sandherr litt an progressiver Paralyse, einem Spätstadium der Syphilis, in dem kognitive und motorische Funktionen nach und nach ausfallen. Als er einige Monate später aus medizinischen Gründen in den Ruhestand gehen mußte, vertraute er den versiegelten Umschlag seinem Amtsnachfolger Picquart an.

Der Prozeß vor dem Kriegsgericht begann am 19. Dezember 1894. Gleich zu Anfang der Verhandlung verlangte der Vertreter der Anklage, das Verhör *huis clos* – unter Ausschluß der Öffentlichkeit – durchzuführen, das heißt, nur der Vertreter der Anklage, der Angeklagte und sein Verteidiger sowie die Zeugen durften im Gerichtssaal bleiben. Dreyfus' Anwalt hatte für seine Verteidigungsstrategie große Hoffnung darauf gesetzt, die Öffentlichkeit auf die Absurdität der Anklage und die Anfechtbarkeit des einzigen belastenden Beweisstücks – des *Bordereau* – aufmerksam machen zu können, und protestierte nachdrücklich. Der Vorsitzende Richter wies den Einspruch ab; der Anwalt durfte seinen Protest allerdings zu

Protokoll geben und mündlich verteidigen, aber erst nachdem die anderen Mitglieder des Tribunals sich zurückgezogen hatten. Obwohl die Öffentlichkeit ausgeschlossen war, durften der Polizeipräfekt und Picquart, den Mercier und Boisdeffre angewiesen hatten, den Prozeß zu beobachten und ihnen Bericht zu erstatten, während der Verhandlung anwesend sein – ein Verstoß gegen die Prozeßordnung des Militärgerichts. Nachdem die Zeugen der Anklage zwei Tage lang ausgesagt hatten, war immer noch offenkundig, daß das Belastungsmaterial, für sich genommen, schwach war. Das *Bordereau*, dessen Verfasser nicht eindeutig feststand, war nach wie vor der einzige potentielle Schuldbeweis. Die Behauptungen von Zeugen der Anklage, daß Dreyfus in der Vergangenheit Umgang mit Frauen von zweifelhaftem Ruf gehabt habe, daß er Spielkasinos frequentiert habe, daß er eine unangenehme und übertrieben neugierige Persönlichkeit sei, schwärzten, selbst wenn man sie unbesehen glaubte, nur seinen Charakter; sie machten ihn nicht zum Landesverräter.

Für das Nachrichtenbüro war es Zeit, zum Angriff überzugehen. Henry, der schon eine Aussage gemacht hatte, verlangte, noch einmal in den Zeugenstand gerufen zu werden. Auf die – vorher mit ihm abgesprochenen – Fragen des Vorsitzenden antwortete Henry, eine vertrauenswürdige Person habe ihn vor zehn Monaten, im Februar, gewarnt, daß ein Offizier, der zum Kriegministerium gehöre, ein Verräter sei. Einen Monat später habe derselbe Informant in einem zweiten Gespräch genauere Angaben gemacht: Der Verräter gehöre zur Zweiten Abteilung des Generalstabs (das war Dreyfus' Arbeitsplatz). Nach diesem Vorlauf zeigte Henry auf Dreyfus und rief: *Le traître, le voici!* Der Beschuldigte und sein Anwalt standen auf, protestierten und verlangten den Namen von Henrys Informanten. Zur Antwort deutete Henry auf seine Offiziersmütze und erklärte: »Es gibt Dinge im Kopf eines Offiziers, die nicht einmal sein Käppi wissen darf!« Trotz dieses Theatercoups berichtete Picquart dem Kriegsminister Mercier am Abend, die Anklage komme nicht voran; der Polizeipräfekt erklärte dem Staatpräsidenten Casimir-Perier, er halte einen Freispruch für wahrscheinlich. In seinen 1901 veröffentlichten Memoiren *Cinque années de ma vie* erinnerte sich Dreyfus, daß er am 22. Dezember, nachdem er das Schlußplädoyer seines Anwalts Demange gehört hatte, sicher gewesen war, man werde ihn freisprechen.[10]

Mercier sah, daß sein Plan mit hoher Wahrscheinlichkeit mißlingen würde, und entschloß sich deshalb, die Trumpfkarte zu spielen, die er bislang zurückgehalten hatte. In Sandherrs Gegenwart händigte er du Paty das Geheimdossier aus und schickte ihn mit der Order zur Gerichtsverhandlung, dem Gerichtspräsidenten die Dokumente zu übergeben und ihm zu sagen, der General erteile ihm den »moralischen Auftrag von höchster Dringlichkeit«, den Richtern den Inhalt des Dossiers zur Kenntnis zu bringen. Dem Gericht heimlich Dokumente zu liefern, ohne Dreyfus und seinem Anwalt Gelegenheit zur Durchsicht und zum Widerspruch zu geben, war ein Verstoß gegen das Militärrecht und gegen Rechtsvorschriften für Verfahren an allen Gerichten. Die Verwendung von Fälschungen war eine zusätzliche, davon unabhängige Rechtsverletzung. Der juristische Effekt dieser Verstöße war klar: Nicht nur drohte denen, die sie begangen hatten, Anklage und Bestrafung, sondern sie machten auch das Militärgerichtsverfahren ungültig. Aber ihr Einfluß auf die Kriegsrichter stand ebenso außer Zweifel. Als Picquart, der zu dieser Zeit von Dreyfus' Schuld überzeugt war, am Abend wie üblich Boisdeffre und Mercier Bericht erstattete, sagte er den Generälen, er hätte nicht gelassen bleiben können, wenn er nicht gewußt hätte, daß die Richter das Dossier besaßen. Seine Gelassenheit war berechtigt: Die Kriegsräte berieten sich nur eine Stunde lang; in dieser Zeit lasen der Vorsitzende und ein anderer Offizier Teile des Dossiers vor, und anschließend sprachen sie Dreyfus einstimmig schuldig und verurteilten ihn zu Degradierung und lebenslänglicher Haft an einem befestigten Ort. Das war das höchstmögliche Strafmaß; die Todesstrafe für politische Verbrechen einschließlich Landesverrat war in der Verfassung von 1848 abgeschafft worden. Zwei Tage nach dem Schuldspruch, am 24. Dezember, legte Mercier der Abgeordnetenkammer einen Gesetzesantrag vor, der die Todesstrafe wieder eingeführt hätte. Der Antrag wurde abgelehnt.

Die unzählige Male beschriebene öffentliche Degradierung fand am 5. Januar 1895 auf dem Hof der *École Militaire* statt. Ein riesenhafter Feldwebel der Garde Républicaine riß Dreyfus die Rangabzeichen, Schulterstücke, Knöpfe und Tressen von der Uniform, legte sich das Schwert übers Knie und zerbrach es. Mit seiner zerfetzten Uniform mußte der Verurteilte zur »Judasparade« antreten, das heißt, er mußte die vier Seiten des weiten quadratischen Hofs abschreiten, die flankiert waren von Soldaten in Habtachtstellung aus allen in Paris stationierten Regimentern; immer wieder rief er laut, er sei unschuldig und er liebe Frankreich; außerhalb des Hofs brüllte eine wütende, nur mit Mühe von der Polizei in Schach gehaltene Volksmenge: Tod dem Verräter, Judas, dreckiger Jude; die gleichen Haßausbrüche würden Dreyfus von nun an jedesmal entgegenschlagen, wenn er der Öffentlichkeit ausgesetzt war. Sechs Wochen danach wurde er auf das Schiff gebracht, das ihn zur Teufelsinsel transportierte.

Die falsche Beschuldigung und der Justizirrtum sind zur Legende geworden, die eben beschriebene barbarische Szene und die Demütigung eines unschuldigen Opfers lassen uns vor Mitgefühl und Entsetzen schaudern. Die Wahrnehmung der meisten Zeitgenossen war anders. Der hochkultivierte Palélologue erklärte unumwunden, daß er Juden instinktiv ablehne. Gleichzeitig behauptete er, vom Antisemitismus, dessen Ungerechtigkeit und Unsinnigkeit er aus nächster Nähe erlebt habe, abgestoßen zu sein.[11] Die Kombination der beiden Positionen ergab eine Einstellung, die in der eleganten Gesellschaft keineswegs ungewöhnlich war. Überzeugt, daß Dreyfus schuldig war, hatte Paléologue die Uniform eines Infanterieoffiziers angezogen und als Sandherrs Gast zusammen mit den Offizieren des Nachrichtendiensts an der Degradierungszeremonie teilgenommen. Er beschrieb seine Eindrücke folgendermaßen:

> Falls ich während der Verhandlung noch Zweifel an Dreyfus' Schuld hatte, sind sie jetzt vorbei. Nach meiner Meinung hat sein Verhalten während der Degradierungsparade das Urteil besiegelt. Ein Mann, der sich einer derartigen Tortur so gefügig, so passiv unterwirft, kann kein Moralgefühl haben. Keine einzige Geste der Auflehnung, kein Entsetzensschrei, keine Träne, nicht einmal ein gemurmeltes Wort! Es ist richtig, daß er mehrere Male erklärte, er sei unschuldig. Aber seine Beteuerungen klangen falsch; sie waren vollkommen seelenlos, als höre man die Stimme eines Automaten.[12]

Wenn nationalistische und entschieden antisemitische Beobachter der Szene über ihre Eindrücke berichteten, klangen sie oft bis zur Böswilligkeit scharf. Ein übliches Thema war Dreyfus' Unfähigkeit, seine Gefühle mit der Noblesse und Überzeugungskraft auszudrücken, die für einen echten Franzosen selbstverständlich seien.

Dreyfus' Stimme war tatsächlich schwach und klang unangenehm blechern, wenn er sie anstrengte. Daß ihm kein ›Kommando-Ton‹ zur Verfügung stand, wurde in den überwiegend lobenden Zeugnissen seiner Vorgesetzten als Manko vermerkt. Seine »erstickte« Stimme entsprach jedoch seinem Charakter. Aus seinem Buch über seine Gefangenschaft auf der Teufelsinsel, den Briefen aus dem Pariser Militärgefängnis Cherche-Midi an seine Frau Lucile und später von der Teufelsinsel und aus seinen Memoiren ergibt sich das Bild

eines ernsthaften, bescheidenen Mannes, der außer beharr-
lichem, schweigsamem Mut nichts Heroisches an sich hatte.
Eloquenz und große Gesten standen ihm nicht zu Gebote. Eine »Geste der Auflehnung«, wie sie Paléologue in der Degradierungszeremonie gern von ihm gesehen hätte, findet man
auch in seinen Berichten über die Teufelsinsel nicht. Er war
in erster Linie Soldat und sah sich verpflichtet zu Respekt und
Gehorsam gegenüber seinen Vorgesetzten. Von ihrer Redlichkeit war er fest überzeugt.

Damit Dreyfus auf die Teufelsinsel deportiert werden
konnte, mußte ein Gesetz erlassen werden, das Mercier ei-
gens für den Fall Dreyfus anregte und das ohne Debatte von
der französischen Legislative verabschiedet wurde. Unter der
bisherigen, seit 1872 geltenden Regelung hätte Dreyfus als
politischer Häftling (in diese Kategorie fielen auch wegen
Landesverrats Verurteilte) nur auf die zu Neukaledonien ge-
hörende Insel Ducos gebracht werden können; dorthin durften Frauen und Kinder die Deportierten begleiten. Dreyfus'
Verbannungsort und die Regeln, denen er unterworfen war –
beides dank Mercier –, machten dies unmöglich. Die Teufelsinsel, die kleinste der drei Inseln des Heils, ungefähr fünfzehn
Kilometer vor der Küste von Französisch-Guyana, ist kaum
eineinhalb Quadratkilometer groß, felsig und wasserarm, nur
ein paar Kokospalmen wachsen dort. Sie war eine ehemalige
Lepra-Kolonie, aber die Leprakranken waren fort, und ihre Hütten wurden vor Dreyfus' Ankunft verbrannt. Die Île
Royale, die größte der drei Inseln, war Sitz der Gefängnisverwaltung. Auf der mittleren, der Île Saint Joseph, lag ein
Gefängnis für körperbehinderte und geisteskranke Häftlinge.
Auf den drei Inseln herrschte ein so extremes Malaria-Kli-
ma, daß die Deportation dorthin lange als Todesurteil galt.
Auch Dreyfus litt schon bald nach seiner Ankunft – ein paar
Monate vor seinem sechsunddreißigsten Geburtstag – unter
heftigen Malariaanfällen.

Er wurde in eine dreieinhalb mal dreieinhalb Meter große Steinzelle mit zwei vergitterten Fenstern gesperrt. Ihre einzige Tür hatte Sehschlitze, durch die man ungehinderte Sicht ins Innere der Zelle hatte; vor der Tür befand sich ein kleinerer Raum für den bewaffneten Wächter, der alle zwei Stunden abgelöst wurde; Dreyfus wurde rund um die Uhr bewacht. Die eiserne Außentür klapperte, wenn die Wachen ein und aus gingen, so daß kein ungestörter Schlaf möglich war. Außer dem Häftling und seinen Bewachern lebte niemand auf der Insel, aber er durfte nicht mit ihnen und sie nicht mit ihm sprechen. Das Schweigegebot wurde während der ganzen Zeit seiner Gefangenschaft, vom Frühling 1895 bis zum Sommer 1899, streng eingehalten; es galt uneingeschränkt, egal, ob Dreyfus in seiner Zelle eingesperrt war oder sich in Begleitung eines bewaffneten Wächters – und ohne Schutz vor der tropischen Sonne – außerhalb der Hütte bewegen durfte. Während seiner gesamten Zeit auf der Insel waren der Militärarzt, der von der Île Royale kam, wenn er von den Wachen dazu aufgefordert wurde, und der Gefängnisdirektor der Inseln des Heils bei seinen Inspektionsreisen die einzigen Personen, mit denen Dreyfus ein Wort wechseln durfte. Tagsüber war es oft über vierzig Grad warm, aber Dreyfus durfte sich nicht mit Wasser abkühlen. Der Militärarzt hatte empfohlen, ihm Bäder im Meer zu gestatten, aber die Gefängnisverwaltung verweigerte die Erlaubnis. Er sollte die gleiche Verpflegung erhalten wie ein Soldat, aber keinen Wein. Das hieß, daß man ihm morgens Speck oder ein Stück rohes Fleisch, getrocknete Bohnen und grüne Kaffeebohnen brachte. Er kochte sich seine Mahlzeiten auf einem Feuer, das er in seiner Zelle machen durfte; Feuerholz sammelte er in seinen Freistunden. Da man ihm weder einen Teller noch einen Napf gab, bog er sich beides aus Blechbüchsen. Deportierte durften sich von ihrem Geld Konserven kaufen, aber man erschwerte ihm den Kauf durch alle möglichen verwaltungstechnischen

Hindernisse, und die Bemühungen seines Bruders Mathieu, regelmäßige Nahrungslieferungen aus Cayenne auf dem Festland von Guyana zu organisieren, wurden ebenfalls von der Gefängnisverwaltung vereitelt. Häufig wurden willkürliche demütigende Leibesvisitationen durchgeführt.

Dreyfus durfte Briefe schreiben und empfangen: Was er schrieb, prüften Zensoren des Kolonialministeriums, und alle seine Angaben über seine Haftbedingungen wurden unlesbar gemacht. Aus den Briefen an ihn wurden Nachrichten aus der Außenwelt getilgt, ebenso Berichte über die Bemühungen seiner Frau, seines Bruders und einer wachsenden Gruppe von Dreyfusards, die seine Entlastung und Freilassung erreichen wollten. Nach der Hälfte seiner Zeit als Deportierter begannen Zensoren, Abschriften von Dreyfus' Korrespondenz zu machen, behielten die Originale in den Akten des Ministeriums und schickten nur die Abschriften an die Adressaten. Damit wollten sie verhindern, daß mögliche Fluchtpläne und ähnliches, Nachrichten, die vielleicht mit unsichtbarer Tinte geschrieben waren, die Empfänger erreichten.

Niemand durfte die Insel ohne besondere Genehmigung des Gefängnisdirektors der Inseln des Heils betreten. Der Militärarzt durfte Dreyfus nur in seiner Zelle behandeln; ihn in das Lazarett auf der Île Royale zu bringen war verboten. Dreyfus durfte Bücher und Schreibzeug besitzen. Er hatte aber keine Lampe, so daß er nach Anbruch der Dunkelheit nicht mehr lesen konnte; zwar brannte die ganze Nacht Licht in seiner Zelle, damit der Wächter ihn beobachten konnte, aber zum Lesen war die Beleuchtung zu trübe.

Eine Gesetzesänderung war nötig gewesen, damit man Dreyfus auf die Teufelsinsel deportieren konnte. Die bestehenden rechtlichen Vorschriften zur Behandlung von Deportierten wurden durch die Änderung jedoch nicht angetastet. Nach dem französischen Standard-Gesetzeskommentar bestand eine Deportation im Transport zu einer weit entfernten Kolonie, die der Deportierte nicht verlassen durfte. Seine Flucht mußte verhindert und die Ordnung aufrechterhalten werden; abgesehen von dafür notwendigen Maßnahmen sollte seine Bewegungsfreiheit jedoch nicht eingeschränkt werden. Einkerkerung in Zellen war nicht zugelassen. Die für Dreyfus angeordneten und von zwei aufeinanderfolgenden Kolonialministern rigoros durchgesetzten Haftbedingungen stellten also einen Machtmißbrauch und eine Rechtsverletzung dar. Sie spiegelten General Merciers Verlangen, Dreyfus für seine Halsstarrigkeit zu bestrafen: Er war nicht zu einem Geständnis bereit gewesen, das alle Zweifel an seiner Schuld ausgeräumt hätte. Auf Merciers Anordnung hatte du Paty vor und auch nach der Verhandlung, solange Dreyfus noch in Paris war, versucht, ihm durch Drohungen und Schmeicheleien ein Schuldbekenntnis abzupressen, aber Dreyfus hatte sich standhaft geweigert. Es kann gut sein, daß die Haftbedingungen weniger hart ausgefallen wären – vielleicht hätte man ihn auf die Insel Ducos deportiert, wie du Paty offenbar in Aussicht gestellt hatte –, wenn er nicht dem General getrotzt hätte.

Im September 1896 erschien in einer englischen Zeitung der törichte Artikel eines Journalisten, den Mathieu beauftragt hatte, dafür zu sorgen, daß der Fall nicht vergessen würde; in diesem Artikel wurde ohne jede Grundlage behauptet, Dreyfus sei geflohen. Die Nachricht verbreitete sich in Frankreich und provozierte öffentliche Empörung über die Laxheit der Regierung. Das Gerücht von der Flucht wurde sofort dementiert, hatte aber bittere Folgen für Dreyfus: In den nächsten beiden Monaten wurde er jede Nacht mit zwei Fußeisen an den Bettrahmen gefesselt. Er konnte sich nicht bewegen, litt unter der unerträglichen Hitze und wurde von Moskitos, Zugameisen und Seespinnen geplagt. Er schob schützende Stoffetzen zwischen die Fußeisen und seine Knöchel, aber trotzdem rieben die Eisen seine Haut wund, so daß sich eiternde Stellen bildeten, die nicht heilten. Das Tagebuch ist ein Dokument aus dem neunzehnten Jahrhundert, deshalb erfährt man nicht, wie er seine Notdurft verrichtete; aber man kann sich die unsäglichen Details ausmalen. Seine Zelle wurde durch eine doppelte Pfahlreihe gesichert. Als ein Bautrupp zweieinhalb Monate auf der Insel zu arbeiten hatte, durfte Dreyfus seine Zelle Tag und Nacht nicht verlassen; dasselbe geschah später jedesmal, wenn Bautrupps auf die Insel kamen. Der neue Schutzzaun war acht Fuß hoch und so nah an den Zellenfenstern, daß er weder Licht noch Luft durchließ. Zwischen den beiden Pfahlreihen war ein Zwischenraum – in dem Dreyfus tagsüber herumgehen durfte –, der Tag und Nacht von einem bewaffneten Wachmann abgeschritten wurde; er sollte den in der Hütte postierten Wächter unterstützen.

Wie nicht anders zu erwarten, verschlechterte sich Dreyfus' Gesundheitszustand rapide. Er litt nicht nur unter Malaria und eiternden Wunden an den Knöcheln, sondern auch an Durchfall, hochgradiger Schlaflosigkeit, infizierten Insektenstichen, Fieberanfällen, deren Ursache nie geklärt wurde, und an einer Krankheit, die der Militärarzt als cerebrale Kongestion, Blutandrang zum Kopf, diagnostizierte. Abgesehen von Phasen schwärzester Verzweiflung mühte er sich nach Kräften, seinen Verstand wach zu halten – er lernte Englisch, übersetzte Passagen aus Shakespeares Werken ins Französische und rekonstruierte aus dem Gedächtnis Formeln der Differential- und Integralrechnung. Trotz dieser Anstrengungen diagnostizierte der Militärarzt, der ihn im April 1897 untersuchte, daß Dreyfus aufgrund der Einzelhaft und des strikten Schweigegebots – das inzwischen zwei Jahre bestand und bestehen blieb, bis Dreyfus im Sommer 1899 die Insel verließ – Schwierigkeiten beim Artikulieren hatte und nur mit Mühe Sätze bilden konnte. Ein anderer Arzt, der ihn im September 1899 ebenfalls im Auftrag der Regierung untersuchte, nannte ihn einen »erledigten Mann«.

Unterdessen spaltete die Dreyfus-Affäre Frankreich. 1898 gehörten zum Lager der von Mathieu angeführten Dreyfusards Zentrums- und linke Politiker und – bis auf bezeichnende und berühmt-berüchtigte Ausnahmen – die meisten führenden Intellektuellen, Künstler, Schriftsteller und Akademiker, außerdem in geringerer Zahl auch Offiziere und Geistliche. Anfangs waren die Dreyfus-Anhänger vor allem deshalb von seiner Unschuld überzeugt, weil er überhaupt kein Motiv für das Verbrechen hatte, dessen man ihn beschuldigte. Erst später wurde bekannt, welche Rechtsverstöße im Pariser Militärgerichtsprozeß begangen worden waren. Die öffentliche Meinung außerhalb Frankreichs ergriff in überwältigender Mehrheit Partei für Dreyfus: Französische Anti-Dreyfusards wurden in der Presse, in öffentlichen Versammlungen und oft besonders verletzend in privaten Gesprächen lächerlich gemacht. Zu den berühmtesten Dreyfus-Anhängern gehörten Königin Victoria und ihr Justizminister; Kaiserin Eugénie, die Witwe Napoleons III.; die Anwärter auf den französischen Thron aus den Häusern Bourbon, Orléans und Bonaparte; Prince Albert von Monaco; der große Forschungsreisende Henry Morton Stanley und seine Frau; Mark Twain und, wie behauptet wurde, auch der Papst und führende Prälaten im Vatikan. Die Anti-Dreyfusads waren eine politisch rechts außen stehende Koalition aus Berufsoffizieren, Antisemiten, Militaristen, extremen Nationalisten, Antirepublikanern aller Schattierungen, Royalisten, Bonapartisten, denen der Standpunkt ihrer Prinzen entgangen war, Mitgliedern des konservativen Bürgertums, des Provinzadels und des niederen Klerus.

Für die Dreyfusards war es ein Glaubensartikel, daß man dem Mann auf der Teufelsinsel Gelegenheit geben müsse, in einem fairen Prozeß seine Unschuld zu beweisen, selbst wenn dabei der Machtmißbrauch und die törichten wie kriminellen Machenschaften des Generalstabs der Armee und mindestens zweier Kriegminister ans Licht kämen. Aus der Sicht linksgerichteter Politiker war eine solche Aufklärung sogar wünschenswert: Auf diese Weise würde die Armee nicht mehr fest im Griff aristokratischer, antirepublikanischer Offiziere und ihrer jesuitischen Mentoren sein. Die Anti-Dreyfusards dagegen hielten es für ihre vorrangige Pflicht, die Ehre der Armee und ihrer Oberbefehlshaber, der für die Verteidigung der Nation Verantwortlichen, zu retten. Wenn die Freiheit und der gute Name eines Alfred Dreyfus nur um den Preis der Demütigung eines General Mercier oder de Boisdeffre wiederherzustellen waren, dann waren sie zu teuer bezahlt. Dann war es besser, Dreyfus auf der Teufelsinsel umkommen zu lassen.

Dreyfus selbst hielt in den Jahren seiner Gefangenschaft naiv – oder souverän – an seinem Vertrauen in die Armee fest. Da er nichts vom Einsatz seiner Parteigänger für seine Befreiung und nichts von den Machenschaften des General-stabs wußte, war er überzeugt, daß General Mercier, General de Boisdeffre und seine anderen Vorgesetzten sich bemühten, den wahren Verräter zu finden. In seinen Erinnerungen an die Zeit im Gefängnis erwähnt er weder Antisemitismus noch die Tatsache, daß er Jude war, obwohl er vor der Deportation den ätzenden Haß, der ihm in Frankreich entgegenschlug, nicht hätte übersehen können. Offenkundig wollte er sich nicht eingestehen, daß seine jüdische Herkunft wichtig für seinen Fall oder seinen Status sein könnte – er glaubte fest und mit der Hartnäckigkeit eines Verblendeten, daß er Franzose und französischer Offizier war. Nach seiner Rückkehr von der Teufelsinsel lehnte er es ab, sich der Gruppe seiner Anhänger anzuschließen, die seinen Fall durch eine Kritik an der Armee politisieren wollten. Die Armee und die Republik Frankreich, die Institutionen, denen er in Liebe gedient hatte, sollten ihm seinen guten Namen wiedergeben, das war sein sehnlichster Wunsch. Der große Sozialist und zukünftige französische Ministerpräsident Léon Blum, der als junger Mann schon früh ein leidenschaftlicher Dreyfusard gewesen war, brachte die grundlegende falsche Vorstellung, die das Bild von Dreyfus getrübt hat, auf den Punkt:

> Er hatte wahrhaftig gar keine innere Beziehung zu seiner »Affäre«, keinerlei Begabung für die Rolle, die ihm eine Laune der Geschichte aufdrängte. Wäre er ein »Drey-fusard« geworden, wenn er nicht Dreyfus gewesen wä-re?[13]

Nach einem langen Kampf wurde am Ende erreicht, daß politische und rechtliche Prozesse in Frankreich so funktionierten, wie sie sollten. In einem ersten Revisionsverfahren war das Urteil des Pariser Militärgerichts aufgehoben und der Fall Dreyfus zur Neuverhandlung an das Militärgericht von Rennes zurückverwiesen worden, das Dreyfus 1899 zum zweiten Mal schuldig sprach, bevor im Sommer 1906 der *Cour de Cassation*, das höchste Revisionsgericht Frankreichs für privat- und strafrechtliche Fälle des Zivilrechts – hier im Gegensatz zum Militär- und Verwaltungsrecht verstanden –, dieses zweite Urteil annullierte und Dreyfus freisprach; die Öffentlichkeit reagierte mit einer an Gleichgültigkeit grenzenden Gelassenheit auf diese Entscheidung. Dreyfus kehrte im Rang eines Majors in die Armee zurück und wurde in die Ehrenlegion aufgenommen. Der Machtmißbrauch und die Verbrechen des Generals Mercier und seiner Komplizen im Generalstab waren restlos offengelegt worden, aber ein 1900 von der französischen Legislatur erlassenes Amnestiegesetz hatte ihnen die Strafverfolgung erspart.

Die Tragödie vom 11. September 2001 löste international eine Welle von Mitgefühl mit den Vereinigten Staaten aus und große Bereitschaft, dem Land bei der Bekämpfung des Terrorismus – dem sogenannten Krieg gegen den Terror – zur Seite zu stehen. Die dann im In- und Ausland folgenden Maßnahmen von George W. Bush brachten leider Schimpf und Schande über die Vereinigten Staaten und schreckten unsere traditionellen Verbündeten ab. Ein Grund der Verstimmung war das unbedachte Irak-Abenteuer der US-Regierung. Dazu kam, daß die Armee Gefangene mißhandelte, die sie überwiegend in Afghanistan und Irak festgenommen hatte; dadurch sind die USA zu einem Staat geworden, in dem der Einsatz von Folterungen zur Regierungspolitik gehört. Das 2002 auf dem Flottenstützpunkt Guantánamo auf Kuba eingerichtete Gefangenenlager wurde zum Symbol amerikanischer Brutalität und Willkür. Im Wahlkampf um die Präsidentschaft versprach Barack Obama, er werde das Lager Guantánamo schließen und sich in seiner Regierung von der Achtung vor der Verfassung und den Gründungsprinzipien der Vereinigten Staaten leiten lassen. Es besteht kein Grund zum Zweifel an seinem Entschluß.

Die Photos, die Mißhandlungen von Häftlingen in Abu Ghraib zeigen, einem dem US-Militär unterstehenden Gefangenenlager im Irak, sind berüchtigt. Auch auf dem Luftwaffenstützpunkt Bagram in Afghanistan wurde Folter angewendet, möglicherweise ebenso in anderen militärischen Einrichtungen im Irak sowie in den geheimen Gefangenenlagern der CIA außerhalb der Vereinigten Staaten. Nach Berichten des Internationalen Roten Kreuzes, des FBI und nach anderen Zeugnissen, die 2008 ans Licht kamen, wurden Guantánamo-Häftlinge ebenfalls gefoltert. Ein Bericht der *Physicians for Human Rights* zählt diese Folterungen auf, unter anderem Schläge, sexueller Mißbrauch (ein Mann wurde mit einem Besenstiel vergewaltigt), Elektroschocks, sexuelle und andere Formen von Demütigung, Schlafentzug und abartige Drohungen. In einer Zusammenfassung seines Untersuchungsberichts stellt der Streitkräfteausschuß des US-Senats fest: »Der Mißbrauch von Gefangenen ... kann nicht einfach als eigenmächtiges Handeln einzelner ›übler Subjekte‹

abgetan werden. Tatsache ist, daß hochgestellte Regierungsbeamte der USA Anweisungen gegeben haben, wie aggressive
Verhörmethoden einzusetzen seien, daß sie Gesetze neu ausgelegt haben, um diesen Methoden den Anschein von Legalität zu geben, und daß sie ihren Einsatz gegen Gefangene
genehmigt haben.« Zu den »hochgestellten Regierungsbeamten«, die mitwirkten, als im Weißen Haus eine Choreographie
der mit Folter verbundenen, euphemistisch »aggressive« oder
»verschärfte« Vernehmungen genannten Verhöre entworfen
wurde, gehörten der Vizepräsident, der Außenminister, der
Verteidigungsminister und der Nationale Sicherheitsberater.
Vizepräsident Cheney hat öffentlich zugegeben, daß er einverstanden war, drei Gefangene, die wertvolle Informationen
besaßen – »Khalid Sheikh Mohammed, Abu Zurbaydah und
einen dritten, Al Nashim« –, durch Waterboarding zu Aussagen zu zwingen. Dabei wird der Gefangene mit dem Gesicht
nach unten auf ein Brett geschnallt und so mit Wasser über-
gossen, daß er glaubt zu ertrinken; eine Folter war das nach
Cheneys Meinung nicht.[14]

Die von der Regierung verordnete Neuauslegung von Ge-
setzen kam in Stellungnahmen und Memoranden zum Ausdruck, in denen leitende Beamte des US-Justizministeriums
die Anwendung von Folter nicht ausschlossen und die internationalen Verpflichtungen der Vereinigten Staaten umdeu-
teten. Diese Äußerungen mußten zurückgenommen werden,
aber »aggressive« Verhörmethoden wurden weiterhin von
der Bush-Regierung gebilligt. Noch im Herbst 2007 erklärte Justizminister Michael Mukasey, daß er nicht wisse, ob
Waterboarding eine Folter ist. Videoaufnahmen der CIA von
Folterungen in CIA-Gefängnissen wurden offenbar vernichtet. Als die Videoaufnahmen noch existierten, wurden Spe-
zialisten für Verhöre, Ärzte und Psychologen nach Thailand
geflogen, um sie zu studieren und aus den Erfahrungen ihrer
Kollegen zu lernen. Jane Mayer berichtet in ihrem im Juli

2008 veröffentlichten Buch *The Dark Side: The Inside Story of How the War on Terror Turned into a War on American Ideals*, daß Psychologen dem CIA geholfen haben, Gefangene durch wiederholte Traumata in den Zustand »erlernter Hilflosigkeit« zu versetzen, so daß sie ihre Willenskraft und das Zutrauen, Kontrolle über die eigene Welt zu haben, verlieren mußten und vollständig abhängig von ihren Aufsehern wurden. Mit dieser Pervertierung von Medizin und Psychologie zum Nutzen der Folter sind die Vereinigten Staaten in die Fußstapfen Nazideutschlands und Sowjetrußlands getreten. Im Januar 2008 hat das Außenministerium Kanadas, unseres Nachbarlands und engen Verbündeten, die Vereinigten Staaten auf die Liste der Staaten gesetzt, die Gefangene foltern oder mißhandeln. Auf dieser Liste stehen auch Afghanistan, Israel, China, Ägypten, der Iran, Mexiko, Saudi-Arabien und Syrien. Nach Protesten der Vereinigten Staaten kündigte der kanadische Außenminister an, daß die Liste »überprüft und umgeschrieben« werde, eine Revision, die dem ersten Urteil des Ministeriums den Stachel nicht nehmen konnte. Im Juli 2008 kam der außenpolitische Ausschuß des britischen House of Commons zu dem Schluß, daß Großbritannien sich nicht mehr auf die US-amerikanischen Versicherungen, keine Folter anzuwenden, verlassen könne.[15]

Im November 2007 wurden die »Camp Delta Standard Operating Procedures« (SOP) im Internet veröffentlicht; damit wurde ein grausiger Einblick in die Praktiken von Guantánamo – die Teufelsinsel der Vereinigten Staaten – möglich. Die mehrere hundert Seiten langen SOP sind ein unheimlicher Widerhall der »Anweisungen für die Deportationsbehörde der Teufelsinsel«, die für Dreyfus' Haftbedingungen maßgeblich waren. Beide Regelwerke sehen Isolationshaft vor (im Camp Delta für begrenzte Zeit im Hochsicherheitstrakt und im ›Bau‹; auf der Teufelsinsel im Fall Dreyfus auf Dauer); beide beschränken Kontakte, Aufenthalte außerhalb der Zelle,

Briefwechsel und Nahrungsrationen in vergleichbarer Weise. Dreyfus wurde während der Nacht an ein Metallbett angekettet, aber nur acht Wochen lang. Ketten – der »Dreiteiler« aus Fußeisen, Handschellen, einer Kette, die wie ein Gürtel um die Taille geschnürt wird, und zwei Ketten, die Fußeisen und Handschellen mit der Gürtelkette verbinden – kommen in Guantánamo ständig zum Einsatz, wenn ein Häftling seine Zelle verläßt und besonders auf seinem Weg zur und von der »Verhörzelle«, wo die Ketten dann mit einem im Fußboden einzementierten Ring verbunden werden. Was in diesen Zellen vor sich geht, überlassen die SOP unserer Phantasie.[16]

Am 22. Dezember 2008 veröffentlichte die angesehene Brookings Institution einen Bericht über die Anzahl und Herkunft der zur Zeit in Guantánamo internierten Gefangenen (»The Current Detainee Population of Guantánamo: An Empirical Study«). Laut dieser Untersuchung durchliefen seit 2002, als das Lager eingerichtet wurde, 779 Gefangene Guantánamo, einschließlich aller in Afghanistan und Irak Festgenommenen und der vom CIA Entführten, die in Geheimgefängnissen inhaftiert und anschließend auf den Flottenstützpunkt gebracht wurden. Alle diese Häftlinge wurden von Präsident Bush als »enemy combatants«, feindliche Kombattanten, eingestuft, ein dehnbarer Begriff, der in einem vom stellvertretenden Verteidigungsminister Paul Wolfowitz unterzeichneten Erlaß des Verteidigungsministeriums »alle Personen« umfaßt, »die direkt feindliche Handlungen begangen oder zugunsten gegnerischer Streitkräfte unterstützt haben«. Zum Zeitpunkt des Wolfowitz-Erlasses befanden sich 558 Gefangene im Lager; 330 davon wurden verlegt oder entlassen, so daß am 16. Dezember 2008 noch 248 in Guantánamo waren. Wohin die verlegten Häftlinge gebracht wurden oder werden, ist nicht bekannt. Von den übrigen wurden sechzig »zur Entlassung freigegeben, der Zeitpunkt ist Gegenstand von Verhandlungen mit anderen Ländern«.

Laut Bericht waren Ende 2008 offenbar noch 188 Gefangene in Guantánamo, die man entweder noch unter Anklage stellen oder stillschweigend entlassen könnte.[17]

Im ersten Schritt auf dem Weg zur Freilassung eines Gefangenen wird durch Antrag auf Überprüfung bestritten, daß dieser Häftling ein feindlicher Kombattant ist. Zuständig dafür war gemäß dem Wolfowitz-Erlaß ein neu eingerichtetes Forum, die Combatant Status Review Tribunals (CSRTs); diese Tribunale zur Überprüfung des Status eines Gefangenen waren die Antwort des Pentagon auf wachsende Zweifel an der Rechtmäßigkeit der Inhaftierung Gefangener in Guantánamo und auf einen Kommentar von Richterin Sandra O'Connor zur Entscheidung des Obersten Gerichtshofs im Fall Hamdi gegen Rumsfeld vom Juni 2004, in dem sie einräumte, daß die verfassungsrechtlichen Erfordernisse eines fairen Prozesses auch von dementsprechend fair eingesetzten Militärtribunalen erfüllt sein können, selbst wenn sie nicht die gleichen Verfahren anwenden und nicht den gleichen Schutz bieten wie ordentliche US-Strafkammern. Am Tag des Hamdi-Urteils, dem 28. Juni 2004, begann jedoch mit der Entscheidung des Obersten Gerichtshofs in der Sache Rasul gegen Bush ein vierjähriges Tauziehen zwischen der Bush-Administration und dem Supreme Court um die Rechte von Gefangenen. Der Gerichtshof entschied, daß Guantánamo-Häftlinge unter Berufung auf den Habeas-corpus-Grundsatz – in diesem Fall muß die Regierung beweisen, daß die Gefangenen zu Recht inhaftiert sind – eine Überprüfung ihrer Internierung durch ein ordentliches Gericht beantragen können. Die Rasul-Entscheidung gab Lakhar Boumendine, einem 36jährigen Algerier, sowie 33 anderen Häftlingen die Möglichkeit, unter Berufung auf diesen Grundsatz die Legalität ihrer Inhaftierung vor einem Bundesgericht zu bestreiten. Im Gegenzug versuchte der Kongreß die Rasul-Entscheidung unwirksam zu machen, und verabschiedete 2005 den Detainee Treatment

Act (DTA); dieses Gesetz bestimmte das Berufungsgericht des District of Columbia zum einzigen Gericht mit der Befugnis, Entscheidungen der CSRTs sowie der gemäß dem Erlaß Nr. 1 der Military Commission vom 31. August 2005 eingerichteten Militärkommissionen zu überprüfen – in stark eingeschränktem Maß.

Zum nächsten Zusammenstoß kam es, als das Pentagon versuchte, den Guantánamo-Häftling Salim Ahmed Hamdan wegen Kriegsverbrechen unter Anklage zu stellen; er sollte sich vor einer Militärkommission verantworten, die der Präsident eingesetzt hatte. Unter Berufung auf Rasul konzedierte Hamdan, daß die Vereinigten Staaten befugt waren, ihn als feindlichen Kombattanten zu internieren, erstritt sich aber eine gerichtliche Überprüfung seines Rechtsstatus, die ergab, daß die Militärkommission nicht befugt war, ein Verfahren wegen Kriegsverbrechen gegen ihn zu führen. Der Streitfall trägt seinen Namen: Hamdan gegen Rumsfeld (2006). Die Behauptung des Pentagon, daß der vom Kongreß nach dem Fall Rasul verabschiedete Detainee Treatment Act den Fall Hamdan der Zuständigkeit von Bundesgerichten entziehe, wies der Oberste Gerichtshof zurück. Er entschied, daß die Zuständigkeitsbestimmung dieses Gesetzes dann nicht anwendbar sei, wenn ein Verfahren zur Überprüfung der Rechtmäßigkeit der Inhaftierung wie im Fall Hamdan begonnen habe, bevor das Gesetz in Kraft getreten war. Darüber hinaus entschied der Oberste Gerichtshof, daß die vom Präsidenten eingerichtete Militärkommission nicht befugt sei, Hamdan den Prozeß zu machen, weil ihre Struktur und ihre Verfahrensweise sowohl gegen den Uniform Code of Military Justice wie gegen die vier 1949 von den Vereinigten Staaten unterzeichneten Genfer Konventionen verstießen. Die vom Gerichtshof hervorgehobenen Verfahrensfehler waren unter anderem: Immer wenn der Vorsitzende die Öffentlichkeit vom Prozeß ausschloß, wurde dem Angeklagten und seinem Anwalt Einblick in das vorliegende Belastungsmaterial verweigert; als zulässiges Beweismaterial galt alles, was nach Entscheidung des Vorsitzenden hilfreich und relevant war, selbst wenn es sich dabei um bloße Beweise vom Hörensagen oder erzwungene Aussagen handelte; der Vorsitzende hatte die Macht, dem Angeklagten und seinem Anwalt Informationen, die er für beweiskräftig hielt, dann vorzuenthalten, wenn sie als geheim eingestuft oder »geschützt« waren. Die Analogie zum Fall Dreyfus drängt sich auf: Auch er wurde vor ein Gericht gestellt, das in der Hand seiner Ankläger war, auch er wurde auf der Grundlage von geheimem Beweismaterial verurteilt, das weder er noch sein Verteidiger kannten und schon deshalb nicht anfechten konnten. Lebendig wird aber auch die Erinnerung an die zähe Beharrlichkeit des französischen Kassationshofs, der die widerrechtlichen Schuldsprüche der für Dreyfus' Verurteilung verantwortlichen Militärgerichte von Paris und Rennes schließlich revidierte und annullierte.

Um den Folgen der Gerichtsentscheidung im Fall Hamdan entgegenzuwirken, verabschiedete der Kongreß 2006 den Military Commissions Act (MCA) und führte damit eine neue Variante von Militärkommissionen ein; sie boten einen schwach verbesserten Schutz der Angeklagten. Entscheidungen von Militärkommissionen konnten jetzt in Grenzen überprüft werden, jedoch nur vom District of Columbia Circuit Court, und der Kongreß machte deutlich, daß er Anträge von Guantánamo-Häftlingen auf Anwendung des Habeas-Corpus-Grundsatzes ausschließen wollte, unabhängig davon, wann sie gestellt worden waren. Der Oberste Gerichtshof reagierte auf diesen neuen dreisten Versuch, Guantánamo außerhalb der Reichweite der Gerichtsbarkeit zu halten, mit der Entscheidung im Streitfall Boumediene gegen Bush vom 12. Juni 2008. Antragsteller waren Boumediene und andere gebürtige Algerier, die in Bosnien und Herzegowina lebten und entweder bosnische Staatsbürger geworden waren oder Daueraufenthaltsgenehmigungen hatten. Sie wurden im Oktober 2001 von bosnischen Behörden verhaftet, weil sie verdächtig waren, an der Planung eines Bombenanschlags auf die US-Botschaft in Sarajevo mitgewirkt zu haben. Am 17. Januar 2002 wurden sie aus dem Gefängnis in Sarajevo entlassen und unmittelbar danach von bosnischen und amerikanischen Ordnungskräften wieder festgenommen und nach Guantánamo gebracht, wo sie seitdem inhaftiert waren. Sie stellten beim District Court of Columbia Antrag auf Überprüfung der Rechtmäßigkeit ihrer Haft; der Antrag wurde mit der Begründung abgewiesen, daß Guantánamo-Gefangene keine Rechte hätten, die durch Berufung auf Habeas corpus zu wahren wären; das Berufungsgericht für den District of Columbia bestätigte diese Entscheidung. Der Oberste Gerichtshof erklärte am 12. Juni eine Revision für rechtmäßig und hob das Urteil des Berufungsgerichts auf; er entschied, daß die Verfassung der Vereinigten Staaten in Guantánamo volle Wirksamkeit habe, daß die Verordnung, die versuche, dem Gericht die Entscheidungsbefugnis zu entziehen, verfassungswidrig sei und daß der Rechtsschutz nach dem Habeas-corpus-Grundsatz für ausländische Guantánamo-Häftlinge gelte, weil der Stützpunkt vollständig unter US-Kontrolle stehe, auch wenn er nicht zum Staatsgebiet der USA gehöre. In der Entscheidung wird weiter ausgeführt: Die Zuständigkeit eines ordentlichen Gerichts für Klagen auf Anwendung des Habeas-corpus-Grundsatzes könnte nur durch ein vom Kongreß in Übereinstimmung mit der Suspensionsklausel der Verfassung erlassenes Gesetz ausgeschaltet werden. Keine Partei habe behauptet, daß eine solche Suspendierung stattgefunden habe. Auf dieser Grundlage entschied das Oberste Gericht: Da die Verfahren, die vom Detainee Treatment Act und dem Military Commission Act für eine Überprüfung des Gefangenenstatus der Antragsteller vorgesehen sind, keinen adäquaten Ersatz für Verfahren unter Berufung auf Habeas corpus durch ein ordentliches Gericht bieten, hat der MCA als eine verfassungswidrige Suspendierung des Rechts auf Schutz vor willkürlicher Inhaftierung fungiert. Diese Entscheidung machte den Weg für die Kläger frei, so daß sie bei einem US-Bundesgericht ein neues Ersuchen auf Rechtsschutz stellen konnten. Am Ende ordnete das Bezirksgericht Columbia die Freilassung von fünf der Gefangenen an, da die Behauptung, daß sie geplant hätten, nach Afghanistan zu reisen, um gegen die Vereinigten Staaten zu kämpfen – der Grund für ihre Einstufung als feindliche Kombattanten –, nur durch das Zeugnis eines Guantánamo-Häftlings gestützt war, der aussagte, von diesen Plänen gehört zu haben, ohne aber seine Informationsquelle zu nennen. Das war laut Urteil des Gerichts kein ausreichender Beweis. Der Antrag des sechsten Gefangenen Belkacem Bensayah wurde abgelehnt, da die Regierung ihm zusätzlich vorgeworfen hatte, ein Al-Qaida-Schlepper zu sein, der beabsichtige, in Afghanistan gegen die USA zu kämpfen und für andere Kombattanten Reisen dorthin und an andere Orte zu organisieren. Im Fall dieser Anschuldigungen entschied das Gericht, daß die Regierung ihre Beweispflicht erfüllt habe.

Unter den – laut Brookings-Bericht – 188 Guantánamo-Häftlingen, deren Freilassung Ende 2008 noch nicht angeordnet war, sind sicherlich viele, die sowenig rechtmäßig als feindliche Kombattanten eingestuft wurden wie die fünf Algerier. Sie sind aufgrund eines Irrtums nach Guantánamo gekommen oder wurden von Kopfjägern in Afghanistan und Pakistan an den CIA oder das US-Militär verkauft. Mit hoher Wahrscheinlichkeit sind sie für die Vereinigten Staaten nicht bedrohlicher als ein durchschnittlicher Mann auf der Straße irgendwo im Nahen Osten. Ein einschlägiges Beispiel dafür ist Sami al-Haj, ehemaliger Kameramann des Fernsehsenders al-Dschasira, dessen Rechte vom Committee to Protect Journalists vertreten wurden. Al-Haj war im Dezember 2001 vom pakistanischen Geheimdienst im Grenzgebiet zu Afghanistan festgenommen worden, obwohl er ein gültiges Visum und einen Presseausweis hatte, der ihm erlaubte, für al-Dschasira in Afghanistan zu arbeiten. Im Januar 2002 wurde er an das US-Militär ausgeliefert und nach Guantánamo gebracht. Sechs Jahre lang war er dort inhaftiert, ohne daß je Anklage gegen ihn erhoben wurde, am 1. Mai 2008 wurde er – ohne jedes Verfahren, allein aufgrund politischen Drucks – entlassen und in sein Herkunftsland Sudan geschickt.[18]

Das Urteil im Fall Boumediene wird zweifellos dazu führen, daß mehr Gefangene aufgrund von Habeas-corpus-Anträgen entlassen werden. Das geschieht bereits im Fall des tschadischen Staatsbürgers Mohammed el Gharani, der im Herbst 2001 in Pakistan verhaftet wurde. Damals war er 14 Jahre alt. Anfang 2002 wurde er an die US-Streitkräfte ausgeliefert, nach Guantánamo gebracht und bis zum Zeitpunkt der Drucklegung dieses Buches dort festgehalten. Dieses Kind wurde als feindlicher Kombattant eingestuft, weil es angeblich in einem mit al Qaida verbundenen Gästehaus in Afghanistan gewohnt, eine militärische Ausbildung in einem zu al Qaida gehörenden Lager absolviert, als Kurier für verschiedene hochrangige al-Qaida-Mitglieder gearbeitet, in Tora Bora gegen US-Streitkräfte gekämpft und einer al-Qaida-Zelle in London angehört hatte. El Gharani bestritt diese Behauptungen und erklärte, er sei nach Pakistan gegangen, um sich den Vorurteilen gegen Tschader zu entziehen, die in Saudi-Arabien, wo er zuvor gelebt hatte, herrschten, um den Umgang mit Computern und die englische Sprache zu lernen und sich ein besseres Leben zu verschaffen. Der Richter am District Court mußte in seiner Urteilsbegründung Rücksicht darauf nehmen, daß die Beweise der Regierung Geheimdokumente waren, und entschied, daß die Beweislage nicht rechtfertigte, el Gharani als feindlichen Kombattanten einzustufen, da nur die in der Sache widersprüchlichen Aussagen von zwei anderen Häftlingen, deren Glaubwürdigkeit die Regierung selbst als unbestimmt oder zweifelhaft bezeichnet hatte, dem Gericht vorlagen. El Gharanis Habeas-corpus-Antrag wurde bewilligt, und das Gericht wies die Regierung an, die notwendigen Schritte zu seiner Freilassung zu unternehmen.[19]

Bis Ende 2007 wurde nur ein einziger Guantánamo-Häftling von einer Militärkommission verurteilt. Das war David Hicks, ein Australier, der sich schuldig bekannte, nachdem die australische Regierung in einer Absprache erreicht hatte, daß er unter bestimmten Bedingungen aus dem Lager entlassen würde: Hicks mußte sich zu der Erklärung verpflichten, er sei in der Gefangenschaft nicht mißhandelt worden, er mußte versprechen, ein Jahr lang keinen Kontakt mit den Medien aufzunehmen und die Vereinigten Staaten nicht wegen der Mißhandlungen zu verklagen, denen er ausgesetzt war; im Gegenzug wurde er nach Australien ausgeliefert und kam mit einer relativ leichten Strafe davon.

Im August 2008 brachte die Regierung Salim Ahmed Hamdan zum zweiten Mal wegen Kriegsverbrechen vor eine Militärkommission. Hamdan ist ein ungefähr vierzigjähriger Jemenit mit vier Jahren Grundschulbildung; er war Osama bin Ladens Fahrer und Leibwächter. Im Verfahren von 2006 hatte er eingeräumt, daß die Vereinigten Staaten das Recht hatten, ihn als feindlichen Kombattanten zu internieren. 2008 wurden ihm im Prozeß vor der Militärkommission folgende Kriegsverbrechen zur Last gelegt: Er habe an einer Verschwörung teilgenommen mit dem Ziel, Terroranschläge zu planen und Boden-Luft-Raketen für al Qaida zu beschaffen, und er habe al Qaida materielle Unterstützung gegeben. Die Offiziere der Militärkommission sprachen ihn in diesem letzten Punkt schuldig, ließen aber die Anklage wegen Verschwörung fallen. Sie verurteilten ihn zu sechzig Monaten Gefängnis, jedoch erst nachdem sie sich beim Militärrichter rückversichert hatten, daß Hamdan die Haftzeit in Guantánamo auf die

Gefängnisstrafe angerechnet werde. Demnach blieben ihm noch etwa fünf Monate Haft. Hamdan war fünfeinhalb Jahre als Gefangener in Guantánamo gewesen. Daß es so lange gedauert hat, bis dieses Rädchen in bin Ladens Maschinerie vor Gericht gestellt und verurteilt wurde, und daß er erst der zweite Guantánamo-Häftling war, über den ein Urteil gefällt wurde, zeigt deutlich, wie absurd – und tragisch für die Häftlinge – die Behauptung war, mit der die Bush-Administration den Skandal von Guantánamo rechtfertigte: Angeblich waren in diesem Lager nur die gefährlichsten Terroristen inhaftiert. Hamdan saß fast die gesamte Reststrafe in Guantánamo ab, wurde im November in den Jemen zurückgebracht und dort in der ersten Januarwoche 2009 freigelassen, »um bei seiner Familie zu leben«.[20]

Die Presse war weitgehend vom Hamdan-Prozeß ausgeschlossen, eine Anordnung des Militärrichters, die an den Ausschluß der Öffentlichkeit im Pariser Kriegsgerichtsprozeß gegen Dreyfus 1894 erinnert. Und noch in einem anderen Punkt sind die beiden Verfahren vergleichbar. Das aus Offizieren bestehende Kriegsgericht im Revisionsverfahren gegen Dreyfus in Rennes sprach ihn schuldig und räumte »mildernde Umstände« ein. Am Tag danach richteten dieselben Offiziere ein Gesuch an den Präsidenten der Republik, er möge dem Verurteilten eine zweite militärische Degradierung ersparen. Vermutlich waren sie von Mitgefühl und womöglich von Scham überwältigt, als ihnen klar wurde, was sie getan hatten. Es erscheint nicht ausgeschlossen, daß die Offiziere, die über Hamdan richten mußten, ihn mit angehaltenem Atem verurteilten.

Der U.S. Supreme Court hat die Versuche der Bush-Regierung, mit ihren Massenverhaftungen den Rechtsbereich der Verfassung zu überschreiten, durch eine Reihe von Entscheidungen eingedämmt. Womöglich hat jetzt Susan J. Crawford, eine pensionierte Militärrichterin, dem Gefängnissystem des

Pentagon den Gnadenstoß versetzt. Sie war eine hohe Regierungsbeamtin des Verteidigungsministeriums und als »Convening Authority« – als Befugte zur Einberufung eines allgemeinen Militärgerichtsverfahrens – zuständig für die Überwachung der Verfahren der Militäry Commissions in Guantánamo. (Unter Reagan hatte sie als Anwältin für die Streitkräfte gearbeitet, und während der Amtszeit des Verteidigungsministers Richard Cheney im Kabinett von George H. W. Bush war sie Generalinspektorin des Pentagon.) Im Mai 2008 hatte sie die Anklagen gegen Mohammed al-Qahtani fallenlassen – ohne Kommentar und ohne Verbindlichkeit, das heißt so, daß sie als Rechtssache wiederaufgenommen werden können. Al-Qahtani war einer von sechs Gefangenen, die unter Anklage standen, die Anschläge vom 11. September geplant zu haben. Crawford gab ihre Zustimmung dazu, daß die fünf anderen vor Gericht gestellt und daß die Todesstrafe für sie gefordert würde. Warum sie nicht zugelassen hatte, daß al-Qahtani vor Gericht gestellt wurde, erläuterte sie in der zweiten Januarwoche 2009 in einem Interview mit Bob Woodward von der *Washington Post*. »Wir haben al-Qahtani gefoltert«, sagte sie mit Hinweis auf die Verhörmethoden, ihre Dauer und die Folgen für die Gesundheit des Gefangenen. »Die Methoden waren genehmigt, aber sie wurden zu aggressiv und zu lange eingesetzt.« Dafür gab sie Beispiele: »160 Tage lang hatte er nur Kontakt zu den Vernehmungsbeamten ... An 48 von 54 aufeinanderfolgenden Tagen dauerten die Verhöre 18 bis 20 Stunden. Er mußte nackt vor einer Ermittlerin stehen. Wurde Leibesvisitationen unterzogen. Mußte sich Schimpfworte über seine Mutter und seine Schwester anhören.« Al-Qahtani sei gezwungen worden, »einen BH zu tragen, und während des Verhörs wurde ihm ein Tanga-Slip über den Kopf gestülpt«. Er wurde an einer Hundeleine, die man an seine Ketten gebunden hatte, durch den Raum geführt und mußte »Hundekunststücke vorführen«. Diese Verhöre wurden vom US-Militär minutiös protokolliert. Richterin Crawford glaubte, daß al-Qahtani der gesuchte zwanzigste Flugzeugentführer war. Trotzdem erklärte sie, ihrer Meinung nach könne er, da man ihn gefoltert habe, nicht vor Gericht gestellt werden und sie würde jeden Versuch eines Prozesses gegen ihn unterbinden.

Wegen der Brisanz des Themas, der brillanten Laufbahn und hohen Position der Richterin und wegen des großen Ansehens von Bob Woodward und der *Washington Post* wurde dieses Interview viel beachtet. Ein anderes, am 9. Januar 2009 von BBC World News[21] gesendetes Interview mit Chris Arendt bot einen Einblick in die Mißhandlung von Gefangenen, der noch bestürzender war; Arendt war im Alter von 19 Jahren zwei Monate lang Gefängniswärter in Guantánamo. Im Interview beschrieb er Mißhandlungen, die er ohne Zögern Folter nannte: Gefangene wurden gewaltsam aus ihren Zellen gezerrt, ins Gesicht getreten, geschlagen, dem »Vielflieger-Programm« unterworfen, also ständig von einer Zelle zur anderen transportiert, damit sie nicht schlafen konnten, manchmal zwei Monate lang. Über die anderen Gefängniswärter sagte Arendt, daß manche nur ihren Job taten, andere aber »psychotisch« seien und die Arbeit als Freizeit sahen, als einzige Chance, anderen Menschen endlich all das wirklich anzutun, wovon sie schon immer geträumt hatten.[22]

Einen Monat vor diesen Interviews kam es zu einer Farce, sozusagen einem Epitaph auf Guantánamo und das törichte, katastrophale Unternehmen, dessen Symbol das Lager ist. Die fünf mutmaßlichen Chefplaner der Anschläge vom 11. September fanden einen Trick, den Prozeß zu blockieren. Am 8. Dezember 2008 erklärten sie dem Militärrichter, sie wollten ein volles Schuldgeständnis ablegen, ein Schachzug, der die Army herausforderte, sie ohne Umschweife zum Tod zu verurteilen. Wie die Angeklagten mit Sicherheit vorausgesehen hatten, begann der Richter zu fragen, welches Prozedere zu beachten sei, wenn die Todesstrafe allein aufgrund eines Schuldgeständnisses verhängt werde. Daraufhin gaben einige der fünf zu verstehen, sie würden sich anders besinnen, sofern man ihnen nicht garantiere, daß sie hingerichtet würden. Khalid Sheikh Mohammed erklärte: »Wir wollen unsere Zeit nicht mit Anträgen verschwenden.« Falls die Häftlinge die Anklagevertreter lächerlich machen wollten, erreichten sie ihr Ziel: Die Gerichtsverhandlung, die von Reportern aus der arabischen Welt, aus Spanien, Brasilien, Japan und anderen Ländern beobachtet wurde, wurde zu einem juristischen Gerangel: über die Frage, ob man die Todesstrafe allein aufgrund eines Schuldbekenntnisses verhängen könne oder erst nachdem die Militärkommission ihren Schuldspruch aufgrund von Beweisen gefällt hatte; über die Frage, ob zwei der Gefangenen entscheidungsfähig waren, ein Punkt, dessen Klärung nach Aussage des Richters viel Zeit brauche; und über die Position der drei ›entscheidungsfähigen‹ Gefangenen, die sagten, sie würden mit ihrem Schuldgeständnis warten, »bis eine Entscheidung über unsere Brüder getroffen ist«.[23]

Die breite Öffentlichkeit in den Vereinigten Staaten hat weder aufgehorcht, als sich abzeichnete, daß die Häftlinge von Guantánamo womöglich widerrechtlich festgehalten werden, noch war sie entsetzt, als die Mißhandlungen an ihnen bekannt wurden – vielleicht, weil die Gefangenen so zahlreich sind, vielleicht, weil sie keine Amerikaner sind, vielleicht auch, weil das wenige, das wir über sie wissen, sie unattraktiv erscheinen läßt. Nur Tage nach der Wahl Obamas führte die Quinnipiac University eine Umfrage durch: 44 Prozent der Befragten waren trotz Obamas wiederholter Versicherung, er werde Guantánamo schließen, gegen einen solchen Schritt. Nur 29 Prozent waren dafür, 27 Prozent waren unentschieden. Der Direktor des Quinnipiac-Meinungsforschungsinstituts kommentierte dieses Ergebnis so: »Leicht wird es der neue Präsident nicht haben. Die Schließung des Gefängnisses von Guantánamo Bay bringt Minuspunkte.«[24] Der Öffentlichkeit fiel es offenbar leicht, zu glauben, wer in Guantánamo sei, werde schon mit gutem Grund dort sein. Genauso, wie viele Menschen in Frankreich ohne Mühe glauben konnten, Dreyfus sei ein Verräter, weil er Jude war, hatten viele Amerikaner keine Mühe, die Häftlinge in Guantánamo und in CIA-Gefängnissen schon deshalb für Terroristen zu halten, weil sie Muslime sind. Die Bilder von den Mißhandlungen in Abu Ghraib erregten Entsetzen und Scham in Amerika; aber aus Guantánamo kamen keine solchen Fotos, und die Bilder, auf denen Häftlinge kniend in orangefarbenen Overalls aufgereiht sind, wirken fremdartig, irgendwie abstrakt – trotz der Kapuzen und der schwarzen Brillen, trotz der auf den Rücken gefesselten Hände. Aber diese abstrakten, indifferenten Figuren in orangefarbenen Overalls sind wirkliche Menschen – so wirklich wie Dreyfus, der während seiner Degradierungszeremonie dem Mob dermaßen abscheulich vorkam, daß Tausende sich in seine Nähe drängten, um ihm ins Gesicht zu spucken.

Unterdrückung und Ungerechtigkeit suchen sich immer wieder die gleichen Opfer: Außenseiter und Minderheiten, die Abneigung und Mißtrauen wecken. In ihrem Fall ist »die Schuld immer zweifellos«. Das war der Grundsatz des Offiziers in Kafkas *Strafkolonie*, und die Bush-Regierung verfuhr mit den Gefangenen, die sie im Zuge des Kriegs gegen den Terror gemacht hatte, nach einem sehr ähnlichen Prinzip. Man kann kaum glauben, daß die skandalösen Verstöße gegen US-Gesetze und internationale Menschenrechte ohne dies Prinzip zustande gekommen wären. Wenn jede Generation sich die in ihrem Namen begangenen Verbrechen ihrer Zeit vor Augen führt, wird die Analogie zu Verbrechen in der Vergangenheit deutlich. So deutlich wie die Notwendigkeit, eine Antwort auf die Frage zu suchen, die sich immer wieder aufdrängt und immer dringlich bleibt: Gibt es in der neuen Generation Männer und Frauen, die bereit sind, die Menschenrechte und die Würde jedes einzelnen Menschenlebens zu verteidigen gegen Mißhandlungen im Namen von Zweckdienlichkeit und Staatsräson? Für Frankreich antworteten an der Wende zum zwanzigsten Jahrhundert die Dreyfusards – Émile Zola, Jean Jaurès, Anatole France, Georges Clemenceau, Charles Péguy, um nur die bekanntesten aufzuzählen – und Oberstleutnant Georges Picquart, der am Ende zum Retter von Dreyfus wurde. In den Vereinigten Staaten machen es sich Journalisten zur Aufgabe, den Machtmißbrauch der Bush-Regierung offenzulegen; Mitglieder der Bundesgerichte verteidigen unermüdlich rechtsstaatliche Vorschriften gegen Rechtsverletzungen und Rechtsverdrehungen der Bush-Regierung; Militäranwälte protestieren ohne Rücksicht auf ihre Karriere gegen Verhörmethoden und Prozesse, die ein Hohn auf Verfahrensvorschriften sind; und zivile Anwälte und Juraprofessoren aller Altersgruppen wenden unentgeltlich Tausende Stunden für die Arbeit als gesetzliche Verteidiger von Guantánamo-Häftlingen auf; sie haben geantwortet. Sie retten die Ehre der Nation.

2
»Die Vergangenheit ist niemals tot.«[1]

»In Amerika ist das Gesetz König«, schrieb Thomas Paine 1776 in *Common Sense*, seinem Plädoyer für die Unabhängigkeit Amerikas – »denn so wie in Staaten mit absoluten Herrschern der König Gesetzgeber ist, sollte in freien Ländern das Gesetz König sein und kein anderer herrschen.«[2] Nach dem Anschlag vom 11. September 2001 auf World Trade Center und Pentagon nutzte die Bush-Regierung ihre globale Kriegserklärung an den Terror als Legitimation dafür, in den USA alarmierende Risse in die Herrschaft des Gesetzes zu sprengen. Die erratischen ungesetzlichen Handlungen einer Reihe von französischen Kriegsministern und hochrangigen Offizieren im Generalstab der französischen Armee während der Dreyfus-Affäre lassen sich ebenfalls auf ein einschneidendes nationales Trauma zurückführen: die demütigende Niederlage der französischen Armee im Deutsch-Französischen Krieg von 1870/71. Dieses Trauma und die darauffolgenden Anstrengungen zur Reform der Armee sind auch der Hintergrund, vor dem deutlich wird, warum nationalistische Politiker und Journalisten und weite Teile der französischen Öffentlichkeit so heftig bis hysterisch reagierten, als Enthüllungen drohten, die führenden Generalstabsoffizieren die Ehre abschneiden konnten und sie womöglich vor Gericht brachten. Dazu kam eine neue, virulente Form des Antisemitismus, die sich seit den achtziger Jahren des neunzehnten Jahrhunderts in Frankreich ausgebreitet hatte und alles vergiftete, was mit der Affäre zusammenhing. Dieser Antisemitismus ging über die traditionelle Judenfeindlichkeit der christlichen Kirchen hinaus und verband Aufrufe, die französische Wirtschaft vom »Würgegriff« der Juden zu befreien und den unverhältnismäßig hohen jüdischen Einfluß auf das französische Erwerbsleben wie auf die intellektuelle und die künstlerische Szene zu beenden, mit Rassentheorien über die Minderwertigkeit der Juden, die so degeneriert seien, daß sie im französischen Leben nicht geduldet werden könnten. Der Jude, der wegen Landesverrats angeklagt und verurteilt worden war, wurde zum natürlichen Brennpunkt dieses Hasses.

Eine ungeheure Katastrophe, ein Frieden aus Verzweiflung, vergeblich geopferte Leben, ein Staat ohne Grundlagen, eine Armee, die nur aus den entlassenen Kriegsgefangenen des Feindes bestand, zwei Provinzen weggerissen, Milliarden zu bezahlen, ein Viertel des Landes von den Siegertruppen besetzt, die Hauptstadt im Blutbad eines Bürgerkriegs, ein eiskaltes oder ironisches Europa: das waren die Bedingungen, unter denen ein niedergeworfenes Frankreich den Weg zu seiner Bestimmung wieder einschlug.[3]

Das war Charles de Gaulles düstere Einschätzung der Folgen des Deutsch-Französischen Krieges, eines Krieges, den die französische Armee begann, ohne darauf vorbereitet zu sein, obwohl der französische Kaiser Napoleon III., Neffe von Napoleon I., und seine Regierung ihn gewollt und schließlich provoziert hatten.[4]

Wie andere europäische Mächte war auch Frankreich überrascht worden vom entscheidenden Sieg Preußens über die österreichische Armee in der Schlacht von Königgrätz (oder Sadowa) am 3. Juli 1866, der Österreich gezwungen hatte, um Frieden zu bitten. Zum Krieg war es gekommen, weil Österreich sich geweigert hatte, den beherrschenden Einfluß auf Deutschland aufzugeben, den es in dem vom Wiener Kongreß 1815 beschlossenen Deutschen Bund besaß. Nur Wochen nach Königgrätz unterzeichneten Preußen und Österreich den Prager Friedensvertrag, der den Deutschen

Bund auflöste. Preußen annektierte einige der norddeutschen Mitgliedsstaaten des Deutschen Bundes und zwang andere, in den Norddeutschen Bund einzutreten, der Preußen die führende Rolle in allen politischen und militärischen Angelegenheiten sicherte. Deutschland war über Nacht umgewandelt, und Preußen hatte sich aus der zweiten Reihe an die Spitze katapultiert. Zusammen mit den annektierten Staaten war es fast ebenso bevölkerungsreich wie Frankreich (30 Millionen gegenüber 38 Millionen), und die preußische Armee, die ihre Rekruten auf der Basis allgemeiner Wehrpflicht einziehen konnte, hatte viel mehr Soldaten als die französischen Streitkräfte, die auf Freiwillige im Langzeitmilitärdienst angewiesen waren. Auch die Leistungskraft der Industrie im neuen Preußen bedrohte die Vormachtstellung Frankreichs auf dem Kontinent. Die politische Klasse des Landes war der Ansicht, daß der französische Kaiser diese Entwicklung verschlafen hatte. Nach einer Regierungszeit von mehr als einem Vierteljahrhundert galt er nun als müde und verbraucht. Als die vorgezogenen Wahlen, die er im Frühjahr 1869 angeordnet hatte, keine Unterstützung seiner Regierung ergaben, kam er zu dem Schluß, daß nur der Sieg in einem Krieg gegen Preußen seine Popularität wiederherstellen und den Thron für ihn und seine Nachkommen retten könne.

Auch der preußische Ministerpräsident und Außenminister Bismarck wollte den Deutsch-Französischen Krieg. Er hielt Kriegsbegeisterung für das beste Mittel zur Bekämpfung separatistischer Tendenzen in den kürzlich annektierten deutschen Staaten und im neuen Norddeutschen Bund, und er hoffte, auf diese Weise vielleicht sogar das wohlhabende, bevölkerungsreiche Königtum Bayern zum Eintritt in den Bund zu bewegen. Preußen, davon war Bismarck überzeugt, würde diesen Krieg gewinnen. Anders als Frankreich war Preußen gerüstet. Der Generalstab hatte sich sorgfältig auf den Angriff vorbereitet.

Den Vorwand, den Bismarck wie Napoleon III. brauchten, lieferte ein Zufall: Im Juni 1870 bot Spanien einem Hohenzollernprinzen den spanischen Thron an, der seit dem Sturz der Bourbonen 1868 verwaist war. Der Hohenzollernprinz nahm die Kandidatur an. Daraufhin erklärte Frankreich, einen deutschen Einfluß südlich der Pyrenäen werde es nicht dulden, worauf der Vater des Prinzen seine Zustimmung zu der Kandidatur prompt zurückzog. Das hätte die Lage entschärfen müssen, aber der französische Kriegsminister und der Ministerpräsident instruierten den französischen Botschafter, vom preußischen König Wilhelm I. die Garantie zu verlangen, daß das Thronangebot, sollte es je erneuert werden, abermals abgelehnt würde. In einem Gespräch mit dem französischen Botschafter verweigerte der König diese Garantie höflich, aber bestimmt und schickte aus Bad Ems ein Telegramm an Bismarck, in dem er den Inhalt des Gesprächs zusammenfaßte. Bismarck sah seine Chance: Er redigierte den Text des Königs so, daß daraus eine Beleidigung Frankreichs wurde – die berühmte Emser Depesche –, und veröffentlichte ihn am 13. Juli 1870. Die französische Regierung ließ sich provozieren und verlangte eine Entschuldigung – vergeblich, wie nicht anders zu erwarten. Daraufhin erklärte Frankreich am 19. Juli den Krieg. Als Angreifer verspielte es die Aussicht auf Unterstützung von Österreich oder Dänemark, mit deren Hilfe die Franzosen gerechnet hatten.

Alles in allem hätte Frankreich trotz der zahlenmäßigen Übermacht der preußischen Armee den Krieg gewinnen oder wenigstens einen Waffenstillstand erreichen müssen. Zwar konnte Preußen nach einer Totalmobilisierung mehr als eine Million Soldaten gegen Frankreichs vierhunderttausend ins Gefecht werfen, aber das preußische Heer bestand aus Wehrpflichtigen, die nur drei Jahre dienten, oder aus Reservisten, während die französische Armee über erfahrene Veteranen verfügte, die im Krimkrieg und den italienischen und mexikanischen Feldzügen gekämpft hatten. Die Franzosen hatten auch wichtige Waffenvorteile: einen mörderischen neuen Hinterlader, den nach seinem Erfinder genannten Chassepot, und das erste Maschinengewehr, die Montigny Mitrailleuse. Trotzdem wurden die Franzosen vernichtend geschlagen, unter anderem deshalb, weil der Generalstabschef der preußischen Armee Helmuth von Moltke ein genialer Heerführer war, weil sein Stab mit großer Überlegenheit jeden logistischen Vorteil erkannte und nutzte und weil die preußische Kriegführung einer Strategie folgte, die Kommandierende des Feldheers in allen Rängen zum Improvisieren ermutigte, wenn eine neue Situation schnelles Handeln erforderte. Die Franzosen hatten kein Konzept für diesen Krieg. Der Generalstab war ohne Verbindung zum Kommando des Feldheers; Offiziere kamen ohne Landkarten an die Front; ihre Strategie, eine starke Position zu besetzen, sich einzugraben und den Feind angreifen zu lassen, arbeitete den Preußen in die Hände; französische Generäle unterließen es regelmäßig, zu attackieren, wenn die preußischen Truppen im Nachteil waren; sie versäumten, ihre Truppenbewegungen zu koordinieren und einander zur Hilfe zu kommen.

Obwohl die französische Armee und französische Partisanen – die *franc tireurs* – ihren erbitterten Widerstand so lange fortsetzten, bis am 26. Februar 1871 in Versailles ein provisorischer Friedensvertrag unterzeichnet wurde, war der Krieg für sie praktisch schon am 1. September 1870 mit der Schlacht bei Sedan und der Gefangennahme des Kaisers Napoleon III. verloren gewesen. Ein endgültiger Friedensvertrag wurde drei Monate nach Versailles am 10. Mai 1871 in Frankfurt geschlossen. Seine Bedingungen waren hart, Elsaß-Lothringen wurde Deutschland zugeschlagen – dem neu geeinten Deutschen Reich unter Wilhelm I., der am 2. Januar 1871 zum Kaiser gekrönt worden war – und blieb deutsch bis zur Niederlage Deutschlands im Ersten Weltkrieg. Frankreich mußte

Reparationen in Höhe von fünf Milliarden Francs zahlen, damals eine astronomische Summe. Deutsche Truppen würden Teile Frankreichs besetzt halten, bis die Entschädigung vollständig bezahlt war. Die Lage Frankreichs verschlimmerte sich, und zusätzlich zu den im Krieg Gefallenen (280000 Tote und Verwundete auf der französischen, 165000 auf der preußischen Seite) kamen noch mehr Menschen um, als am 18. März 1871 in Paris der protokommunistische Aufstand ausbrach und die Tage der Commune begannen. Die französische Armee belagerte die hungernde Stadt und eroberte sie schließlich während der berüchtigten *semaine sanglante* (blutige Woche) mit einem Sturmangriff, der am 21. Mai begann. In der Zeit der Belagerung kam es zu mutwilligen Zerstörungen, unter anderem wurden die Tuilerien und das Hôtel de Ville in Brand gesteckt und die Siegessäule auf der Place Vendôme, die Napoleons I. Siegeszüge verherrlichte, umgestürzt. Gewalttaten gab es auf beiden Seiten; nach Schätzungen starben etwa 30000 Commmunarden, mindestens 20000 davon wurden hingerichtet, nachdem die Armee in Paris einmarschiert war. Tausende wurden eingesperrt und im Frühjahr 1872 deportiert – nicht wie Dreyfus auf die Teufelsinsel oder eine der beiden anderen Inseln des Heils, sondern auf die Insel Ducos vor Neu-Kaledonien, wohin ihnen ihre Familien nach einem Jahr folgen durften. Einer der kommandierenden Generäle der französischen Armee war Gaston de Galliffet; daß der Aufstand mit solcher Brutalität niedergeschlagen wurde und daß so viele Hinrichtungen folgten, hatte er persönlich zu verantworten. Er war Kriegsminister, als Dreyfus' Revisionsverfahren am Kriegsgericht von Rennes stattfand.

Mitverantwortung für die Niederlage bei Sedan trug der ungeheuer beliebte und bewunderte Marschall Achille Bazaine, der sich in Metz mit seiner gesamten Armee den Preußen ergab, obwohl die Stadt eine fast uneinnehmbare Festung war. Sein seltsames Verhalten und seine Lethargie während des ganzen Krieges, dazu die Kontakte zwischen ihm und dem preußischen Oberkommando vor seiner Kapitulation waren so auffällig, daß er 1873 nach der Entlassung aus preußischer Kriegsgefangenschaft des Hochverrats angeklagt wurde. Das Kriegsgericht sprach ihn schuldig und verurteilte ihn zum Tode. Mehrere andere hohe Offiziere wurden ebenfalls wegen Hochverrats vor Militärgerichte gestellt. Patrice Mac-Mahon, Marschall wie Bazaine, Befehlshaber in der Schlacht bei Sedan und inzwischen Staatsoberhaupt, brachte es jedoch nicht über sich, den Befehl zur Vollstreckung des Urteils zu geben. Er wandelte es um in zwanzig Jahre Gefängnis ohne die militärische Degradierung, die Dreyfus über sich ergehen lassen mußte. Es dauerte nicht lange, bis Bazaine aus dem Gefängnis ausbrach, wahrscheinlich mit Duldung seiner Bewacher, und nach Spanien entkam, wo er ein sehr komfortables Leben führte und 1888 starb. Eine der vielen ironischen Wendungen der Dreyfus-Affäre führte dazu, daß General Mercier, als er sein Ministeramt aufgeben mußte, den dienstältesten General Saussier informierte, daß die Akten des Kriegsgerichtsverfahrens gegen Dreyfus im Kriegsministerium und nicht beim Pariser Militärkommando aufbewahrt würden. Er rechtfertigte seine Entscheidung mit dem Hinweis auf einen Präzedenzfall: Mit den Prozeßakten der Verhandlung gegen Marshall Bazaine hatte man es genauso gehalten.[5] Die lähmende Wirkung und die schlimmen Folgen, die der Landesverrat des Oberkommandierenden nach sich gezogen hatte, waren der militärischen Führungsspitze so lebhaft in Erinnerung, daß man in der Armee mit äußerster Nervosität reagierte, als ein zum Generalstab abgeordneter Offizier allem Anschein nach für Deutschland spionierte, denn der Generalstab stand so hoch in Ehren, daß man ihn »L'Arche Sainte« nannte.

Sehr bald nach der Niederlage wurde die Rehabilitierung der französischen Armee in Angriff genommen. Die allgemeine Wehrpflicht wurde wieder eingeführt, und man bemühte sich entschlossen, aus dem preußischen Beispiel Nutzen zu ziehen. Das führte zu einer hohen Konzentration auf Spionageabwehr und Ausbildung in Militärdoktrin, zum Beispiel an der neu gegründeten *École Supérieure de Guerre*, die Offiziere nur auf der Basis einer Ausleseprüfung zum Studium zuließ. Der Anteil der Ausgaben für das Militär im Staatshaushalt stieg dramatisch an, und die Ausrüstung der Armee wurde von nun an ständig modernisiert. Besondere Aufmerksamkeit widmete man der Artillerie, denn anders als die Gewehre der Infanteristen waren die Artilleriewaffen im Krieg deutlich unterlegen gewesen. Deutschland verfolgte diese Entwicklung genau. Wie das *Bordereau* zeigte, hatte Esterházy versprochen, Geheiminformationen über das 120-Millimeter-Geschütz an Schwartzkoppen zu verkaufen, da er wußte, daß ein solches Angebot mit Sicherheit attraktiv für den Attaché sein würde. Eine Weiterentwicklung dieser Kanone war das durchschlagkräftigere 150-Millimeter-Geschütz, auf das 1897 die »French 75« folgte, die 1914 erheblich dazu beitragen sollte, den deutschen Vormarsch aufzuhalten. Das Afrika- und das Kolonialkorps der neuen französischen Armee hatten Abenteuer in außereuropäischen Ländern zu bestehen: vor der Affäre Dreyfus in Tunesien, anderen Teilen Afrikas und in Indochina; 1895 in Madagaskar; und Anfang April 1900 in China als Teil der von acht Nationen entsandten Streitkräfte, die den Boxer-Aufstand niederschlagen sollten. Allerdings waren ausländische Abenteuer in Frankreich nicht bei allen beliebt. Ein großer Teil der französischen Öffentlichkeit und der Politiker sah die Aufgabe der Armee vor allem darin, dem Land die verlorenen Provinzen zurückzuerobern.

Dazu kam die weitverbreitete Auffassung, daß die Armee in einem Land, das unter der Last von innenpolitischen Konflikten, finanziellen wie politischen Skandalen und Putschversuchen wankte, die einzige unbefleckte Institution und letzte Bastion nationaler Stabilität und nationalen Stolzes war. Zu den politischen Konflikten gehörte die Gegnerschaft zwischen den Republikanern, die sich für die nach dem Zusammenbruch des Kaiserreichs von Napoleon III. gegründete Dritte Republik einsetzten, und den Royalisten und Bonapartisten, die diese Republik nicht als legitim anerkannten; der Konflikt zwischen republikanischen und antirepublikanischen Parteien auf der einen und den Sozialisten auf der anderen Seite; und der Widerstand der Antiklerikalen gegen den Klerus und seine Parteigänger. Revolutionäre Anarchisten richteten Anschläge auf politische Galionsfiguren und den Staat. 1882 ging die Union Générale bankrott, eine katholische Bank mit starker kirchlicher Bindung. Den Konkurs führte man zurück auf die Machenschaften jüdischer Bankiers, personifiziert durch Baron Alphonse de Rothschild, das Oberhaupt der französischen Rothschilds. Ein ausgeprägt französischer Skandal kam im Herbst 1887 ans Licht: Man erfuhr, daß Generäle sowie Senatoren und andere Politiker schwunghaften Handel trieben mit Orden und Auszeichnungen, unter anderem mit der Aufnahme in die Ehrenlegion, die ein gewisser Daniel Wilson, Schwiegersohn des französischen Staatspräsidenten Charles Grévy, in einem Büro in dessen Residenz, dem Élysée-Palast, arrangierte. Grévy trat zurück; sein Nachfolger war Sadi Carnot, ein altgedienter, aber unbedeutender Politiker, der im Juni 1894 von einem Anarchisten ermordet wurde. Zwei Jahre vorher war die Panamakanal-Gesellschaft unter einem Schuldenberg zusammengebrochen, und Tausende von Investoren verloren ihre Ersparnisse. Der Panamakanal-Skandal machte deutlich, wie weitgehend korrupt die politische Klasse war.

1877 hätte der monarchistische, erzkonservative Marschall Mac-Mahon beinahe die Regierung gestürzt. Von 1887 an rechnete man mehrere Jahre lang damit, daß Georges Boulanger, ein unglaublich beliebter General mit Anhängern im gesamten politischen Spektrum der französischen Gesellschaft, von der royalistischen extremen Rechten bis zur Arbeiterklasse, die Dritte Republik stürzen würde. Als jedoch seine Anhänger am 1. April 1889 bereit waren, zum Élysée-Palast zu marschieren, setzte er sich nicht an die Spitze der Bewegung, sondern floh nach Belgien, weil er durch eine Liebesaffäre abgelenkt war oder die Nerven verloren hatte, und damit war dem Boulangismus wider Erwarten der Wind aus den Segeln genommen. Quer durch alle Parteien ging der Streit über die Rolle der katholischen Kirche im Staat und im Erziehungswesen; die Kirche verlor diesen Kampf, als am 9. Dezember 1905 ein Gesetz verabschiedet wurde, welches das Konkordat zwischen Frankreich und dem Vatikan beendete und eine strenge Trennung von Staat und Kirche vorschrieb.

Auch wenn dieser Hintergrund einiges erklärt, war die Beliebtheit der umgestalteten Armee doch erstaunlich. De Gaulle hat brillant dargestellt, wie groß die Begeisterung der französischen Nachkriegsgenerationen für die Armee war; sie strömten in die ehrwürdige französische Militärakademie *Saint-Cyr* und die anderen neugeschaffenen Kriegsschulen, in die man, wie in die *École Supérieure de Guerre*, nur nach einem auf Leistung beruhenden Auswahlverfahren aufgenommen wurde. Besonders wichtig für die Ausbildung des Nachwuchses war die Elitehochschule *École Polytechnique*, deren Absolventen wie Dreyfus Berufsoffiziere werden wollten. De Gaulle schrieb:

> [Ein französischer Offizier] liebt seinen Beruf, der ihm Privilegien verschafft, so daß er handeln und Autorität ausüben kann. Der Sold ist zwar kümmerlich, aber das Sozialprestige eines Offiziers ganz einzigartig. In einer Garnisonsstadt bekundet ihm jedermann Respekt. Kaufleute haben Vertrauen zu ihm. Bei Festen steht er im Mittelpunkt. Die Gesellschaft sieht sein Auftreten gern. Frauen sind ihm gewogen. Ihre Eltern nehmen einen solchen Mann von Ehre, der, wie es heißt, »Zukunft hat«,

oder jedenfalls ein sicheres Einkommen und später eine Pension, mit Freuden als Schwiegersohn in die Familie auf.[6]

Marcel Proust, ein scharfer Beobachter der französischen Gesellschaft zur Zeit des *fin de siècle*, schildert die französische Liebesaffäre mit der Armee in *Auf der Suche nach der verlorenen Zeit*. Wir sehen sie, wenn in Combray, der Kleinstadt, aus der die Familie des Erzählers stammt, die Einwohner zusammenströmen, um das Regiment durch den Ort ziehen zu sehen; sie spiegelt sich im Verhalten des Herzogs und der Herzogin von Guermantes, eingefleischten Snobs, die nichts dazu bewegen könnte, an einem Gartenfest oder einem Diner im Élysée-Palast teilzunehmen, die aber den General de Froberville nur wegen seines hohen Rangs in der Armee zu ihren exklusiven Diners einladen; sie zeigt sich im Überschwang der Begeisterung, wenn der Prinz von Guermantes seine Liebe zur Armee in Worte faßt, und natürlich in der militärischen Laufbahn des Guermantes-Neffen Robert de St. Loup.

An der Spitze der idealisierten Armee stand der Generalstab, eine neue Institution nach dem Muster des preußischen Generalstabs, der allgemein als Garant für Preußens Sieg von 1871 galt. Aufgabe dieser Institution war es, die detaillierten Pläne für alle Eventualitäten eines Feldzugs auszuarbeiten, die vollkommen gefehlt hatten, als Frankreich sich in jenen Krieg stürzte. Im Oktober 1890 wurde der Rang des Generalstabschefs geschaffen, General François de Miribel wurde der erste Inhaber dieser Position. Er war Sohn, Bruder und Vater von *polytechniciens* und Reformer aus natürlicher Neigung und Überzeugung. Um den Generalstab aus dem Netzwerk der Ehemaligen, der adligen, in Jesuitenschulen erzogenen Offiziere zu lösen, veranlaßte er, daß jedes Jahr die zwölf besten Absolventen der *École Supérieure de Guerre* als Anwärter im Stab Dienst taten, allerdings ohne Garantie auf eine Dauerstellung. Auf diese Weise kam Hauptmann

Dreyfus, der am 19. November 1892 das neuntbeste Examens-
ergebnis an der *École* erreicht hatte, zu seinem Posten. Am
1. Januar 1893 meldete er sich zum Dienst beim Generalstab
in der Rue Dominique. Neun Monate später erlag Miribel im
Manöver einem Schlaganfall – ein Unglück auch für Dreyfus.
Neuer Chef des Generalstabs wurde General de Boisdeffre,
Dreyfus' Nemesis.

Offenbar erwartete Dreyfus, daß er seinen Offizierskameraden im Stab willkommen sein würde; hatte er Grund für diese
Annahme? Wenn ausschließlich die Eignung für die Position
zu berücksichtigen wäre, müßte man die Frage mit ja beant-
worten. Sein Abschlußzeugnis war tadellos, und Offiziere,
unter denen er gedient hatte, bescheinigten ihm Intelligenz,
gründliches Wissen, Energie und Eifer. Wie schon erwähnt,
hatte er nur einen Mangel: Seine Stimme klang flach und
blechern; er hatte keinen Kommandoton. Andererseits war
er, entgegen dem Vorurteil, daß Juden nicht lernen können,
sich auf einem Pferd zu halten, ein ausgezeichneter Reiter. Ein
Vorfall an der *École Supérieure de Guerre* hätte ihn jedoch
warnen müssen: General de Bonnefond, ein Mitglied der Prü-
fungskommission, vor der Dreyfus sein Abschlußexamen ab-
legte, gab ihm 19 von 20 Punkten für technisches Wissen und
0 Punkte für die *cote d'amour,* seine Persönlichkeit, mit der
Erklärung, er wünsche keine Juden im Generalstab. Durch
diese Abweichung verschlechterte sich Dreyfus' Gesamter-
gebnis vom dritten auf den neunten Platz in seinem 81 Mann
starken Jahrgang. Vor dem Militärgericht in Rennes sagte
Dreyfus aus, daß er sich nach längerem Nachdenken über die
Note beim Leiter der Militärakademie beschwert habe; dieser
habe ihn höflich angehört und ihm erklärt, daß die Null sich
in der Praxis nicht auswirken werde. Die schlechtere Gesamt-
note, die sich daraus ergebe, qualifiziere ihn immer noch für
die begehrte Stelle im Stab.

Unter hochrangigen Offizieren waren Antisemiten wie General de Bonnefond nicht schwer zu finden. Der Generalstab war durchsetzt mit antijüdischen Stimmungen, um so mehr, als die Traditionalisten sich sperrten, in ihre Reihen Neuankömmlinge aufzunehmen, die sich durch Examensergebnisse anstatt durch Freundschaften, Verwandtschaften oder die Empfehlung von Mentoren qualifiziert hatten. Absolventen der *École Polytechnique*, die ihrerseits Studenten ausschließlich auf der Grundlage von Prüfungsnoten zuließ, waren also für Traditionalisten, auch unabhängig vom Antisemitismus, der Inbegriff der unwillkommenen neuen Welle. Die *polytechniciens*, die gewöhnlich Artilleristen waren, geschult in Mathematik und Naturwissenschaften, und oft aus antiklerikalen Familien stammten, bildeten einen scharfen und für die Traditionalisten höchst unangenehmen Kontrast zu bürgerlichen oder adligen Offizieren, die jesuitische Bildungsanstalten besucht hatten. Die Eindringlinge wurden mit Argwohn betrachtet: Daß sie mit ihren Kollegen zusammenarbeiten und dazu beitragen würden, den Charakter der Institution zu erhalten, traute man ihnen nicht zu. Und wenn ein Neuankömmling außerdem noch Jude war, verstärkte sich der Argwohn durch Aversion. Da Antisemiten ohnehin lauthals verkündeten, daß Juden – und besonders elsässische Juden mit ihren Deutschkenntnissen und ihrem deutschen Akzent – keine richtigen Franzosen waren, war es nur noch ein Schritt bis zur Unterstellung, daß solchen Offizieren die wichtigen geheimen Informationen des Generalstabs nicht anvertraut werden könnten.

Weder in Dreyfus' Erinnerungen an die Affäre noch im Bericht seines Bruders Mathieu[7] gibt es einen Hinweis darauf, daß Hauptmann Dreyfus den Bonnefond-Vorfall als einen Warnschuß verstand oder daß er nach seiner Aufnahme in »L'Arche Sainte« mit Schwierigkeiten oder unfairer Behandlung rechnete. Vielleicht lag das an seiner distanzierten, introvertierten Wesensart und der offenkundigen Unfähigkeit, seine Gefühle zu zeigen. Seine Versetzung zum Generalstab war Ergebnis eines Auswahlprozesses, der, abgesehen von der *cote d'amour*, ausschließlich auf einem errechneten Notendurchschnitt beruhte. Anders als viele Offiziere – zum Beispiel Picquart, den General de Miribel, damals Chef des Generalstabs, und General de Galliffet, in dessen Stab er gedient hatte, besonders unterstützten – hatte Dreyfus keinen Mentor oder Protektor höheren Orts. In seiner Familie gab es keine Geschichten von Kriegsheldentum; er hatte keine Verwandten, die Berufsoffiziere waren. Offenbar war er auch mit keinem seiner Kollegen befreundet. Sein Lebensstil erlaubte wenig Kameraderie: Er war verheiratet und hatte zwei Kinder, so konnte man sich darauf verlassen, daß er – außer bei Manövern oder auf Dienstreisen im Auftrag des Generalstabs – jeden Tag pünktlich um zwölf Uhr zum Essen nach Hause ging und nach Dienstschluß ebenfalls verschwand. Trotzdem muß er bis zu einem gewissen Grad registriert haben, daß in Frankreich eine neue virulente Form von Antisemitismus aufkam. Sie wurde gespeist aus einer ungeheuer populären Hetzschrift, Eduard Drumonts *La France Juive*. In der ersten Auflage 1886 wurden hunderttausend Exemplare verkauft; danach gab es über zweihundert Neuauflagen. Dieses Kompendium aus Pseudowissenschaft und antijüdischen Schlagworten wurde zur Quelle einer ganzen Literaturgattung und eines Segments der Presse, das den Antisemitismus zu seiner Sache machte. Die französische antijüdische Propaganda samt den Karikaturen, die diese Publikationen füllten, war so extrem, daß Julius Streichers Wochenzeitung *Der Stürmer*, die seit den zwanziger Jahren publiziert wurde, kaum noch neuen Boden zu bearbeiten fand.

Von 1892 an nahm *La Libre Parole*, die Zeitung, die Drumont nach dem Erfolg von *La France Juive* gegründet hatte, vor allem jüdische Offiziere aufs Korn. Mit einer schrillen

Kampagne protestierte sie gegen die untragbar hohe Zahl jüdischer Berufsoffiziere und beschimpfte sie als eine feige, unpatriotische Rasse. Der junge Hauptmann André Crémieu-Foa forderte Drumont im Namen von dreihundert aktiven jüdischen Offizierskameraden zum Duell. Crémieus Sekundant war ausgerechnet Major Esterházy, der sich eine zusätzliche Geldquelle erschloß, indem er reichen, modebewußten Juden, von denen er gelegentlich Geld leihen konnte, Freundschaftsdienste leistete. Der Zweikampf, der mit Degen ausgetragen wurde, verlief so heftig, daß der anwesende Arzt einschritt, als beide Duellanten verwundet waren. Ein zweites Duell, diesmal auf Pistolen, zwischen dem jüdischen Hauptmann Armand Mayer, der Crémieu-Foas anderer Sekundant gewesen war, und dem Marquis de Morès, einem notorischen Duellanten und Kumpan Drumonts, folgte unmittelbar auf das erste. Mayer wurde dabei getötet. Er war Elsässer wie Dreyfus und hatte zusammen mit ihm an der *École Polytechnique* studiert. Dreyfus mag diese und andere Anzeichen für den Haß, der sich gegen Juden zusammenballte, registriert haben, aber offenbar unterdrückte er alle daraus abzuleitenden Folgerungen und alle damit verbundenen Gefühle, um die Rolle zu spielen, für die sich die überwältigende Mehrheit der assimilierten französischen Juden mit ähnlichem Hintergrund entschieden hatte: Sie zogen den Kopf ein und hielten an ihrer Überzeugung fest, daß sie vollwertige französische Bürger seien und daß die Republik, die ihnen die Gleichberechtigung mit anderen Bürgern zugesichert hatte, sie schützen würde.

Alfred Dreyfus wurde am 9. Oktober 1859 in Mulhouse (Mülhausen) geboren, einer großen Stadt im südlichen Elsaß in der Nähe der Schweizer und der deutschen Grenze. Er war das jüngste der sieben lebenden Kinder – zwei Mädchen waren kurz nach ihrer Geburt gestorben – von Raphael und Jeannette Dreyfus (geborene Libman). Raphaels Vater war Hausierer gewesen, sein Großvater hatte, wie Jeannettes Vater, eine koschere Metzgerei. Raphael arbeitete zunächst mit seinem Vater zusammen, aber seine Tage als Hausierer waren vorbei, als Alfred geboren wurde. Er handelte sehr erfolgreich als Kommissionär mit Baumwolle und konnte bald gewerbliches Eigentum in Mulhouse erwerben. Er besaß eine Baumwollspinnerei und galt als vermögender Fabrikant. Passend zu seinem neuen Status ließ er in einer eleganten Straße für sich und seine Familie ein vierstöckiges Haus bauen, das zu den aufwendigeren Wohnsitzen der Stadt zählte, und knauserte nicht mit Mobiliar, Wandbehängen, Gardinen und anderem Zubehör, das dem gehobenen Standard der neuen Residenz entsprach. Es verstand sich von selbst, daß die beiden älteren Söhne dem Vater zur Seite stehen und das Familienunternehmen weiterführen würden. Die jüngsten, Mathieu und Alfred, sollten studieren. Der Deutsch-Französische Krieg brachte Leben und Pläne der Familie durcheinander. Da Elsaß und Nordlothringen von Frankreich abgetrennt worden waren, wurden die Eltern und fünf ihrer Kinder Untertanen des neuen Deutschen Reichs; Henriette, eine ältere Schwester, die wie eine zweite Mutter Alfreds war, hatte 1879 Joseph Valabrègue geheiratet und war mit ihm zu seiner Familie nach Carpentras in Südwestfrankreich gezogen.

Deutschland ließ den Einwohnern der beiden zuvor französischen Provinzen die Wahl: Sie konnten sich für die französische Staatsbürgerschaft entscheiden, wenn sie einen neuen Wohnsitz in Frankreich vorweisen konnten. Raphael teilte die Familie auf: Der älteste Sohn blieb in Mulhouse, um die Fabrik zu leiten, und die Mutter, die zu krank für einen Umzug war, wohnte bei ihm; die anderen, auch Alfred, erklärten Carpentras, wo Henriette Valabrègue und ihr Mann ein Haus besaßen, zu ihrem Wohnsitz. In Wirklichkeit zogen sie jedoch ins nahe Basel, von wo aus Raphael sich an der Leitung der Fabrik beteiligen konnte. Kurze Zeit später reisten Alfred und

Mathieu weiter nach Paris und gingen dort auf eine private Eliteschule. Mathieu, brillant und charmant, entschied sich gegen den Versuch, das Baccalaureat-Examen zu machen, das damals sehr schwer zu bestehen war, und versperrte sich damit den Weg zur Universität. Statt dessen widmete er sich nach einem Jahr Militärdienst dem Familienunternehmen, gab diese Arbeit aber später auf, um seine ganze Energie auf die Suche nach Beweisen für Alfreds Unschuld zu konzentrieren. Dieser hatte weder Mathies Charme noch den weitgefächerten Intellekt des Bruders, war aber mehr als gewissenhaft und konzentrierte sich auf das gefürchtete Baccalaureat, bestand das Examen, bereitete sich danach nicht, wie üblich, drei, sondern nur zwei Jahre lang auf die Zulassungsprüfung zur *École Polytechnique* vor und wurde im November 1878 als 182. von 236 – und einer der jüngsten – Kadetten aufgenommen. Bis zum Abschlußexamen verbesserte er seinen Rang: Er war 128. von 235. Da er in der Artillerie dienen wollte, mußte er noch eine Auswahlprüfung absolvieren, um zur *École d'Application de l'Artillerie* zugelassen zu werden. Zwei Jahre später beendete er diese Schule als 32. von 97 Offiziersanwärtern. Im Frühjahr 1885 wurde er zum Oberleutnant befördert und einem Artillerieregiment zugeteilt; er war zuerst in Le Mans stationiert, einer großen Provinzstadt ungefähr zweihundertfünfzig Kilometer von Paris entfernt, und wurde dann zu einer Kavallerie-Einheit seines Regiments nach Paris versetzt.

Der junge Offizier war ungewöhnlich reich: Das Familienunternehmen warf so viel Einkommen für die vier Dreyfus-Brüder ab, daß jedem von ihnen jährlich zehn- bis zwanzigtausend Francs zukamen; dazu konnte Alfred über bis zu dreihunderttausend Francs vom Kapital der Firma verfügen. Der Sold eines Leutnants dagegen betrug weniger als zweitausend Francs pro Jahr. Französische Offiziere dieser Zeit hatten selten vermögende Familien; nur zwanzig Prozent konnten erwarten, etwa zwanzigtausend Francs zu erben. Dreyfus' Reichtum sollte noch zunehmen: Als sein Vater 1893 starb, erbte er einen Anteil an der Baumwollspinnerei in Mulhouse. Vorher, am 21. April 1890, hatte er geheiratet; seine Frau war die schöne und unbeirrbar loyale Lucie Hadamard. Die Familie Dreyfus begrüßte die Verbindung ebenso wie die Hadamards, obwohl deren gesellschaftliche Stellung deutlich höher war. Wie sehr die Hadamards in die französische Bourgeoisie integriert waren, ist daran abzulesen, daß schon Lucies Großvater mütterlicherseits die *École Polytechnique* absolviert hatte, ebenso wie ihre Vettern; Paul Hadamard, einer von ihnen, hatte Dreyfus bei der Familie eingeführt. Lucies Vater handelte mit Diamanten und folgte damit dem Beispiel seines Großvaters und Vaters, die Juweliere und Edelsteinkaufleute gewesen waren. Die zahlreichen Onkel und Vettern der Familie waren ebenfalls gut etabliert und würden zu gegebener Zeit selbst durch Heirat mit der Crème der jüdisch-französischen Gesellschaft verbunden sein. Lucies Familie stammte wie der Dreyfus-Clan aus dem Elsaß.

Offiziere mußten von ihrem Kommandeur Erlaubnis einholen, bevor sie sich verlobten. Die Genehmigung wurde erteilt, wenn die in Aussicht genommene Braut einen allem Anschein nach guten Charakter hatte und wenn sie laut Ehevertrag finanzielle Mittel mitbrachte, die dem Offizier eine seinem Rang entsprechende Lebensführung gestatteten. Diese Bedingungen waren in Dreyfus' Fall leicht zu erfüllen: Lucies Eltern waren wohlhabend. Ihr Reichtum spiegelte sich in Lucies Mitgift, zu der außer der üblichen Ausstattung mit Leinen, Spitzen, Schmuck und Möbeln ein gesichertes bescheidenes Jahreseinkommen und hundertsechzigtausend Francs in bar gehörten. Sie hatte überdies eines Tages ein Erbe von mehr als fünfhunderttausend Francs zu erwarten. Als Alfred im Oktober 1894 des Hochverrats angeklagt wurde, hatte er alles in allem ein Jahreseinkommen von etwa vierzigtausend Francs, die Familie wohnte in einer großen schönen Wohnung an der Avenue du Trocadéro, und ihr Lebensstil entsprach ihren üppigen finanziellen Mitteln. Unter anderem besaß Alfred zwei Reitpferde. Jeden Morgen vor Dienstbeginn ritt er zwei Stunden im Bois de Boulogne aus. Hätte irgend jemand im Generalstab einen Augenblick lang nachgedacht und wäre Dreyfus nicht Jude gewesen – die Vorstellung, daß dieser sehr reiche Offizier dem deutschen Botschafter Militärgeheimnisse verkaufen könnte, wäre mit Sicherheit absurd erschienen. Doch zu seinem Verhängnis war Dreyfus zwar gründlich assimiliert, aber dennoch Jude, und weder General Mercier noch General de Boisdeffre, noch einer der ihnen unmittelbar Unterstellten hatte sich mit unbequemen Fragen auseinandergesetzt, bevor es zur Anklage kam.

Paradoxerweise hatte sich Dreyfus weder mit seinem Reichtum noch mit der glänzenden Partie, der die Armee sofort zugestimmt hatte, beim Generalstab beliebt gemacht – sowenig wie in seinen früheren Stellungen. Vielmehr wirkte sich sein Vermögen ungünstig aus, es bestärkte eines der gängigsten, aus Neid gespeisten antisemitischen Stereotypen: das Bild vom neureichen jüdischen Eindringling, der sich mit Ellbogenkraft in Positionen gedrängt hat, die von Rechts wegen den wahren Franzosen zustünden; der mit Geld um sich wirft und sich Vorteile kaufen kann, die für wahrhaft französische und tugendhafte ärmere Offiziere unerschwinglich wären. In den Militärgerichtsverhandlungen gaben Zeugen eine Fülle giftiger Gerüchte wieder; eines der bösartigsten war die Anekdote, daß Dreyfus einen anderen Offizier gefragt habe, ob er gern auf die Jagd gehe. In dem Fall werde ihm Dreyfus' Bruder, der regelmäßig an den königlichen Jagdpartien in den Wäldern der ehemaligen französischen Königsschlösser teilnehme, gern eine Einladung dazu vermitteln. Unabhängig von ihrem Wahrheitsgehalt zeigt diese höhnisch vor Gericht wiedergegebene Geschichte, wie einige, wenn nicht sogar viele von Dreyfus' Offizierskameraden ihn sahen.

Objektiv eingeschätzt war die Geschwindigkeit, mit der die Familie Dreyfus ihren Reichtum vermehrte und in der Gesellschaft aufstieg, atemberaubend: Von 1819 an, dem Todesjahr von Alfreds Urgroßvater, dem koscheren Metzger, der kein Französisch, sondern nur Jiddisch und vielleicht ein paar Brocken Elsässisch sprach, vergingen nur vierzig Jahre, bis Raphael sich vom Hausierer zum Industriellen gewandelt hatte und begann, das Vermögen anzusammeln, dessen Grundstein eine traditionelle französische Manufaktur bildete und das ihm schon dreißig Jahre später ermöglichte, sich zur Heirat, Karriere und Lebensführung seines Sohnes Alfred zu gratulieren. Zum Mißvergnügen des alteingesessenen französischen Bürgertums war dies ein Muster, das man sehen konnte, wo immer man hinschaute. Am eindrucksvollsten zeigte es sich natürlich im Hause Rothschild. Der Patriarch des französischen Familienzweigs war erst 1811 als Neunzehnjähriger fast ohne Französischkenntnisse aus dem Frankfurter Ghetto nach Frankreich gekommen. Er arbeitete in Partnerschaft mit seinen in Frankfurt, London, Wien und Neapel ansässigen Brüdern, wurde der Bankier des in der Restaurationszeit wieder inthronisierten Königs Louis XVIII. und arbeitete nach der Revolution im Juli 1830, die zum Sturz von Louis' Nachfolger Charles X. geführt hatte, weiter als königlicher Bankier unter dem Bürgerkönig Louis-Philippe.

Baron James – 1817 wurde ihm ein österreichischer Adelstitel verliehen – finanzierte staatliche Projekte, Schwerindustrie, Kohleförderung und den Bau der französischen Eisenbahnlinien. Nur Königspaläste waren größer als das Chateau in Ferrières, das er Joseph Fouché, einem der Erzgauner in der Geschichte Frankreichs, abkaufte und nach und nach ausbaute; es war so luxuriös, daß James kurz vor seinem Tod im Jahr 1868 Napoleon III. mit einer Einladung zur Jagd auf dem Gelände des Châteaus und anschließendem Diner hofieren konnte. James' Nachfolger als Leiter des französischen Bankhauses, sein ältester Sohn Alphonse, hatte sich in einem herrschaftlichen Haus an der Ecke Rue St. Florentin und Rue de Rivoli niedergelassen, das Talleyrand gehört hatte und heute das Generalkonsulat der USA beherbergt. Er war wie sein Vater der wichtigste Bankier in Frankreich und finanzierte die Vorfälligkeitszahlung der Reparationen, zu denen sich Frankreich im Friedensvertrag von Frankfurt verpflichtet hatte. Neben dem verurteilten Dreyfus und dem links vom Zentrum stehenden Politiker Joseph Reinach, der früh zum Dreyfusard wurde, galt Baron Alphonse als der bestgehaßte Mann in Frankreich, als Inbegriff des unendlich oft karikierten Juden, der sich an Christen mästet und die Gesellschaft mit Krankheit überzieht. Dabei war er kaum der einzige immens reiche jüdische Bankier in Frankreich: Zwei, drei Schritt hinter Alphonse de Rothschild stand eine Phalanx anderer sehr vermögender jüdischer Bankiers mit ebenfalls nichtfranzösischen Adelstiteln, die Grafen Camondo und Cahen d'Anvers, die Barone Königswarter, Léonino, d'Almeida und Menasce – Namen, die man, anders als den des Hauses Rothschild, heute nicht mehr kennt, mit einer Ausnahme: Camondo, an den das Musée Nissim de Camondo erinnert, ein Juwel unter den Pariser Museen im Wohnsitz der Familie am Rand des Parc Monceau. Zu dieser *crème de la crème* der Bankiers gesellten sich nach 1870 die Familien Bamberger, Stern, Deutsch, Pereire und Bischoffsheim sowie Joseph Reinachs Onkel Baron Jacques de Reinach, der sich im Dezember 1892 das Leben nahm; er war in den Bestechungsskandal verwikkelt, der mit dem Bankrott der Panamakanal-Gesellschaft zusammenhing.

Der erstaunliche Erfolg der relativ kleinen Gemeinde französischer Juden – um die Jahrhundertwende waren es geschätzte 86 000 von insgesamt 39 Millionen Franzosen[8] – beschränkte sich nicht auf das Finanzwesen. 1895 waren unter den 260 Mitgliedern des *Institut de France* (das ist die Sammelbezeichnung der Akademien der französischen Schriftsteller, Gelehrten und Künstler: *Académie française, Académie des inscriptions et belles lettres, Académie des sciences, Académie des beaux-arts* und *Académie des sciences morales et politiques*) sieben Juden. Wie schon erwähnt, gab es in den neunziger Jahren des neunzehnten Jahrhunderts ungefähr dreihundert aktive jüdische Offiziere in der Armee und 1889 fünf jüdische Generäle. Es gab jüdische Abgeordnete und Senatoren, wichtige Staatsbeamte, unter anderem Räte im *Conseil d'État,* dem obersten Verwaltungsgericht Frankreichs, und Professoren an der Sorbonne, am *Collège de France,* der *École Polytechnique,*[9] der *École Normale Supérieure* und der hochangesehenen *École Pratique des Hautes Études.* Auch in der Medizin, im Rechtswesen, im Journalismus, in der Literatur, im Theater und in den Künsten waren Juden zahlreich vertreten. Die Karrieren der drei Reinhard-Brüder, die manchmal »die Gebrüder Alleswisser« – *les frères je-sais-tout* – genannt wurden, waren in mehrfacher Hinsicht beispielhaft für diese Blütezeit. Théodore (1868-1928), der Jüngste, gewann im *Concours général,* dem zentralen Examen am Ende der Schulzeit im *lycée,* das landesweit die besten Schüler feststellte, mehr Preise als irgend jemand sonst in seiner Generation. Nachdem er Doktortitel der Rechte und der Philologie erworben hatte, praktizierte er mehrere Jahre als Rechtsanwalt, *avocat,* in Paris und wurde dann Archäologe mit dem Spezialgebiet Numismatik. Er lehrte an der Sorbonne und am *Collège de France* Numismatik, an der *École Pratique des Hautes Études* Religionsgeschichte. Salomon (1858-1932) gewann wie Théodore eine Goldmedaille im *Concours général* und wurde Philosoph und Archäologe, leitete wichtige Ausgrabungen in Kleinasien, auf den griechischen Inseln und in Odessa. Joseph (1856-1921) gewann den *Concours général* und wurde ebenfalls zunächst Anwalt. Der große republikanische Politiker Léon Gambetta (1838-82), dem die glänzende Begabung Josephs auffiel, bot ihm an, Chef seines Mitarbeiterstabs zu werden. Nach Gambettas Tod wurde Joseph republikanischer Politiker und Journalist, war zweimal Parlamentsabgeordneter und einer der ersten wichtigen Dreyfusards, die nicht zur Familie Dreyfus gehörten. Ebenso bekannt wurde er als Autor des mehrbändigen Monumentalwerks *Histoire de l'Affaire Dreyfus*.[10]

Abgesehen vom individuellen Talent und Willen zum Erfolg einzelner Juden, von der jahrtausendealten jüdischen Bildungstradition und dem hohen Stellenwert, den Juden dem Lernen einräumen, gab es einen offensichtlichen Grund für das Ausmaß und die Geschwindigkeit, mit denen französische Juden in der französischen Gesellschaft aufstiegen: ihre frühzeitige Emanzipation. Am 26. August 1789 verabschiedete die verfassunggebende Versammlung der »Vertreter des französischen Volkes« eine Erklärung der Menschen- und Bürgerrechte, deren Artikel 1 festlegt: »Die Menschen sind und bleiben von Geburt frei und gleich an Rechten. Soziale Unterschiede dürfen nur im gemeinen Nutzen begründet sein.«[11] Dieses glänzende Versprechen erfüllte sich für in Frankreich lebende Juden, als ihnen die revolutionäre gesetzgebende Folgeinstitution, die Nationalversammlung, am 27. September 1791 (bestätigt am 13. November desselben Jahres) per Dekret Bürgerrechte mit all den Vorteilen gewährte, die in der Konstitution verbrieft sind für »alle Menschen, die den Bürgereid leisten und sich verpflichten, alle von der Verfassung auferlegten Aufgaben zu erfüllen ...«.[12] Französische Juden begrüßten die Neuerung mit Jubel und strömten in Massen zu den Großveranstaltungen der Vereidigungen. Zum ersten Mal nach der babylonischen Gefangenschaft waren sie wieder wirklich frei.

Wieviel es bedeutete, daß der logische Schluß aus dem Versprechen der Gleichberechtigung gezogen wurde – kein Geringerer als der Logiker Robespierre setzte zusammen mit anderen das Bürgerrecht für französische Juden durch –, läßt sich am besten im Vergleich zur damaligen Situation der Juden in Spanien, in den zu Habsburg gehörenden Ländern, den deutschen Staaten und England abschätzen. Die Inquisition verfolgte noch immer Marranos, Nachfahren konvertierter Juden, die im Verdacht standen, insgeheim weiter der jüdischen Religion anzuhängen oder ihre Gesetze zu befolgen. Juden im österreichischen Kaiserreich hatten keinerlei Bürgerrechte; wenn sie nicht auf dem Land lebten, mußten sie in Ghettos wohnen; für das Privileg, sich in bestimmten Gebieten, zum Beispiel in Böhmen, niederlassen zu dürfen, wurden Sondersteuern gefordert; Heirat ohne Genehmigung der kaiserlichen Behörden war ihnen verboten, und diese Genehmigung wurde im Regelfall nur dem ältesten Sohn erteilt; Juden mußten kleinliche und schikanöse Einschränkungen der Berufswahl hinnehmen und durften kein Land besitzen oder pachten. Die Welle von Revolutionen, der sogenannte Frühling der Nationen, die 1848 Europa überflutete, führte zwar in Österreich dazu, daß eine Verfassung verabschiedet wurde, die allen Minoritäten im Habsburgerreich Religionsfreiheit zusicherte und die besonderen Restriktionen für Juden aufhob, aber bald danach folgte eine Gegenrevolution, die diese neuen Rechte wieder kassierte, und erst 1867, im Jahr des Kompromisses, dessen Ergebnis die Gründung des Kaiserreichs Österreich-Ungarn war, sicherte eine neue Konstitution den Juden uneingeschränkte Bürgerrechte. Zwar dienten Juden in der Reserve als Stabs- und Feldoffiziere, aber es gab nur sehr wenige jüdische Berufsoffiziere. Ihre Chancen auf Beförderung hingen – anders als in der französischen Armee – stark davon ab, ob sie getauft waren. Joseph Roth schildert im *Radetzkymarsch*[13] anschaulich, wie es gewesen sein mag, als jüdischer Regimentsarzt in der österreichisch-ungarischen Armee zu dienen. Juden unter Kaiser Franz Joseph waren im allgemeinen vom Staatsdienst (außer auf der untersten Ebene) ausgeschlossen, Dozentenstellen an den Universitäten wurden ihnen verwehrt. In Deutschland dienten Juden als Reserveoffiziere, aber deutsch-jüdische Berufoffiziere gab es um die Wende zum zwanzigsten Jahrhundert nicht.

Die Situation war in den einzelnen deutschen Staaten unterschiedlich. In einigen kam die jüdische Emanzipation infolge der napoleonischen Siege zustande, aber nach Napoleons Niederlage bei Waterloo wurden die neuen Rechte gestrichen und die alten Restriktionen wieder eingeführt. Erst mit der Einigung Deutschlands 1871 erhielten die deutschen Juden uneingeschränkte bürgerliche Rechte. In England war der Antisemitismus zunächst weit verbreitet, mit Beginn des neunzehnten Jahrhunderts ging er jedoch langsam zurück. 1833 wurde der erste Jude als Anwalt bei Gericht zugelassen und 1835 der erste jüdische Richter ernannt. 1858 wurde die vollständige Emanzipation erreicht und mit ihr eine Änderung im Wortlaut des Eids, den die Abgeordneten des House of Commons ablegen mußten; diese Änderung war nötig gewesen, damit Baron Lionel de Rothschild seinen Parlamentssitz als Abgeordneter der City of London einnehmen konnte – zuvor war sein Platz stets leer geblieben, obwohl er in mehreren aufeinanderfolgenden Abstimmungen ins Parlament gewählt worden war.

Die Emanzipation der französischen Juden im Jahr 1791 rief, vor allem im Elsaß, heftige antisemitische Reaktionen hervor; bis in die dreißiger Jahre des neunzehnten Jahrhunderts dauerten die Gewalttaten – antijüdische Krawalle, Totschlag, Brandstiftung – an. Doch Juden übernahmen die Pflichten und Privilegien der französischen Staatsbürgerschaft mit einer Begeisterung, die weder Hetzreden noch Gewalt gegen Personen und Sachen dämpfen konnten, im Gegenteil: Aus

Dankbarkeit für die Staatsbürgerschaft wurden sie zu unerschütterlichen Patrioten und identifizierten sich mit Frankreich. Sie waren überzeugt, daß Assimilation erstrebenswert – wenn nicht sogar notwendig – sei, und gründeten darauf ihren modernen Judaismus.

Assimilation erschien ihnen als notwendige Konsequenz der Emanzipation, und sie beschränkte sich nicht auf die Aneignung der französischen Kultur.[14] Sie zielte vielmehr auf eine gesellschaftliche Verschmelzung, die bedingte, daß die jüdische Religion reformiert wurde, um mit dem modernen französischen Leben und Denken kompatibel zu sein. Der französische Staat hatte seit 1831 Rabbis und Synagogen finanziell unterstützt, und diese Tatsache war nicht ohne Einfluß auf den Reformwillen geblieben: Rabbiner begriffen, daß sie außer ihrem religiösen Amt auch den Status französischer Staatsdiener hatten. Daraus folgte, daß sie ihr Amt mit Blick auf ihre Loyalität dem Staat gegenüber und mit gebührender Achtung für dessen Interessen wahrnahmen. Einige Denker nahmen das unvermeidliche Ergebnis hin: Jüdisches Selbstverständnis wurde ausgelöscht und Juden absorbiert von der großen Masse ihrer Mitbürger anderer Glaubensrichtungen, nicht durch Konversion oder Mischehen, sondern dadurch, daß sie ihr Alltagsleben in die Textur französischer Zivilisation und täglicher Aktivitäten einfügten. Eine Mehrzahl der französischen Juden glaubte, ihre jüdische Identität erhalten und zugleich ihre Rechte als uneingeschränkt anerkannte französische Staatsbürger wahrnehmen zu können. Sie hatten eine Vorliebe für das republikanische Frankreich, dem sie ihre Emanzipation verdankten, aber sie hatten sich auch loyal verhalten gegenüber dem Ersten und Zweiten Kaiserreich, den wieder eingesetzten Bourbonen und dem Haus Orléans. Als der Antisemitismus in den 1880er Jahren vehementer wurde, neigten Juden zwangsläufig mehr der politischen Mitte zu. Das Zentrum schien ihnen die Sicherheit zu bieten, die sie weder von der monarchistischen Kräften und der katholischen Kirche verpflichteten Rechten erwarten konnten noch von der antibürgerlichen Linken, deren ausgeprägt antiklerikale Haltung zudem die Fortdauer der staatlichen finanziellen Unterstützung für Synagogen und Rabbis gefährdete.

Der Wunsch, vor allem und jederzeit französisch zu sein, hatte noch eine andere Folge: Französische Juden neigten dazu, den Antisemitismus zu verharmlosen, passiv zu bleiben und nicht offen zu protestieren, wenn sie schikaniert oder gedemütigt wurden – eine Tendenz, die sich in Deutschland während der Jahre unmittelbar vor der Machtergreifung Hitlers und in der kurzen Zeit danach, als er noch beeinflußbar war durch internationalen Druck, wiederholen sollte. Léon Blum schrieb in seinen Erinnerungen an die Dreyfus-Affäre:

Generell hatten die Juden die Verurteilung von Dreyfus als endgültig hingenommen und als gerecht. Sie redeten untereinander nicht von der Angelegenheit; sie flohen das Thema, anstatt es zu betonen. Ein großes Unglück war über Israel gekommen. Man ertrug es ohne ein Wort und wartete darauf, daß die Zeit und das Schweigen die Folgen tilgen werde.

Im Ganzen begegneten die Juden den Anfängen der Kampagne für eine Wiederaufnahme des Verfahrens mit großer Vorsicht und viel Mißtrauen. Ein Gefühl herrschte vor, das sich gewissermaßen in dem Satz zusammenfassen ließ: »In solche Dinge sollten Juden sich nicht einmischen …« Nicht alle Elemente in dieser komplexen Gefühlslage waren von gleicher Qualität. Patriotismus gehörte gewiß dazu, sogar ein sehr nervöser Patriotismus, die Achtung vor der Armee, das Vertrauen in ihre Befehlshaber und ein Widerstreben, ihnen Vorurteile oder Fehlbarkeit zuzutrauen. Aber auch eine egoistische, ängstliche Umsicht war dabei, für die man noch strengere Worte finden könnte. Juden wollten nicht, daß man glaubte, sie würden Dreyfus deshalb verteidigen, weil er Jude war.[15]

Die jüdischen Versuche, sich umsichtig und diskret zu verhalten, waren 1894 in Frankreich so vergeblich wie vor und nach 1933 in Deutschland. Sobald bekannt wurde, daß Dreyfus verhaftet war und unter Anklage wegen Landesverrats stand, setzten antisemitische Zeitungen eine Kampagne in Gang, die ihn zur Zielscheibe machte und zugleich behauptete, die gesamte jüdische Gemeinde stehe geschlossen hinter dem Verräter und unterstütze seine Spionagearbeit. Drumont, der Autor des Buches *La France Juive*, und Henri de Rochefort, ein politisch rechts außen stehender Journalist, prägten und propagierten dafür den Begriff »Syndikat«. Mit diesem Wort wollten sie eine Allianz von Juden kenntlich machen, die den reichen Vorrat jüdischer Gelder einsetzten, um Dreyfus entschlossen und mit allen möglichen korrupten Mitteln zu verteidigen. Jeder, der Dreyfus in Schutz nahm, setzte sich sofort dem Verdacht aus, zum Syndikat zu gehören oder von ihm bezahlt zu werden. Als bekannt wurde, daß Oberstleutnant Picquart entschlossen war zu beweisen, daß Dreyfus unschuldig und Esterházy der Landesverräter sei, begannen die Zeitungen, die für die Anti-Dreyfusards Partei nahmen, Picquart regelmäßig als den Hauptakteur des Syndikats zu verunglimpfen.

Die Familie Dreyfus wußte sehr genau, wie gefährlich es war, der Verschwörungstheorie Nahrung zu geben. Zunächst vermied Mathieu, so gut er konnte, jede Publizität; schließlich aber schien ihm der Zeitpunkt für zwei Vorstöße gekommen: Er beauftragte Bernard Lazare, ein Dossier mit Beweisen für den Justizirrtum des Militärgerichtsprozesses von 1894 zu schreiben und weithin zu verbreiten; und er emutigte Lucie Dreyfus, ein Revisionsgesuch bei der Abgeordnetenkammer einzureichen. Die Entscheidung, so lange zu warten, verzögerte nach Ansicht einiger Dreyfusards den Erfolg der Bemühungen erheblich. Sie erwies sich aber als kluge Voraussicht, denn als die Dreyfus-Affäre zum Thema der Öffentlichkeit wurde und Zola sein *J'accuse* publizierte, folgte eine Welle von Angriffen auf Juden. Michael R. Marrus schrieb dazu:

Unmittelbar nach der Veröffentlichung von Zolas »J'accuse« kam es in buchstäblich allen französischen Städten zu antijüdischen Aufständen. Nicht nur wurden jüdische Geschäfte und Wohnungen überfallen und verwüstet, sondern auch Juden auf offener Straße angegriffen. Die Polizei war offenbar entweder unfähig oder machte gemeinsame Sache mit den Aufrührern ... Polizeiberichte sprechen davon, daß die Massen nicht nur gegen die Dreyfusards hetzten, sondern auch »Tod den Juden!« brüllten. In Paris strömte der Mob aus seinem traditionellen Kampfplatz im Quartier Latin hinaus, um jüdische Geschäfte am rechten Seineufer zu demolieren. In Nantes schlossen sich Berichten zufolge Soldaten der Demonstration an, und in Bordeaux kam es in der Umgebung der Synagoge zu offenen Kämpfen. Aus Marseille, Lyon, Nancy und Versailles wurden schwere Ausschreitungen gemeldet. Sogar in kleineren Städten, in Clermont-Ferrand, La Rochelle, Poitiers, Angoulême und Saint-Flour kam es zu Gewalttätigkeiten und antisemitischen Demonstrationen. Besonders blutig waren die Krawalle in Algerien, wo die Polizei tagelang nicht einschritt und mehrere Menschen totgeprügelt wurden; was dort geschah, kann man nur als Pogrom bezeichnen.[16]

Öl ins Feuer des Antisemitismus gossen reaktionäre katholische Publikationen, unter anderem *La Croix*, eine Zeitung mit hoher Verbreitung, die zur Vertreibung der Juden aus Frankreich aufrief.

Im Jahr 1899 herrschten in Frankreich extreme politische Spannungen, die in hohem Maße damit zusammenhingen, daß der Antrag auf Revision des Militärgerichtsurteils gegen Dreyfus, der dem Kassationsgericht vorlag, Fortschritte machte. Nach damaliger Gesetzgebung fiel die Überprüfung des vom Pariser Militärgericht gefällten Urteils in die Zuständigkeit der Strafkammer des Kassationsgerichts, sobald der Antrag auf Revision genehmigt war. Den Richtern dieser Kammer wurde Befangenheit zugunsten von Dreyfus vorgeworfen, woraufhin ein neues Gesetz erlassen wurde, das der Strafkammer die Zuständigkeit entzog und die Entscheidung über die Revision einer Vereinigten Kammer übertrug, der alle Richter der beiden Zivilkammern und der Strafkammer angehörten. Während die Vereinigte Kammer die Befunde der Strafkammer-Richter, die ihren Bericht über den Fall noch entsprechend dem alten Gesetz abgefaßt hatten, umständlich überprüfte, unternahm Paul Déroulède, ehemaliger Parteigänger von General Boulanger und Gründer der rechtsgerichteten *Ligue des Patriotes*, am Tag des Staatsbegräbnisses von Félix Faure den Versuch eines Staatsstreichs. Der Versuch mißlang; Déroulède wurde zuerst vom Schwurgericht in Paris freigesprochen und danach durch Abstimmung im Senat für fünf Jahre verbannt. Wie erwartet hob der Kassationshof das Dreyfus-Urteil von 1894 auf und verwies den Fall zur Neuverhandlung zurück an ein Militärgericht in Rennes. Die Nachricht löste einen Sturm nationalistischer und antisemitischer Hetze aus. Ein großer Teil der Wut richtete sich gegen Émile Loubet, Faures Nachfolger. Er stand im Verdacht, ein Dreyfusard zu sein und dazu noch beim Panama-Skandal seine Hand im Spiel gehabt zu haben. Am 4. Juni wurde Loubet an der Rennbahn von Auteuil von einem monarchistischen Baron angegriffen, der ihm einen Spazierstock über den Kopf schlug. Zum Glück trug der Präsident einen Zylinder und wurde nicht verletzt. In Paris kam es zu einer massiven Gegendemonstration, die in Gewalt auf den Straßen ausuferte. Zum ersten Mal zeigte die Armee Nervosität: In Rennes und Angers gaben Generäle aufwieglerische Tagesbefehle aus, in denen sie gegen die Revision von Dreyfus' Verurteilung protestierten, und unterzeichneten Briefe, die in der antisemitischen Presse veröffentlicht wurden. Später im selben Sommer stürzte die Regierung, und nach einem Fehlstart wurde eine neue gebildet; Ministerpräsident war Pierre Waldeck-Rousseau, Kriegsminister General de Galliffet. Die Zusammensetzung dieser Regierung erbitterte die antisemitische Presse und die Anti-Dreyfusards. Vielen galt Waldeck-Rousseau als Dreyfusard; Galliffet wurde als Verbündeter Joseph Reinachs und als Schlächter der Pariser Kommune angeprangert.

Die Verhandlung vor dem Kriegsgericht in Rennes begann am 7. August und endete am 9. September; Dreyfus wurde schuldig gesprochen. In der Zeit des Prozesses glich Rennes einem Feldlager, da man es für nötig befunden hatte, Polizei und Militär in hoher Konzentration in der Stadt zusammenzuziehen, um Aufruhr und Proteste von Dreyfusgegnern in Schach zu halten. Trotzdem wurde am 14. August auf Zolas Anwalt Ferdinand Labori, seit dem Pariser Prozeß zusammen mit Edgar Demange Dreyfus' Strafverteidiger, ein Anschlag verübt; Labori wurde verwundet, der Attentäter floh und wurde nie gefaßt. Am 19. September unterzeichnete der Präsident Dreyfus' Begnadigung, aber sie wurde der Öffentlichkeit erst am Abend bekanntgegeben, damit Dreyfus das Militärgefängnis verlassen konnte, bevor der Mob in Aufruhr geriet. Der Chef der Sicherheitspolizei Sûreté, der Sicherheitsbeauftragte des Ministeriums und drei Kriminalbeamte begleiteten Dreyfus vom Gefängnis zum Bahnhof und fuhren mit ihm nach Nantes, wo Mathieu auf ihn wartete. Von dort aus reiste die Gruppe nach Bordeaux, stieg um in einen Zug nach Avignon und wurde schließlich mit dem Wagen zum Haus von Dreyfus' Schwester in Carpentras gebracht. Die Anspannung war so groß, daß der Chef der Sûreté nachgefragt hatte, ob Mathieu auch wirklich eine Waffe bei sich trage.

Gewalt und Androhung von Gewalt sollten die Affäre Dreyfus weiter begleiten. Am 29. September 1902 starb Zola; er erstickte in seinem Bett an Kohlenmonoxyddämpfen aus dem Schlafzimmerofen. Eine Untersuchung ergab, daß der Kaminabzug verstopft war, und ließ den Verdacht aufkommen, daß Rechtsradikale, die zum Mord an Zola aufgerufen hatten, dabei ihre Hand im Spiel hatten. Weder wurde je geklärt, wer für den verstopften Kaminabzug verantwortlich war, noch, ob es sich um einen geplanten Mordanschlag handelte. Zolas Witwe bat Dreyfus, der Beerdigung fernzubleiben, die eine Woche später auf dem Friedhof in Montmartre stattfinden sollte. Sie hatte Sorge, daß seine Anwesenheit Demonstrationen provozieren und ihn und andere Trauergäste in Gefahr bringen würde. Der Polizeipräfekt war der gleichen Meinung. Aber Dreyfus, der Zola sehr verbunden war, weigerte sich, den Rat zu befolgen. Auf dem Friedhof kam es zu einem Aufruhr, den die antisemitische Presse provoziert hatte; berittene Truppen mußten eingreifen, um den Mob auseinanderzutreiben. Unterdessen konnte Dreyfus, den Mathieu und Freunde abgeschirmt hatten, durch einen Seitenausgang fliehen. Dieses Erlebnis und die Tatsache, daß er Polizeischutz brauchte, als er zwei Wochen später am Begräbnis seines Schwiegervaters teilnahm, machten Dreyfus klar, daß er sich von öffentlichen Veranstaltungen fernhalten mußte, eine Entscheidung, die ihn davon abhielt, seine geliebte Schwester Henriette zur Beerdigung ihres Mannes, seines Schwagers, zu begleiten und, ein knappes Jahr danach, zum Begräbnis von Bernard Lazare zu gehen, dessen Broschüre der entscheidende Anstoß für die Kampagne zur Wiederaufnahme des Verfahrens gewesen war. Daß Dreyfus beim Begräbnis Lazares fehlte, wurde von der Presse kritisiert. Die Bitterkeit war groß. Als Lazares Freund, der große Dichter Charles Péguy, 1910 seine Erinnerungen an diese Zeit publizierte, warf er Dreyfus und seiner Familie vor, sie hätten Lazare für einen Lohnarbeiter gehalten, den man mit Verachtung behandeln könne.[17]

Nach sechs Jahren genehmigte die Regierung die Überführung von Zolas sterblichen Überresten ins Panthéon, eine Ehre, die Frankreichs Heroen vorbehalten war. Rechtsradikale, Monarchisten und Antisemiten verbündeten sich mit der Action Française, einer neuen rechtsgerichteten royalistischen Gruppierung, und reagierten mit wütendem Protest, der sich in geschmacklosen Artikeln in einer neugegründeten royalistischen Zeitung gleichen Namens äußerte. Ein verdeckter Ermittler berichtete, ein Royalist habe ein Kopfgeld von zwanzigtausend Francs auf Dreyfus ausgesetzt. Die Feierlichkeiten im Panthéon wurden von feindseligen Demonstrationen begleitet. Obwohl Gewalttätigkeiten vorhergesagt worden waren, nahm Dreyfus mit seiner Frau und den Kindern an der Zeremonie teil, und der rechtsradikale Journalist Louis-Anthelme Gregori schoß auf ihn. Als der erste Schuß ihn verfehlte, hob Dreyfus, der die auf ihn gerichtete Waffe sah, den rechten Arm, um sich zu schützen. Der Arm wurde durchschossen, lenkte aber die Kugel ab und bewahrte Dreyfus vor einer schlimmeren Verwundung. Gregori wurde mit der Begründung freigesprochen, er habe den Anschlag nicht vorsätzlich, sondern aus Leidenschaft verübt. Léon Daudet, Sohn des berühmten Alphonse Daudet, ein Antisemit und Royalist, der mit der Action Française assoziiert war und den Aufruhr der Zolagegner und Anti-Dreyfusards gegen die Überführung ins Panthéon angezettelt hatte, nannte den Vorfall in seinen Erinnerungen »einen Witz von einem Anschlag, den unser alter Kollege Gregori vom *Gaulois* [eine antisemitische rechtsradikale Zeitung] gegen den berühmten, zweimal verurteilten, dann begnadigten, dann mit einem Taschenspielertrick freigesprochenen Dreyfus verübt hat.«[18]

Die Exzesse – in Worten und Taten – antisemitischer und rechtsradikaler Bewegungen (Monarchisten, Klerikale und extreme Nationalisten) verstärkten die Entschlossenheit der Gegenseite, Frankreichs republikanische Institutionen zu festigen. Die Radikale Partei, eine links vom Zentrum stehende Gruppe im Parlament, gewann die Wahlen von 1902 und wurde zur Hauptstütze der Dritten Republik. Sie war antiklerikal und gegen koloniale Expansion, erzwang die Pensionierung antirepublikanischer Generäle und brachte die Armee unter strenge staatliche Kontrolle. Trotzdem blieben Antirepublikanismus und Antisemitismus während der dreißiger Jahre des zwanzigsten Jahrhunderts und bis hinein in die Vichy-Zeit einflußreiche Kräfte in Frankreich.

Dreyfus starb am 12. Juli 1935, nachdem sich sein Gesundheitszustand in den Jahren zuvor stetig verschlechtert hatte. Die von bewaffneten antirepublikanischen, klerikalen und antisemitischen Gruppen angezettelten gewalttätigen Demonstrationen am 6. Februar 1934 erlebte er jedoch noch mit oder erfuhr wenigstens davon. Wäre ihm etwas mehr Zeit geblieben, hätte er den Aufstieg der Front Populaire miterleben können, einer Koalition aus Linksparteien einschließlich der Kommunisten, die sich als Gegenbewegung nach den Unruhen von 1934 zusammengeschlossen hatten, um die Gefahr eines protofaschistischen Staatsstreiches abzuwehren. Diese Koalition gewann die Parlamentswahlen vom Mai 1936 und bildete ein Kabinett mit dem Ministerpräsidenten Léon Blum, der schon früh zu den Dreyfusards gehört hatte. Daß ein Jude an der Spitze der Regierung stand, empörte die Antisemiten; sie riefen öffentlich zu seiner Ermordung auf. Die Front Populaire blieb zwei Jahre lang Regierungspartei. Ihre Amtszeit war geprägt von gewalttätigen Streiks, Zusammenstößen zwischen Polizei und Streikenden, Krawallen der Anhänger der Action Française und der noch weiter rechts außen stehenden faschistischen Cagoule, einem vereitelten Mordanschlag auf Blum, einem im September 1936 von der Cagoule selbstinszenierten Bombenattentat auf ihre Parteizentrale, das sie den Kommunisten in die Schuhe schieben wollte, und dem versuchten Staatsstreich der Cagoule im November desselben Jahres. Das antirepublikanische Verlangen nach autoritärer Herrschaft erfüllte sich in Marshall Petains Vichy-Regime. Petains antisemitische Politik führte zu einem Judengesetz, dessen Definition eines Juden noch rigider war als die Nürnberger Gesetze. Die eifrige Bereitschaft der Vichy-Regierung, den Deutschen bei der Deportation französischer Juden in deutsche Konzentrationslager zuzuarbeiten, ist bekannt. Amtsträger des Vichy-Regimes lieferten Blum an die Deutschen aus. Er überlebte die Deportation nach Buchenwald, wo er relativ schonend behandelt wurde, und spielte bis zu seinem Tod im Jahr 1950 eine wichtige Rolle beim Wiederaufbau Frankreichs.

Rassismus und Antirepublikanismus haben Frankreich auch nach dem Zweiten Weltkrieg weiter belastet. Sichtbare Zeichen dafür waren die Folterungen algerischer Kämpfer im algerischen Unabhängigkeitskrieg, der von 1954 bis März 1962 tobte und mit dem Unterzeichnen des Abkommens von Evian beendet wurde; der Staatsstreich von General de Gaulle im Mai 1958; der Putsch französischer Generäle in Algerien im April 1961; und der Mordanschlag auf de Gaulle und seine Frau am 22. August 1962 in Petit Clamart – um nur einige Beispiele aufzuzählen. Am 3. Oktober 1980 explodierte in Paris vor der Synagoge an der Rue Copernic im sechzehnten Arrondissement eine Bombe. Vier Personen wurden getötet und mehr als zwanzig verletzt. Ein paar Minuten später wäre die Zahl der Opfer viel höher gewesen, denn dann wäre der Sabbath-Gottesdienst zu Ende gewesen und die Gläubigen wären aus der Synagoge geströmt. Das Attentat war Anlaß für einen unvergeßlichen Kommentar des damaligen französischen Ministerpräsidenten Raymond Barre: Er sprach von den »unschuldigen französischen Opfern« des Verbrechens. Anfänglich hatte man geglaubt, der Bombenanschlag sei das Werk französischer Rechtsradikaler. Erst zwanzig Jahre später fand man den mutmaßlichen Terroristen: einen Libanesen palästinensischer Herkunft, der inzwischen kanadischer Staatsbürger geworden war und nach einem langen Aufenthalt in den Vereinigten Staaten unbehelligt in Kanada lebte.

Ein gleichbleibendes Muster von Ausschreitungen zeichnet sich ab: Immer wieder werden jüdische Friedhöfe geschändet und Synagogen in Brand gesteckt. Seit einigen Jahren leiden Paris und andere Orte unter Rassismus und religiösem Haß, der sich in endemischen Gewalttaten von Afrikanern und Muslimen gegen eine Gesellschaft entlädt, die sie als feindselig und von Grund auf unfair verstehen, und gegen Juden, die sie hassen, weil es Juden sind – und weil sie Israel hassen. Zu den antisemitischen Anschlägen der letzten Jahre gehörten Entführungen und Folterungen; besondere Aufmerksamkeit erregte die Entführung von Ilan Halemi, einem jungen israelischen Handyverkäufer; seine Entführer waren eine Bande in Frankreich aufgewachsener Jugendlicher, einige von ihnen muslimische Emigranten, andere Weiße französischer Herkunft. Halimi wurde drei Wochen lang gefoltert: Er erlitt Schläge, Verbrennungen, Schnitte im Gesicht und am Körper, und man drohte ihm an, ihn mit einem Besenstiel zu vergewaltigen. Am Ende schüttete man Säure auf ihn, schnitt ihm die Kehle durch, übergoß seine Leiche mit Benzin und zündete sie an. Der Bandenchef stritt ab, daß Antisemitismus das Motiv gewesen sei: Halimi sei entführt worden, weil Juden Geld hätten.

3
»Was kümmert es Sie, ob der Jude auf der Teufelsinsel bleibt?«[1]

In seinen Erinnerungen an die Affäre schrieb Mathieu Dreyfus über die Monate nach der Degradierungszeremonie im Hof der *École Militaire* am 5. Januar 1895:

> Rings um uns war Leere. Die fieberhafte Erregung des Kampfes, das Auf und Ab von Hoffnung und Verzweiflung waren verschwunden. Schweigen, ein tödliches Schweigen lastete auf uns. Wir meinten, nicht mehr lebendige Wesen wie die anderen zu sein, sondern abgeschnitten von der Welt der Lebenden, ins Herz getroffen von einer tödlichen Krankheit. Ein paar enge Freunde spendeten uns aus Mitleid weiter ... tröstliche Worte. Sie machten auf mich den Eindruck von Menschen, die glauben, die Affäre sei abgeschlossen, ein Kampf nicht mehr möglich.[2]

Die Lage muß in der Tat hoffnungslos ausgesehen haben. Dreyfus' Einspruch vor einem militärischen Revisionsrat war summarisch abgelehnt worden. Damit war das Urteil des Militärgerichts endgültig, eine rechtliche Möglichkeit zu einem zweiten Einspruch gab es nicht. Er war des Landesverrats überführt. Die Tatsache, daß sieben Militärrichter – Offiziere der hochgeachteten französischen Armee – ihr Urteil einstimmig gefällt hatten, beeinflußte die öffentliche Meinung stark. Sie schloß jeden Zweifel an Dreyfus' Schuld aus. Französische Juden empfanden, daß er Schande über sich, seine Familie und die gesamte jüdische Gemeinschaft gebracht hatte. Léon Blum schrieb in seinen Erinnerungen, daß Juden, die in Dreyfus' Alter waren und seiner Gesellschaftsschicht angehörten, die wie er in strengen Prüfungen sehr gute Noten erzielt hatten und anschließend zu hohen Positionen in der Armee oder im zivilen Staatsdienst vorgedrungen waren, sein Verbrechen persönlich nahmen: Sie waren verärgert, denn sie fürchteten, daß Antisemiten es gegen sie verwenden würden, um ihre Rechtschaffenheit und ihren Patriotismus in Zweifel zu ziehen und ihre vorbildlichen Karrieren zu gefährden. Sie wollten, daß Dreyfus und sein Fall vergessen würden.

Angesichts dieser Lage traf Mathieu eine sehr vernünftige Entscheidung: Als erstes müsse man versuchen, Freunde der Familie und einen möglichst großen Bekanntenkreis zu überzeugen, daß sein Bruder unschuldig sei, auch wenn der Anschein dagegen spreche. Er hoffte, wenigstens ihren Glauben an die Schuld des Bruders zu erschüttern. Die Freunde, die er umstimmen konnte, bat er dringend, Helfer für die gute Sache anzuwerben. Als diese Anstrengungen allmählich Erfolg hatten und bekannt wurden, leiteten sie Wasser auf die Mühlen antisemitischer Journalisten und aller anderen, die den Mythos vom jüdischen »Syndikat«, einer mit unbegrenztem Zugriff auf Gold und Macht für Dreyfus arbeitenden Verschwörung, glauben wollten. In Wirklichkeit waren die Dreyfusards der ersten Stunde weder reich noch mächtig, aber drei von ihnen, Major Ferdinand Forzinetti, Bernard Lazare und Dr. Joseph Gibert, leisteten Hilfe, die, wie sich zeigte, von entscheidender Bedeutung war.

Forzinetti war Kommandant des Militärgefängnisses in der Rue du Cherche-Midi, wohin man Dreyfus gebracht hatte. Er besaß langjährige Erfahrungen mit Häftlingen, und deshalb hatten ihn Dreyfus' leidenschaftliche, beharrliche Unschuldsbeteuerungen und sein gesamtes Verhalten davon überzeugt, daß der Mann unschuldig war. An diesem Glauben hielt er fest. Forzinettis Einsatz für Dreyfus' Sache und die Fürsprache zu seinen Gunsten führten am Ende zu seinem Ausschluß aus der Armee. Ein paar Tage nachdem Dreyfus vom Gefängnis in die Haftanstalt auf der Île de Rè – einer Zwischenstation auf dem Weg zur Teufelsinsel – verlegt worden war, gab Forzinetti die Anklageschrift der Staatsanwaltschaft mit Dreyfus' Randbemerkungen an Mathieu weiter; sie würde der Verteidigung später als Wegweiser dienen. Noch wertvoller war die Vermittlung einer Bekanntschaft; Forzinetti brachte Mathieu mit Bernard Lazare zusammen, einem begabten jungen Kritiker, der schon für seinen Scharfsinn, seine unnachgiebige Argumentation und seine Unabhängigkeit bekannt war. Nachdem er Lazare von Dreyfus' Unschuld überzeugt und sich ein Bild vom Enthusiasmus des jungen Mannes gemacht hatte, wies Forzinetti Mathieu darauf hin, daß Lazare jemand sei, der in literarischen und journalistischen Kreisen Verbündete werben könne. Mathieu folgte Forzinettis Rat und bat Lazare, diese Aufgabe zu übernehmen. Wie überzeugend Lazare war, kann man an Blums Bekehrung für die Sache ablesen. Blum schrieb in seinen Erinnerungen, ein viel älterer Freund, Michel Bréal, der Vater der Semantik, habe ihm erklärt, daß er nicht an Dreyfus' Schuld glaube, weil kein einleuchtendes Motiv für das Verbrechen vorliege. Dieses Argument legte den Keim zum entscheidenden Zweifel in Blums Denken. Einige Zeit später, nachdem ihn Lazare, begleitet von Forzinetti, besucht hatte, wurde er zum überzeugten Dreyfusard. Lazare erwies sich als unwiderstehlich. »Mit bewundernswerter Selbstverleugnung suchte er überall Unterstützung, ohne sich um Zurückweisungen oder sogar Verdächtigungen zu bekümmern; er trug Forzinettis Aussage und den Bericht der Gegengutachter [zur Handschrift des *Bordereau*] von Haus zu Haus.«[3] Auch Dr. Gibert, einen Arzt aus Le Havre, hatten das völlige Fehlen eines Motivs und – gleich Forzinetti – Dreyfus' beharrliche Versicherung, er sei zu Unrecht verurteilt worden, verstört; als Arzt fürchtete er, daß das Klima der Teufelsinsel den Gefangenen umbringen würde, und diese Sorge verlieh seinem Eintreten für Dreyfus zusätzliche Dringlichkeit.

Mathieu konnte Befriedigung und Trost aus der Tatsache ziehen, daß der Kreis von Männern und Frauen, die den Schuldspruch nicht hinnahmen und Wege finden wollten, das Urteil zu entkräften, ständig größer wurde. Davon abgesehen trugen Mathieus Bemühungen im Jahr 1895 keine Früchte. Agenten der Sûreté – der politischen Polizei – und des Nachrichtenbüros belästigten ihn und seine Familie mit plumper Überwachung und versuchten die Dienstboten zu bestechen, um sich Informationen zu beschaffen; er war gezwungen, Wohnungen und Häuser unter falschem Namen zu mieten, und mußte seine Kinder zu den Eltern seiner Frau schicken, um sie zu schützen. Die Belästigung und die üblen Tricks sollten in den kommenden vier Jahren andauern. Doch zwei zufällige Entwicklungen in den ersten Monaten des Jahres 1895 bahnten den Weg, der schließlich zum Erfolg führte. Ende Februar berichtete Dr. Gibert Mathieu von einem Gespräch mit keinem Geringeren als dem Präsidenten der Republik Félix Faure, der ihm erklärt hatte, Dreyfus sei weder auf Grund des *Bordereau* noch wegen irgendwelcher Aussagen während des Verhörs verurteilt worden. Den Schuldspruch hätten die Richter erst nach dem Studium von Dokumenten gefällt, die ihnen heimlich während ihrer Beratung zugestellt worden waren. Im Interesse der Staatsräson sei es unmöglich gewesen, dem Angeklagten oder seinem Anwalt diese Dokumente zu zeigen. Giberts dringende Bitte, er möge sich zugunsten von Dreyfus einschalten, hatte Faure abgelehnt, ihn aber ganz unerwartet ermächtigt, Mathieu von den Geheimdokumenten zu berichten. Mathieu erkannte sofort, daß diese Information ganz außergewöhnliche Bedeutung hatte: Man konnte sie als Grundlage für eine juristische Anfechtung der Legalität des Militärgerichtsverfahrens nutzen. Bald danach bestätigte sich, daß Präsident Faures Auskunft korrekt gewesen war: Demange, Dreyfus' Anwalt, wollte einem Gerücht auf den Grund gehen, das bei seinen Kollegen die

Runde machte; man erzählte sich, die Militärrichter hätten in einem Brief eines in Paris stationierten ausländischen Attachés an einen Kollegen die Wendung *cette canaille de D.* gelesen; Demange fragte seinen Freund Ludovic Trarieux, ob dieses Gerücht auf Wahrheit beruhe.

Trarieux war im Januar 1895 Justizminister eines kurzlebigen Kabinetts unter Alexander Ribot geworden, das die Regierung Charles Dupuys und seinen Kriegminister General Mercier ablöste. Trarieux bestätigte, daß es diesen Brief gab, wie er von Gabriel Hanotaux erfahren hatte, der im Kabinett Dupuys Außenminister gewesen war und seinen Posten in der Ribot-Regierung behalten hatte. (Wir haben gesehen, daß Hanotaux 1894 die Eröffnung eines Kriegsgerichtsverfahrens gegen Dreyfus verhindern wollte, weil er die Probleme mit Deutschland fürchtete, die sich ergeben müßten, wenn in einem Prozeß de facto der deutsche Militärattaché der Spionage bezichtigt würde.) Als Demange jedoch von Trarieux wissen wollte, ob auch der andere Teil der Geschichte stimme – daß der Brief den Militärrichtern heimlich während ihrer Beratung übergeben worden sei –, rief Trarieux aus, das sei ganz ausgeschlossen, denn eine solche Tat hätte eine ungeheuerliche Verletzung der Rechte des Angeklagten bedeutet. Trarieux wurde in der Folgezeit zu einem überzeugten Dreyfusard und gründete nach dem Ende seiner Amtszeit im November 1895, als die Regierung Ribot scheiterte, die französische Liga zur Verteidigung der Menschenrechte, die als erstes die Verteidigung von Dreyfus zu ihrer Sache machte.

Etwas später im gleichen Jahr traf Mathieu eine bemerkenswert kluge Entscheidung. Er erweiterte den Auftrag, den er Lazare gegeben hatte, vertraute ihm alle bis dahin gesammelten Informationen über den Fall an, auch alles, was er von Dr. Gibert und Demange erfahren hatte, und bat Lazare, in einer Broschüre darzulegen, daß Dreyfus Opfer eines Justizirrtums war. Lazare stimmte zu und erklärte Mathieu, er werde die

Broschüre mit seinem eigenen Namen unterschreiben – ohne Rücksicht auf die Risiken, die er damit einging.

Im übrigen blieben Mathieus Bemühungen bis zum Herbst 1896 weitgehend erfolglos; einer seiner Vorstöße erwies sich sogar als sehr nachteilig. Ein englischer Journalist, den er beauftragt hatte, den Fall Dreyfus in der Presse präsent zu halten und dadurch zu neuen Artikeln über ihn und ähnliche Fälle anzuregen, dachte sich eigenmächtig eine Geschichte aus, die am 3. September desselben Jahres in einer englischen Zeitung erschien. Darin wurde behauptet, Dreyfus sei von der Teufelsinsel geflohen. Wie bereits erwähnt, reagierte die Regierung mit Panik auf diese Falschmeldung und verschärfte Dreyfus' Haftbedingungen drastisch, angeblich, um eine tatsächliche Flucht zu verhindern. Kurze Zeit später erschienen jedoch ohne Zutun Mathieus in rascher Folge Zeitungsartikel, die zu einem Durchbruch führten. Ein Reisebericht in *Le Figaro* vom 8. September machte auf die unmenschlichen Haftbedingungen aufmerksam, unter denen Dreyfus festgehalten wurde, und erweckte zum erstenmal bei Menschen außerhalb des Kreises der Dreyfusards Mitgefühl für ihn. Ob Dreyfus womöglich unschuldig sein könne, fragte eine Woche später Demanges Freund Paul de Cassagnac, ein bonapartistischer Politiker und Journalist, der für seine zahlreichen Duelle berühmt war, in einem »Le Doute« (der Zweifel) betitelten Artikel in *L'Autorité*, einer gemäßigt konservativen politischen Zeitschrift. Am 9. und 15. September enthüllten dann zwei Artikel der rechtsgerichteten, antisemitischen, dreyfusfeindlichen Zeitung *Éclair* in erstaunlichen Einzelheiten, daß es das *dossier secret* gab und was es enthielt. Damit wollte die Zeitung erreichen, daß die Regierung die Geheimdokumente veröffentlichte, auf deren Grundlage die Militärrichter Dreyfus einstimmig schuldig gesprochen hatten; ihre Absicht war, Fragen nach seiner Schuld und Mitleidsbekundungen für ihn ein für allemal zum Schweigen zu bringen. Die unbeabsichtigte Folge der beiden Artikel war jedoch, daß zum ersten Mal bekannt wurde, in welchem Ausmaß das Kriegsgericht Verstöße gegen geltendes Recht begangen hatte.

Die Artikel im *Éclair* wurden von der Regierung nicht dementiert. Dieses entscheidende Stillhalten gab Mathieu die Starthilfe, auf die er gewartet hatte: Bis zu diesem Zeitpunkt hatte er, aus Angst vor einem Regierungsdementi, dem er nicht hätte widersprechen können, nicht gewagt, die Informationen, die er von Dr. Gibert und durch Demange von Trarieux erhalten hatte, öffentlich zu machen oder für einen Antrag auf gerichtliche Überprüfung des Verfahrens zu nutzen. Da dieses Hindernis ausgeräumt war, schickte Lucie Dreyfus am 18. September einen Brief an die Abgeordnetenkammer. Daß den Militärrichtern das *dossier secret* heimlich übergeben worden sei, schrieb sie, sei eine »Mißachtung der Gerechtigkeit«,[4] ein Verstoß gegen die Grundrechte des Angeklagten und ein dringlicher Grund, das Urteil des Kriegsgerichts außer Kraft zu setzen. Der Wortlaut dieses Briefes wurde in *Le Figaro* und mehreren anderen Zeitungen veröffentlicht. Im November lehnte die Kammer den Antrag von Lucie Dreyfus ab, aber vorher, am 7. und 8. November, wurde Lazares schon seit einiger Zeit fertiggestellte Broschüre[5] an alle Abgeordneten und Senatoren, außerdem an führende Journalisten, Wissenschaftler und Literaten verteilt. Der Kreis der unverhofften Enthüllungen schloß sich, als *Le Matin*, eine andere politisch rechtsgerichtete Zeitung, am 11. November ein Faksimile des *Bordereau* veröffentlichte. Diese Publikation löste im Nachrichtenbüro einen Sturm aus, und man suchte vergeblich nach dem Schuldigen, der nicht dichtgehalten hatte. Viel später erst kam heraus, daß Pierre Teyssonières, einer der Schriftgutachter, die das Nachrichtenbüro 1894 bestellt hatte, Informationsquelle von *Le Matin* war. Er gab zu, daß er die ihm zur Schriftanalyse überlassene Kopie behalten und an die Zeitung weiterverkauft hatte. Mathieu hatte sich seit dem Kriegsgerichtsprozeß von 1894 vergeblich um ein Faksimile dieses entscheidenden Dokuments bemüht. Jetzt sah er das *Bordereau* zum erstenmal, hatte die Möglichkeit, es zu prüfen, und konnte mit der Hilfe von zahlreichen hervorragenden Experten, die er mit der Untersuchung beauftragte, zuverlässig verifizieren, daß die Handschrift nicht die seines Bruders war. Und er konnte mit der Suche nach dem wirklichen Verräter beginnen.

Die Weigerung der Kammer, Lucies Antrag stattzugeben, war keine Überraschung, bewirkte aber, daß der Versuch, Dreyfus zu befreien, abrupt beendet wurde. Nach französischem Recht blieb nur noch ein Rechtsmittel, ein Revisionsverfahren vor dem *Cour de Cassation,* dem Kassationshof, der zuständig für Fälle außerhalb der Verwaltungs- und Militärgerichtsbarkeit war. Kriegsgerichtsurteile wurden jedoch dann dem Kassationshof zur Revision vorgelegt, wenn gewichtige neue Fakten angeführt werden konnten, die zur Zeit des Kriegsgerichtsprozesses nicht bekannt gewesen waren und dem Anschein nach gravierend genug waren, um Milderung oder Aufhebung zu rechtfertigen. Der Haken war, daß der Angeklagte nicht das Recht hatte, einen Antrag auf Revision durch den Kassationshof zu stellen. Nur die Regierung war dazu berechtigt. Wenn ein solcher Antrag gestellt wurde und wenn eine Gruppe von Richtern in Voruntersuchungen entschied, daß er auf ausreichenden neuen Fakten beruhte, legten die Richter ihr Ergebnis der zuständigen Kammer des Kassationshofs vor, und dem Antrag wurde stattgegeben. Da die zu dieser Zeit amtierende Regierung unter dem Ministerpräsidenten Jules Méline gegen eine Wiederaufnahme des Dreyfus-Verfahrens war, wäre die Erwartung, daß man mit einer neuen Eingabe mehr Erfolg haben könnte, unrealistisch gewesen. Welche immanenten Schwierigkeiten überwunden werden mußten, um die Regierung zum Handeln zu bringen, zeigten spätere Entwicklungen. Nach den Parlamentswahlen im Mai 1898 dankte die Regierung Méline ab, am 28. Juni trat der neue Ministerpräsident Pierre Brisson sein Amt an; er selbst war zwar offener für eine Revision als Méline. Trotzdem autorisierte seine Regierung den Justizminister erst im September 1898 und nur unter Zwang – weil eine Reihe außergewöhnlicher Entwicklungen dieses Handeln politisch unbedingt notwendig machte –, einen Revisionsantrag beim Kassationshof zu stellen.

Die Hauptursache dieser Entwicklungen war ein Personalwechsel im Generalstab am 1. Juli 1895. Mathieu wußte davon wahrscheinlich nichts; ob er die Bedeutung des Wechsels hätte einschätzen können, ist zweifelhaft. An diesem Tag wurde Major Georges Picquart, der Offizier, der Dreyfus am Morgen seiner Verhaftung an der Tür des Kriegsministeriums in Empfang genommen hatte und der General Merciers Berichterstatter beim Kriegsgerichtsprozeß von 1894 gewesen war, neuer Chef des Nachrichtenbüros; er löste Oberstleutnant Sandherr ab, der an progressiver Lähmung im Endstadium litt.

Picquart, 1854 in Straßburg geboren, stammte aus einer angesehenen alten katholischen Beamten- und Soldatenfamilie. Sein Großvater war Direktor des Straßburger Zeughauses, sein Vater Leiter des Finanzamts. Wie der fünf Jahre jüngere Dreyfus war Picquart stark geprägt durch die französische Niederlage im Krieg von 1870/71 und die deutsche Annexion französischer Provinzen; er war – ebenfalls wie Dreyfus – sehr patriotisch und entschloß sich deshalb, Berufsoffizier zu werden. Anders als Dreyfus studierte Picquart allerdings nicht an der *École Polytechnique*, sondern absolvierte *Saint-Cyr*, die älteste und traditionsreichste französische Militärakademie, als Fünftbester seines Jahrgangs. Darauf folgten die Ausbildung am Militärkolleg, dem Vorläufer der *École Supé-*

rieure de Guerre, und aktiver Dienst in Algerien. 1883 wurde er zum erstenmal in das Kriegsministerium versetzt; 1885 kämpfte er in Indochina und wurde für seine Tapferkeit mit dem Croix de Guerre ausgezeichnet. Als er 1888 nach Frankreich zurückkehrte, erhielt er die Beförderung zum Major – außergewöhnlich für einen erst 33jährigen. Zwei Jahre später ernannte man ihn zum Professor an der *École Supérieure de Guerre*; 1893, als er noch dort unterrichtete und außerdem im Stab von General de Galliffet diente, ließ ihn General de Miribel, damals Chef des Generalstabs, in dieses Heiligtum der französischen Armee versetzen. Man konnte kaum mit höheren Qualifikationen oder mächtigerer Protektion im Generalstab antreten als Picquart. Wie sein Biograph Francis de Pressensé[6] schreibt, hielten sich militärische Leistungen und Allgemeinbildung des jungen Offiziers die Waage: Er sprach fließend Deutsch, Spanisch und Italienisch und konnte seine Lehrverpflichtungen an der *École Supérieure de Guerre* mit dem Studium des Russischen an der berühmten *École des Languages Orientales* in Paris vereinbaren. Unverheiratet, ein Liebhaber von Musik und Gesellschaftsleben, fand dieser mustergültige Herr auch noch Zeit, beinahe jeden Tag seine verwitwete Mutter in Versailles zu besuchen und sich einer leidenschaftlichen, aber sehr diskreten Affäre mit der Frau eines französischen Offiziers im diplomatischen Dienst zu widmen. Paléologue beschrieb Picquart als »hochgewachsen, schlank, elegant, ein Feingeist, klug abwägend und kaustisch zugleich, der sich gewöhnlich hinter einer Maske kühler, steifer Zurückhaltung verbarg.«[7] Ausgerechnet dieser vorbildliche Offizier, der alle Traditionen der Armee und des Generalstabs verkörperte – auch eine gute Portion konventioneller Antisemitismus[8] gehörte dazu –, wurde Dreyfus' Vorkämpfer und Retter. Der Zufall, daß Dreyfus einer seiner Studenten an der *École Supérieure de Guerre* gewesen war, trug nichts dazu bei: Die beiden Offiziere waren korrekt miteinander umgegangen, mehr nicht. Außerdem hatte Picquart Dreyfus für schuldig gehalten, bis er die Entdeckungen machte, die ihn zwangen, seine Einschätzung zu ändern. Picquarts Redlichkeit war der einfache, unerschütterliche Grund für seine Handlungsweise.

Wir haben gesehen, welche verschwörerischen Maßnahmen zur Spurenverwischung General Mercier und seine Untergebenen im Generalstab ergriffen, als der General sein Amt im Januar 1895 abgab: Du Patys Kommentar wurde vernichtet, die Dokumente wurden an verschiedenen Stellen archiviert, und Boisdeffre, Gonse, Sandherr, du Paty sowie Henry mußten schwören, Stillschweigen über alles mit dem Kriegsgerichtsprozeß Zusammenhängende zu bewahren. Nachdem dies geregelt war, sollte der Fall Dreyfus weder 1895 noch in den ersten beiden Monaten des folgenden Jahres die Ruhe des Nachrichtenbüros stören. Anfang März endete die Ruhepause aus einem Grund, den niemand vorhersehen konnte: Schwartzkoppen hatte die Geduld mit Esterházy verloren. Er war unzufrieden mit den Informationen, die ihm geliefert wurden, und drohte Esterházy bei einer Unterredung am 20. Februar in der deutschen Botschaft, die Beziehung zu beenden. Ob Esterházy versprach, in Zukunft bessere Dienste zu leisten, erwähnt Schwartzkoppen nicht. Sollte er derartige Versprechen gegeben haben, beruhigten sie den Militärattaché jedenfalls nicht. Anfang März schickte Schwartzkoppen seinem Informanten das Schreiben, das als *le petit bleu* bekannt geworden ist. *Petit bleu* nannte man Rohrpostbriefe, die auf einem besonderen blauen Papier geschrieben waren und innerhalb von Stunden von einem Pariser Postamt zum anderen verschickt werden konnten. Auf dem Umschlag standen Esterházys Name, Rang und Privatadresse. Der Brief war auf französisch in dem bürokratischen Stil abgefaßt, den man von einem deutschen Geheimdienstoffizier in der Korrespondenz mit seinem Agenten erwarten würde. Er lautete:

Mein Herr,

ich erwarte eine detailliertere Erklärung als die, die Sie mir neulich bezüglich der noch offenen Frage gegeben haben. Demgemäß bitte ich Sie um eine schriftliche Information, so daß ich beurteilen kann, ob ich meine Beziehungen mit dem Haus R. fortsetzen kann oder nicht. C...t.[9]

Wie Marcel Thomas, der die üblen Machenschaften der Generalstabskabale am gründlichsten untersucht hat, in *L'Affaire sans Dreyfus*[10] aufrecht schreibt, gelangte dieses Dokument in Fetzen gerissen über *la voie normale*, also durch die vom Geheimdienst bezahlte Putzfrau Madame Bastian, in das Nachrichtenbüro. Thomas glaubt, es sei eine verworfene erste Fassung, die im Papierkorb gelandet war; das würde erklären, warum der Umschlag keinen Poststempel trug. Diese Theorie macht als einzige plausibel, wie es möglich war, daß der *petit bleu* in den Besitz des Nachrichtenbüros kam: Wäre er abgeschickt worden, hätte Esterházy ihn erhalten. Seine Briefe wurden nicht vom Postamt beschlagnahmt oder geöffnet, also hätte das Schreiben kaum abgefangen werden können. Hätte Esterházy es gelesen, dann hätte er und nicht Schwartzkoppen es weggeworfen – zum Beispiel in seinen Papierkorb oder in die Gosse. In diesem Fall wäre es nie von einem Agenten des Nachrichtenbüros aufgesammelt oder gestohlen worden, und mit einiger Wahrscheinlichkeit hätte man Esterházy nie als den Verfasser des *Bordereau* identifiziert. Die Handschrift auf dem *petit bleu* ist allerdings nicht die Schwartzkoppens, womöglich, weil der Attaché – so vermutet Thomas – das Schreiben einer Sekretärin oder einem jungen Assistenten in der Botschaft diktierte. Das Unterschriftkürzel auf dem *petit bleu* findet sich jedoch regelmäßig unter Schreiben Schwartzkoppens.

Schwartzkoppens Erinnerung an den *petit bleu* war anders. Er behauptete, er habe den Brief geschrieben, und meinte sich zu erinnern, daß er ihn persönlich in den Briefkasten eines bestimmten Postamts gesteckt hatte.[11] Er mutmaßte, daß ein Agent des Nachrichtenbüros, der auf ihn angesetzt war, das Schreiben an sich gebracht haben müsse. Thomas' Version erscheint mir plausibler, obwohl sie in direktem Widerspruch zu Schwartzkoppens Behauptung steht. Denn Schwartzkoppen behauptete auch, daß er das *Bordereau* nicht in den Papierkorb geworfen habe. Vielleicht hat er in seinen Memoiren das peinliche Faktum, daß er im Umgang mit Dokumenten notorisch schlampig war, vernebeln wollen. Dazu kommt, daß niemand im Nachrichtenbüro Grund hatte, die Geschichte von Madame Bastian als Überbringerin eines zerrissenen *petit bleu* zu erfinden.

Picquart hatte ein neues Verfahren eingeführt; unter anderem sollten Dokumente, die auf dem üblichen Weg gekommen waren, zuerst zu ihm gebracht werden. Da Henry auf Urlaub war, gab er Hauptmann Lauth den Auftrag, die blauen Papierfetzen zusammenzustückeln. Als das gelungen war, erkannten beide sofort, welche Bedeutung das Schriftstück hatte: Sie hielten den Beweis in Händen, daß der deutsche Militärattaché, dessen Spionage-Aktivitäten dem Nachrichtenbüro bekannt waren, in höchst verdächtigen Formulierungen an einen Major der französischen Armee schrieb. Und an dieser Stelle machte Picquart den ersten in einer ganzen Reihe von Fehlern, die später zum gravierenden Problem für ihn werden sollten. Er bat Lauth, das wiederhergestellte Dokument zu fotografieren, und sagte ihm, er wolle den Eindruck erwecken, daß der *petit bleu* vom Postamt abgefangen worden sei. Das wäre sinnvoll gewesen, wenn Picquart beabsichtigt hätte, dieses belastende Dokument außerhalb des Nachrichtenbüros zu nutzen, ohne die Aktivitäten von Madam Bastian zu verraten. Aber der Name des Absenders stand nicht auf dem Umschlag. Wenn man also den Eindruck erwecken wollte, daß der *petit bleu* vom Postamt abgefangen oder auf eine andere Weise beschafft worden war, die seine Herkunft aus der deutschen Botschaft verschleierte, dann hätte man die Verbindung zwischen Schwartzkoppen und Esterházy nur unter Schwierigkeiten oder gar nicht nachweisen können. Ohne Madame Bastian und den Empfang des Dokuments über *la voie normale*, die unentbehrliche Verbindung zu Schwartzkoppen, wäre der *petit bleu* nur einer von vielen Mahn- und Beschwerdebriefen an Esterházy gewesen. Infolge seines bizarren Privatlebens – der unbezahlten Schulden, der Betrügereien und Intrigen, die er auf dem Kerbholz hatte – muß er viele solcher Briefe erhalten haben. Dieser banale Brief hätte ihn dann nicht mehr als einen Spion in deutschen Diensten überführen können. Picquart hat seinen unerklärlichen Versuch, den *petit bleu* zu ändern und die Rolle von Madam Bastian zu verbergen, sicher nicht in böser Absicht unternommen, aber seinen Gegnern damit in die Hand gearbeitet, denn als das Komplott, das seine Vorgesetzten und das Nachrichtenbüro gegen ihn planten, Gestalt annahm, konnte ihm neben anderen Verfehlungen auch die Fälschung des *petit bleu* zur Last gelegt werden.

Picquart machte noch zwei andere Fehler, die ihn später belasten würden: Der *petit bleu* war von entscheidender Bedeutung, trotzdem wartete er mit seiner Meldung an General Gonse, seinen unmittelbaren Vorgesetzten, bis zum 3. September – und berichtete dann auch nur auf Anweisung von General Boisdeffre, den er selbst erst am 5. August in Kenntnis gesetzt hatte. Dazu kam, daß er in späteren Berichten das Empfangsdatum des *petit bleu* falsch angab: Er behauptete, das Schriftstück erst sechs oder sieben Wochen später erhalten zu haben, als tatsächlich der Fall war. Daß Picquart Boisdeffre nicht eher informierte, läßt sich mit seiner Vorliebe für selbständiges Arbeiten erklären; er wollte eine interessante Spur verfolgen, ohne daß seine Vorgesetzten einschritten oder sich einmischten. Aus demselben Grund wird er Gonse nicht gleichzeitig mit Boisdeffre in Kenntnis gesetzt haben, wahrscheinlich bestärkt dadurch, daß er eine hohe Meinung von seinen eigenen Fähigkeiten hatte und deutlich weniger von Gonse hielt. Warum er versuchte, diesen hochwichtigen Brief mit einem späteren Eingangsdatum zu versehen, als er ihn dem Nachrichtenbüro weitergab, liegt auf der Hand: Er hatte nachträglich erkannt, daß die so lange hinausgezögerte Meldung an seine Vorgesetzten ihn der Kritik aussetzen konnte. Das versuchte er zu verhindern, indem er den Zeitraum zwischen Empfang des Dokuments und Berichterstattung verkürzte. Aber dieses Manöver war vergeblich. Gonse, ein Altmeister interner Machtkämpfe, durchschaute es. Er beobachtete und dokumentierte jeden Schachzug Picquarts genau.

Wie man sich leicht denken kann, befahl Picquart, Esterházy unter Polizeiaufsicht zu stellen. Die Beschattung ergab während des Sommers kaum Erkenntnisse, nur Beweise für liederliche Lebensführung und regelwidrige finanzielle Transaktionen. Die einzige potentielle Erhärtung des Verdachts, daß Esterházy für Schwartzkoppen arbeitete, fand sich in dem Bericht eines Doppelagenten, dem zufolge ein ungenannter hochdekorierter französischer Major bis 1895 Informationen an den deutschen Militärattaché verkauft hatte. Der Rang des Offiziers und seine Orden wiesen auf Esterházy. Auch die Art der Informationen, die der Offizier mutmaßlich an den Attaché verkauft hatte, deckte sich mit Sachgebieten, über die Esterházy, wie Picquart herausfand, andere Offiziere befragt hatte. Wahrscheinlich schöpfte Picquart damals den Verdacht, daß Esterházy der wahre Autor des *Bordereau* sein könne. Dieser Verdacht würde erklären, warum er sich um Schriftproben Esterházys bemühte. In den letzten Augusttagen fielen ihm etliche geeignete Schriftstücke in die Hand: Bewerbungsbriefe, die Esterházy an die Mitarbeiter des Kriegsministers General Jean-Baptiste Billot geschickt hatte, um sich einen

Posten im Generalstab oder im Ministerium zu verschaffen und in Paris bleiben zu können, wenn sein Regiment von der Hauptstadt in die Provinz verlegt wurde. In den Akten des Nachrichtenbüros lagerten mehrere Fotokopien des *Bordereau*. Picquart verglich die Schriften. Der Vergleich bestätigte ihm zweifelsfrei: Das Dokument, auf Grund dessen Dreyfus wegen Landesverrats angeklagt – und verurteilt – worden war, hatte Esterházy geschrieben, der hochdekorierte Major war der wahre Landesverräter.

Zur Bestätigung legte er das *Bordereau* und Esterházys Briefe an Billots Stab du Paty und Bertillon vor. Deren Reaktion war seltsam. Du Paty rief offenbar aus, die Briefe habe Mathieu Dreyfus geschrieben; die Handschriften von Alfred und Mathieu Dreyfus waren in der Tat sehr ähnlich. Bertillon erklärte ohne Zögern, Brief und *Bordereau* seien von derselben Hand. Als ihm Picquart jedoch sagte, daß die Briefe erst kürzlich geschrieben waren – deshalb nicht von Dreyfus stammten, denn der saß in seiner Zelle auf der Teufelsinsel –, machte Bertillon schleunigst einen Rückzieher und wollte nun glauben, das *Bordereau* müsse jemand geschrieben haben, den die Juden geschult hätten, Dreyfus' Handschrift nachzuahmen.

Den nächsten Schritt machte Picquart am 30. oder 31. August. Er sah sich das *dossier secret* an, das der Archivar Gribelin in dem versiegelten Umschlag aufbewahrte, so wie Sandherr es ihm überreicht hatte. Bestimmt wollte Picquart nachprüfen, ob sich in dem *dossier* ein Dokument befand, das unabhängig vom *Bordereau* einen überzeugenden Beleg für Dreyfus' Schuld lieferte, ein Beweismittel, das den Schuldspruch der Richter hatte rechtfertigen können. Man darf nicht vergessen, daß Picquart bis zu diesem Zeitpunkt fest an Dreyfus' Schuld glaubte. Wir haben gesehen, daß ihm die Existenz des *dossier* bekannt war und daß er wußte, wozu man es gebraucht hatte: Er hatte sogar General Mercier und General de Boisdeffre berichtet, daß er im Militärgericht nur deshalb Ruhe habe bewahren können, weil er wußte, daß den Richtern nach Schluß der Verhandlung die Geheimdokumente übergeben worden waren. Nur wenn er von Dreyfus' Schuld überzeugt war, wird plausibel, warum er 1894 nicht entsetzt über die Verwendung der Geheimdokumente war: Er hatte angenommen, daß sie zu denselben Resultaten führen würden wie das *Bordereau*. Im Unterschied zur damaligen Situation hatte er im Sommer 1896 endlich erkannt, daß das *Bordereau* Dreyfus nicht belastete. Da er zuerst und vor allem Soldat war, wollte er den leitenden Militärs Mercier und Boisdeffre den Vorteil des *in dubio pro reo* zugestehen. Er wollte nicht glauben, daß sie den Juden unter Anklage gestellt hätten, wenn ihnen nicht hinreichende Beweise für seine Schuld bekannt gewesen wären. Diese Beweise mußten im *dossier secret* liegen, und um sich dessen zu versichern, wollte er es sehen. Zu seinem Leidwesen kam er aber zu dem entgegengesetzten Schluß: daß die Dokumente im *dossier* keine Beweiskraft hatten. Am 1. September schrieb er seinen ersten offiziellen Bericht und drängte auf eine Ermittlung gegen Esterházy. Leider behauptete er darin, den *petit bleu* erst Ende April erhalten zu haben. Diese falsche Angabe untergrub seine Glaubwürdigkeit und sollte später gegen ihn verwendet werden.

Zunächst folgte eine Besprechung mit Boisdeffre, in der Picquart von seiner Ermittlung berichtete und dem General abschließend erklärte, da der Verfasser des *Bordereau* Esterházy und nicht Dreyfus sei und da das *dossier* keinen Beweis für Dreyfus' Schuld enthalte, sei es dringend ratsam, den furchtbaren Irrtum von 1894 sofort richtigzustellen. Versäume man dies, würde die Familie Dreyfus die Tatsachen entdecken, und wenn an den Tag käme, daß das Oberkommando des Generalstabs die Wahrheit gewußt und nicht danach gehandelt habe, würde die Armee großen Schaden leiden. Boisdeffre hatte stumm zugehört und reagierte erst auf die

Erwähnung des *dossier*; er fragte, warum die Dokumente in dem Umschlag nicht verbrannt worden seien, wie General Mercier, Sandherr und er selbst in der geheimen Zeremonie beim Abschied Merciers vereinbart hätten. Von dieser Vereinbarung hatte Picquart nichts gewußt, und er erwiderte, Sandherr habe ihm lediglich gesagt, wo das *dossier* aufbewahrt werde, nämlich im Archiv Gribelins. Am nächsten Tag ließ Boisdeffre Picquart wissen, nach diesen Informationen habe er in der Nacht nicht schlafen können; Picquart solle zu Gonse fahren, der Urlaub in seinem Haus in einem Pariser Vorort machte, und ihm Bericht erstatten.

Am 3. September war Picquart bei Gonse, der sich alles anhörte, auch das Argument über die Notwendigkeit, Maßnahmen zu ergreifen, bevor die Familie Dreyfus es tat. Dann zog Gonse zuerst eine Grimasse und murmelte: »Da haben wir wohl einen Fehler gemacht.« In der anschließenden Unterredung versuchte Picquart vergeblich, von Gonse einen konkreten Rat zu erhalten, den er Boisdeffre überbringen konnte. Immerhin machte Gonse einen Vorschlag: Die beiden Fälle Dreyfus und Esterházy müßten voneinander getrennt gehalten werden. Daß Dreyfus der Verfasser des *Bordereau* war, sei *res iudicata* – eine von einem zuständigen Gericht entschiedene Sache –, daran müsse man sich halten. Folglich sei Dreyfus weiterhin dafür verantwortlich. Esterházy müsse wegen anderer möglicher Vergehen vor Gericht gestellt werden, vorausgesetzt, daß zureichende Beweise vorlagen. Diese Einstellung übernahmen, als es darauf ankam, auch Boisdeffre und Billot. Alles in allem war es ihnen lieber, zwei Schuldige hinter Schloß und Riegel zu haben: Dreyfus, weil seine Unschuld nicht erwiesen war, und Esterházy, wenn er schuldig gesprochen werden konnte. Die Situation war brenzlig, denn, wie Gonse sagte: »Es geht um die Ehre von zwei Generälen.«[12] Damit meinte er Mercier und Boisdeffre. Picquart und seine Vorgesetzten steckten nun in einer Sackgasse.

Einige Tage danach setzten Gonse und Picquart ihren Dialog schriftlich fort, aber ohne daß Picquart mit dem Ergebnis zufrieden war: Der General wies ihn per Brief an, die Ermittlung gegen Esterházy mit äußerster Vorsicht weiterzuführen, und bestellte ihn für den 15. September, nach seiner Rückkehr ins Ministerium, zur Berichterstattung in sein Büro. Vor diesem Termin erhielt Picquart von Boisdeffre die Erlaubnis, dem Kriegsminister seine Geschichte vorzutragen. Billot hörte ihn mit offenkundiger Sympathie an – seine Abneigung gegen Mercier und Boisdeffre mag dazu beigetragen haben – und drängte Picquart, die Untersuchung fortzusetzen, während er, Billot, sich die Sache durch den Kopf gehen lasse. Am nächsten Tag befragte Boisdeffre Picquart über das Gespräch mit dem Minister und kritisierte ihn scharf, weil er dem Minister von dem *dossier secret* berichtet hatte, denn damit habe er versucht, Zwietracht unter seinen Vorgesetzten zu säen. Einen Tag später ging Boisdeffre selbst zu Billot und überzeugte ihn aller Wahrscheinlichkeit nach davon, daß eine Wiederaufnahme des Dreyfus-Verfahrens gefährlich wäre. Von diesem Zeitpunkt an opponierte Billot ohne Rücksicht auf den überzeugenden Eindruck, den der Handschriftenvergleich zwischen dem *Bordereau* und einem Brief Esterházys bei ihm hinterlassen hatte, aktiv und unnachgiebig gegen alle Versuche, die Verurteilung von Dreyfus rückgängig zu machen.

Gonse kehrte wie geplant am 15. September in sein Büro zurück. Während der letzten zehn Tage seines Urlaubs hatte er – und mit ihm Boisdeffre, Billot und die Mitarbeiter des Nachrichtenbüros – einen Schock nach dem anderen erlebt. Schon bei Picquarts Eröffnungen war Boisdeffre und Gonse unbehaglich, außerdem fühlten sie sich von ihm bedrängt, und überdies hatten sie drei tief verstörende Zeitungsartikel gelesen. Am 8. September brachte *Le Figaro* einen Bericht über Haftbedingungen, denen Dreyfus ausgesetzt war. Viel unangenehmer aber waren zwei Artikel in *L'Eclair* vom 9.

und vom 15. September: Sie kommentierten die Übermittlung des *dossier secret* an die Militärrichter und gaben darüber hinaus den ungefähren Inhalt des *Bordereau* wieder. Die Enthüllungen der Zeitung schlugen bei den Generälen, dem Minister und im Nachrichtenbüro wie eine Bombe ein. Und als wäre das noch nicht genug, erhielt Gonse wieder einen Brief von Picquart, dem der zweite Artikel aus *L'Eclair* beilag; Picquart versprach, nach der undichten Stelle zu suchen, der die Zeitung ihre Information verdankte, und wies mit leiser Selbstgerechtigkeit darauf hin, wie begründet seine Sorgen waren, daß die Armee Probleme bekäme, wenn sie nicht selbst die Initiative zur Aufklärung des Justizirrtums ergriffe. Eine schriftliche Antwort auf Picquarts Brief mußte der General nicht geben; sie erörterten die Sache noch am selben Morgen von Angesicht zu Angesicht.

Im Lauf dieser Unterhaltung – die sehr hitzig wurde – brachte Picquart mit seiner beharrlichen Forderung, man müsse sich mit dem Fall Dreyfus befassen, Gonse offenbar derart auf, daß er ihm die Frage entgegenschleuderte: »Was kümmert es Sie, ob der Jude auf der Teufelsinsel verrottet?« Gonse hätte den Charakter seines Untergebenen inzwischen gut genug kennen müssen, aber vielleicht bildete er sich immer noch ein, daß Picquart auf diesen Satz hin Habtachtstellung einnehmen und mit einem Wort oder einer Geste versprechen würde, nie mehr auf das Thema zurückzukommen. Wenn der General das tatsächlich erwartet hatte, wurde er enttäuscht. Picquart blieb bei seinem Argument und erklärte beharrlich, es sei widerrechtlich, einen unschuldigen Mann in Gefangenschaft zu halten. Er wiederholte, daß die Armee möglicherweise Schaden erlitte, wenn die Wahrheit ans Licht käme. Nach Picquarts Erinnerungen betonte der General an diesem Punkt der Unterredung, daß niemand etwas erfahren würde, wenn Picquart den Mund hielte. Picquarts Erwiderung war harsch: »General, was Sie da sagen, ist abscheulich. Dieses Geheimnis werde ich auf keinen Fall mit ins Grab nehmen.«[13] Für die Generäle Gonse und Boisdeffre war mit dieser Bemerkung Picquarts Schicksal besiegelt.

Außerdem konnte ihnen nicht entgehen, daß Picquart nicht nur starrköpfig, sondern beunruhigend hellsichtig war: Er hatte seine Vorgesetzten gewarnt, daß die Wahrheit herauskommen und daß die Familie aktiv werden würde. Am 18. September war es soweit: Lucie Dreyfus reichte bei der Abgeordnetenkammer einen Antrag auf Revision ein. Die unvermeidlichen Fragen folgten. Wie hatte Picquart diese Entwicklungen, sowohl die Artikel in *L'Éclair* wie die Petition, voraussehen können? Nur ein kleiner Kreis von Offizieren – Mercier, Boisdeffre, Gonse, Henry, Picquart selbst und Gribelin natürlich – wußte von dem *dossier secret*. War Picquart der Informant, der die Enthüllungen in *L' Éclair* ermöglicht hatte? Die anderen waren über jeden Verdacht erhaben. War er Mitglied des ›Syndikats‹, ein Verbündeter der Familie Dreyfus, wurde er vielleicht sogar von ihr bezahlt? Picquarts Untergebene – Henry, der scharfsinnige und glühend antisemitische Lauth, Gribelin und, in untergeordneter Stellung, François Guénée, ein Polizeispion und Fachmann im Fälschen von Dokumenten und Beweismitteln, bildeten eine Front gegen ihn. Sie hatten die Stimmung Boisdeffres und Gonses gespürt und hielten es für selbstverständlich, daß die Chefs den Fall Dreyfus nicht wieder aufrühren wollten. Daß Picquart sich offenbar über die Wünsche der Generäle hinweggesetzt hatte, war unzulässig; es verstieß gegen die militärischen Traditionen des Schweigens und der Disziplin, und es bedrohte die gewohnte Ordnung. Aber schon vor den Zusammenstößen im September 1896 hatte der französische Diplomat Paléologue registriert, daß das Nachrichtenbüro nicht mehr wie die glückliche Familie wirkte, die es zu Sandherrs Zeiten gewesen war. »Sie können sehen, daß wir Sandherr nachtrauern«, hatte Henry ihm erzählt. »Dieser

Picquart ist ein Poseur. Und ein übler Spötter, wenn Sie wüßten, wie bösartig!«[14]

Persönliche Abneigung und Bitterkeit, die nichts mit Dreyfus zu tun hatten, vergifteten das Verhältnis zwischen Picquart und seinen Untergebenen zusätzlich. In Henrys Fall verstärkte Klassenhaß die Verbitterung darüber, daß man ihn bei der Neubesetzung der Spitzenposition im Nachrichtenbüro übergangen und ihm einen Außenseiter vorgezogen hatte, obwohl er überzeugt war, daß er aufgrund seiner langen Zugehörigkeit ein Recht auf die Leitung des Büros hatte. Als einziger unter den Generalstabsoffizieren hatte er von der Pike auf gedient. Henry hatte das ungeschliffene Benehmen und Auftreten eines einfachen Soldaten, seine Schulbildung war rudimentär, und er beherrschte keine Fremdsprache, ein Nachteil für seine Arbeit im Nachrichtenbüro. Es wäre ein Wunder gewesen, wenn Picquarts Anwesenheit diesen Kleinbauernsohn nicht verbittert hätte. Daß Henry seine Position im Nachrichtenbüro genau wie Picquart der Vermittlung von General Miribel zu verdanken hatte, der seine Tapferkeit an der Front und seine soldatische Disziplin hochschätzte, aber Picquart zum Nachfolger Sandherrs machte, war auch nicht gerade hilfreich. Lauths Abneigung gegen Picquart war vermutlich teilweise von Henry beeinflußt und nicht Ergebnis eines überlegten Urteils oder persönlichen Grolls. Wie Paléologue berichtet, hatte Lauth Henrys sehr viel jüngere Frau zu seiner Geliebten gemacht, als sie eines Tages in seinem Büro im Kriegsministerium erschienen war, weil sie ihren Ehemann besuchen wollte, der aber ausgegangen war.[15] Nach Paléologues Einschätzung hielten sich seitdem bei Lauth zwei Regungen die Waage: vollkommene Loyalität gegenüber Henry – abgesehen von allem, was dessen Ehefrau betraf – und das Gefühl intellektueller Überlegenheit über den gehörnten Ehemann. Seine Animosität gegenüber Picquart war allerdings nicht intellektgesteuert. Gribelin schließlich reagierte mit Feindseligkeit auf alles, was die gut eingespielte Ordnung seines persönlichen Reichs bedrohte: Die hochheiligen Akten des Nachrichtenbüros waren entweiht, als Picquart den versiegelten Umschlag nur zwecks Aufdeckung des *dossier secret* öffnete. Außerdem fühlten sich der Archivar wie auch Guénée naturgemäß dem jovialen, schulterklopfenden Henry näher als dem unnahbaren Funktionär Picquart. Das Verhalten der beiden Generäle war ohne Zweifel komplexer. Gonse konnte kaum vergessen und schon gar nicht verzeihen, daß Picquart nicht zuerst ihn aufgesucht hatte, bevor er sich an Boisdeffre wandte. Boisdeffre, der für seine Nonchalance bekannt war, ärgerte sich vor allem, daß er sich wieder mit dem Fall Dreyfus befassen mußte, den er *ad acta* gelegt hatte, und dazu noch mit dem neuen unangenehmen Problem, das Esterházy aufwarf. Sobald er jedoch erkannt hatte, daß er handeln mußte, nutzte dieser zutiefst religiöse Mann skrupellos das Prestige seiner hohen Position, um gefälschte Beweisstücke und meineidige Zeugenaussagen für gültig zu erklären.

Eine gewisse Ironie liegt darin, daß Boisdeffre, hätte sich sein größter Wunsch erfüllt, 1896 aus dem Generalstab versetzt worden wäre, und zwar so rechtzeitig, daß er in der Dreyfus-Affäre keine Rolle mehr gespielt hätte. Er wäre gern zum französischen Botschafter am russischen Zarenhof ernannt worden, für diese Aufgabe glaubte er qualifiziert zu sein, weil er sich schon als Militärattaché in der St. Petersburger französischen Botschaft bewährt hatte und an den letzten Verhandlungen vor dem Abschluß des geheimen Militärbündnisses zwischen Rußland und Frankreich beteiligt gewesen war. Wie Picquarts Biograph Francis de Pressensé schreibt, verdarb Boisdeffre sich die Aussichten auf diesen Posten durch zwei unglaubliche Taktlosigkeiten, die ihm im Mai unterlaufen waren, während er sich anläßlich der Krönung von Zar Nikolaus II. als außerordentlicher Botschafter Frankreichs in Moskau aufhielt. Erstens hatte er darauf bestanden, der Zarin die Hand zu küssen, was gegen das Protokoll am russischen Hof verstieß; doch viel schlimmer war sein zweiter Fauxpas: Er hatte dem Zaren, der zugesagt hatte, an einem Ball in der französischen Botschaft teilzunehmen, vor diesem Ereignis zur Moskauer Katastrophe kondoliert, also die Massenpanik erwähnt, die sich am 18. Mai bei dem traditionellen Krönungsbankett für die Bevölkerung auf einer Wiese außerhalb von Moskau ereignet hatte: Als sich das Gerücht verbreitete, daß nicht genug Bier für alle da sei, drängte sich die Menge mit Gewalt nach vorn, fast vierzehnhundert Männer und Frauen wurden zertrampelt und Tausende verletzt. Nach diesem Unglück war eine Trauerzeit geboten; damit der Ball der Franzosen trotzdem und mit Zar und Zarin als Gästen stattfinden konnte, hatten Hof und Botschaft sich darauf verständigt, daß Worte wie Katastrophe, Unglück, Beileid oder ähnliches tabu waren. Boisdeffre aber hatte sich nicht einmal durch den kalten und verständnislosen Blick des Zaren von Beileidsbekundungen abhalten lassen und sich damit lächerlich und zur *persona non grata* gemacht.

Die Generäle Boisdeffre und Gonse wollten das Problem Picquart dadurch lösen, daß sie ihn an einen Ort weit weg von Paris versetzten. Sie hofften, durch die Entfernung von Paris, vom Kriegsministerium und womöglich vom ›Syndikat‹ würde er kaltgestellt. Diesen Plan konnten sie allerdings nicht ohne Zustimmung des Kriegsministers ausführen. Billot aber schob Entscheidungen gern auf die lange Bank, und Picquart war ein so hervorragender Offizier, daß man mit seiner Versetzung auf einen unsinnigen Posten ein politisches Risiko einging, denn alle sachkundigen Beobachter würden dieses Manöver als Versuch durchschauen, ihn loszuwerden. Während Billot noch zauderte, führte Picquart seine Ermittlungen gegen Esterházy fort, allerdings ohne viel Bestärkung von seiten Gonses, und bemühte sich, herauszufinden, wer die Indiskretion gegenüber der Presse, die ihm zur Last gelegt wurde, tatsächlich begangen hatte. Da seine Mühe vergeblich blieb und Lucie zum Ärger der Generäle einen Antrag auf Revision gestellt hatte, verfestigte sich der Verdacht gegen ihn. Mit Unterstützung oder zumindest stillschweigender Billigung von Gonse intrigierten Picquarts Untergebene gegen ihn, versuchten, ihn aus der täglichen Arbeit als Leiter des Nachrichtenbüros hinauszudrängen, und verbreiteten das Gerücht, daß er seine Arbeit vernachlässige, weil er sich wie besessen mit Dreyfus und Esterházy befasse. Obwohl Picquart gewiß bemerkt hatte, daß seine Position untergraben wurde, entschied Boisdeffre, daß es Zeit für einen direkteren Vorstoß war. Er erteilte Picquart einen Verweis wegen Mangels an Sorgfalt und Umsicht. Das war ein Signal, das kein erfahrener Offizier mißverstehen konnte: Es hieß, daß man beschlossen hatte, ihn aus dem Generalstab zu entfernen. Boisdeffre hatte zuerst vorgehabt, Picquart mit einem Auftrag nach Indochina zu schicken, wo er schon gedient hatte. Als Billot jedoch am 27. Oktober endlich nachgab und den Befehl zur Versetzung Picquarts unterzeichnete, war dessen neuer Bestimmungsort nicht so weit weg, wie Boisdeffre gewünscht hatte. Picquart sollte die Spionageeinheiten der an den östlichen und südöstlichen Grenzen Frankreichs stationierten Armeeteile inspizieren und wenn nötig neu organisieren. Der Tag seiner Abreise stand allerdings noch nicht fest.

Als Henry begriff, daß sein strenger Vorgesetzter nicht nur in Ungnade gefallen war, sondern auch Paris verlassen würde, hatte er keine Bedenken mehr, ihn als Sicherheitsrisiko anzuschwärzen. Er hatte das Thema gefunden, das er in einer seiner Besprechungen mit Guénée ausbreiten konnte: Picquart habe entdeckt, welches Dokument im *dossier secret* gefälscht war. Daß Picquart im Besitz dieser Information war, setzte Mercier, Boisdeffre und vielleicht Gonse der Gefahr einer Anklage wegen Betrugs im Zusammenhang mit dem Kriegsgerichtsprozeß aus und erhöhte die Wahrscheinlichkeit, daß sie nach dem französischen Strafrecht zur Verantwortung gezogen wurden. Die Generäle waren entsprechend beunruhigt. Henry begann auch, Material für die Anschuldigung zusammenzutragen, daß Picquart militärische Geheimnisse an seinen engen Freund und Anwalt Leblois weitergegeben habe. Henry wußte, daß Picquart den Rat von Leblois eingeholt hatte, als der Generalstab Brieftauben einsetzte und im Zusammenhang damit Rechtsprobleme geklärt werden mußten, und daß der Anwalt ihn in seinem Büro aufgesucht hatte. Aber sogar Guénée war zu diesem Zeitpunkt nicht bereit, Picquart zu beschuldigen. Was Guénée nicht wagte, schaffte Henry. Er eröffnete Gonse, Picquart habe seinem Anwalt geheime Dokumente zur Kenntnis gegeben. Daraufhin ging Gonse in Picquarts Büro und nahm das Dossier an sich. Für sich genommen war diese Aktion unerheblich; Picquart hatte genug Zeit auf die Untersuchung der Dokumente verwendet und brauchte das Dossier nicht mehr, um sich zu vergewissern. Aber daß Gonse es ihm entzog, war eine Demütigung, die seine Stellung im Generalstab unhaltbar machte.

Während Henry intrigierte, überlegte er besorgt, wie man die Verteidigungslinien des Generalstabs stärken könne. Als Picquart das Dossier so mühelos abtat, hatte Henry begriffen, daß es zwar 1894 seinen Zweck erfüllt hatte, aber in seiner jetzigen Form einer kritischen Untersuchung nicht standhalten würde. Man brauchte also ein neues Dossier, dessen Inhalt nach dem Muster des Modells von 1894 zusammengestellt, aber wirkungsvoll ergänzt war. Sein Kernstück mußte ein Dokument sein, das Dreyfus beim Namen nannte und eindeutig als Landesverräter kennzeichnete. Ein solches Dokument würde dem Generalstab die Verteidigungswaffe liefern, die er zur Abwehr von Zweiflern benötigte. Darüber hinaus würde ein derartiger handgreiflicher Beweis für Dreyfus' Verräterei dem Minister den Rücken stärken, wenn er sich mit Picquart befassen mußte. Da es ein solches Dokument nicht gab, mußte es hergestellt werden. Vor dieser Aufgabe schreckte Henry nicht zurück. Er würde ein unwiderlegliches Beweisstück fabrizieren – in der Folge *la massue*, die Keule, genannt –, mit dem fortan jeder mundtot gemacht werden konnte, der Zweifel an Dreyfus' Schuld äußerte. Man würde bekanntgeben, daß diese Keule existierte und sich im Besitz des Generalstabs befand, daß sie aber auf Grund ihrer Eigenart unter Verschluß bleiben müsse. Nähere Angaben würden Frankreich womöglich in schwerwiegende diplomatische Probleme verwickeln. Henrys Vorhaben war tollkühn. Was ihm durch den Kopf gegangen war, als er einen Betrug von diesem Ausmaß anzettelte und sich selbst damit in große Gefahr brachte, erklärte er ansatzweise knapp zwei Jahre später, nachdem die Fälschung entdeckt worden war:

> Ich sah, daß meine Chefs sich Sorgen machten. Ich wollte sie beruhigen. Ich wollte ihnen die Sorgen nehmen ... Alles ging schief ... Ich sagte mir: »Schreiben wir den Satz dazu, der alle zur Ruhe bringt.« Ein Konflikt in dieser Situation, nicht auszudenken! ... Aber wenn ich das hier mache, wird wieder Ruhe einkehren.[16]

Er war ein Mann der Tat, also ging er am Wochenende zu Hause ans Werk, seine Frau half ihm ab und zu, Dokumente aus den Akten des Nachrichtenbüros dienten ihm als Vorlage. Ein Blatt Karopapier, wie es der italienische Militärattaché Panizzardi normalerweise verwendete, ergänzte er durch den Briefkopf eines Schreibens, das Panizzardi tatsächlich an Schwartzkoppen geschickt hatte und das über *la voie normale* in die Akten des Nachrichtenbüros gelangt war, und verfaßte dann einen sprachlich auffallend unbeholfenen Brief. Er wollte so schreiben wie ein Italiener, dessen Französisch nicht perfekt war, aber er hatte kein Ohr für den Ton, in dem jemand wie Panizzardi sich ausdrücken würde. Das Ergebnis war ein Text, den kein kundiger und aufmerksamer Leser für authentisch halten konnte:

J'ai lu qu'un député va interpeller sur Dreyfus. On demande à Rome nouvelles explications, je dirai que jamais j'avais des relations avec ce Juif. Si on vous demande, dites comme ça, car il ne faut pas qu'on sache jamais personne ce qui est arrivé avec lui.

(Ich habe gelesen, daß ein Abgeordneter wegen Dreyfus interpellieren will. In Rom verlangen sie neue Erklärungen, ich werde sagen, daß ich nie mit diesem Juden zu tun hatte. Wenn Sie gefragt werden, sagen Sie auch so was, denn keiner darf nie nicht wissen, was mit ihm passiert ist.[17])

Die Fälschung war auch technisch unbeholfen; sie hatte einen fatalen Mangel. Henry hatte seinen Text auf Papier mit hellblau gezeichneten Karos geschrieben und übersehen, daß die Karos auf dem Papier mit dem Briefkopf, das er von einem echten Schreiben Panizzardis abgetrennt hatte, eine andere Farbe hatten; sie waren bläulichgrau. Einem kritischen Betrachter verrieten diese Unstimmigkeiten unweigerlich, daß der Brief eine Fälschung war. Wie das *Bordereau* und *le petit bleu* ging auch Henrys Machwerk unter einem eigenen Namen in die Geschichte der Affäre ein: *le faux Henry* (die Henry-Fälschung). Es ist ein Rätsel, warum fast zwei Jahre lang, bis zum August 1898, trotz aller Aufmerksamkeit, die diesem Dokument gewidmet wurde, niemand merkte, daß es eine Fälschung war.

Innerhalb der nächsten zwei Tage brachte Henry dieses Dokument ins Ministerium, zeigte es Gonse und Boisdeffre und behauptete, es sei auf dem »normalen Weg« eingetroffen. Obwohl Madame Bastian dem Nachrichtenbüro Dokumente immer bündelweise geliefert hatte, berichtete Henry General Gonse ohne Zögern, diesmal habe sie nur einen Brief gebracht. Gonse war die Signifikanz solcher technischen Details vollkommen klar, aber erstaunlicherweise ließ er Henrys ungewöhnliche Behauptung über ein Dokument von derartig entscheidender Bedeutung kommentarlos durchgehen. Er präsentierte es Boisdeffre, und pflichtschuldig trugen die beiden Generäle *le faux Henry* zu General Billot. Picquart, der nominell noch immer Leiter des Nachrichtenbüros war, zeigten sie diesen neuen ungeheuerlichen Beweis für Dreyfus' Schuld jedoch nicht, obwohl ihn die Kenntnis des belastenden Materials vielleicht dazu gebracht hätte, den – aus ihrer Sicht – aussichtslosen Kampf für Dreyfus aufzugeben. Daß dieses Material aufgetaucht war, erfuhr Picquart erst eine Woche später, als Billot ihm gegenüber ein neues Dokument erwähnte, daß Dreyfus' Schuld zweifelsfrei beweise. Aber auch der Minister zeigte ihm weder den Brief, noch unterrichtete er ihn über dessen Inhalt. Einen Grund für dieses merkwürdige Verhalten nannte Boisdeffre 1899 in seiner Zeugenaussage beim Kriegsgerichtsprozeß von Rennes: Der Minister habe angesichts von Picquarts unmittelbar bevorstehendem Abschied und seiner Position im Dreyfus-Fall entschieden, daß es besser sei, ihm Dokumente, die sich darauf bezogen, nicht zu zeigen. Wahrscheinlicher ist es, daß Henry Gonse dringend geraten hatte, Picquart von *le faux Henry* fernzuhalten. Henry muß klar gewesen sein, welche Gefahr andernfalls bestand: Picquart würde bezweifeln, daß der Brief auf dem angegebenen Weg ins Nachrichtenbüro gelangt war, selbst wenn er die Fälschung nicht erkannte.

Innerhalb von 48 Stunden nachdem den Generälen *le faux Henry* vorgelegt worden war, fand eine seltsame, noch nie dagewesene Zeremonie statt. Zuerst fotografierte Lauth den Brief. Das war eine Aufgabe, die er regelmäßig erledigte. Dann machte Gribelin eine handschriftliche Kopie und verfaßte außerdem eine genaue Beschreibung des Umschlags, in dem das Dokument angeblich eingetroffen war, sowie des Siegels auf diesem Umschlag. Danach unterzeichneten Gonse, Henry, Lauth und Gribelin in hierarchischer Ordnung und unter Angabe ihrer militärischen Ränge und Funktionen Gribelins Abschrift und beglaubigten sie als »authentisch«. Darauf wurde die Kopie dem Minister zugestellt. M. Thomas, der Verfasser von *L'Affaire sans Dreyfus*, hält das Beglaubigungsverfahren für gleichbedeutend mit einem Pakt der alten Garde des Generalstabs: Mit Boisdeffre an der Spitze traten die Verschwörer Hand in Hand gegen Picquart und die Befürworter einer Revision des Dreyfus-Prozesses an. Die bindende Kraft des Pakts sollte sich bewähren, als die Verschwörer im Verleumdungsprozeß gegen Émile Zola im Februar 1898 und beim Kriegsgerichtsverfahren 1899 in Rennes ihre übereinstimmenden und wahrscheinlich vorher abgesprochenen Zeugenaussagen machten.

Die Ruhe, die *le faux Henry* versprach und die sich die Generäle mit ihrem Plan, Picquart abzuschieben, erkauft hatten – jedenfalls dachten sie das –, wurde durch die Veröffentlichung und weite Verbreitung von Bernard Lazares Broschüre am 7. und 8. November empfindlich gestört. Schon der Titel der Schrift – *Une erreur judiciaire: la vérité sur l'affaire Dreyfus* (Ein Justizirrtum: die Wahrheit über die Dreyfus-Affäre) – war eine Kriegserklärung. Klar und überzeugend schilderte Lazare die widerwärtige, von Indiskretionen aus dem Generalstab angestoßene Pressekampagne gegen Dreyfus, die Regelverstöße der von du Paty durchgeführten Ermittlung, die üble Rolle Merciers, die Mißachtung der Tatsache, daß Dreyfus kein einziges Motiv für seinen angeblichen Landesverrat hatte, und die Verfahrensfehler im Lauf des Prozesses. Er demontierte Bertillons Gutachten und widerlegte die Beweiskraft des Briefs über die »canaille de D.« mit dem Argument, daß der deutsche Militärattaché einen sehr nützlichen Agenten auf keinen Fall so töricht kompromittiert hätte. Die Verschwörer und der Minister sahen nur eine Erklärung für die Hellsicht Lazares: Es mußte einen Verbindungsweg zur Übermittlung von Informationen aus dem Nachrichtenbüro an die Familie Dreyfus geben. Sie wußten oder ahnten nicht, daß Lazare ganz andere Informationsquellen hatte: den Präsidenten Félix Faure und den ehemaligen Justizminister Ludovic Trarieux.

Henry im Verein mit seinem Polizeispion Guénée scheute keine Mühe, den Verdacht der Generäle auf Picquart zu lenken. Dann tat sich eine alarmierende undichte Stelle zuviel in der Geheimhaltung auf: Am 10. November veröffentlichte *Le Matin* ein Faksimile des *Bordereau*, und die Suche nach der Quelle der Journalisten wurde vordringlich. Picquart wurde von Gonse aggressiv unter Druck gesetzt, und obwohl er weder für diese noch für irgendeine andere Verletzung der Geheimhaltungspflicht verantwortlich war, kam er aus dem Tritt und machte sich kleinerer Falschaussagen schuldig.

Ein neuer Vorfall fast zur gleichen Zeit, zusätzlich zu dem Faksimile-Wirrwarr, sowie von Henry verbreitete Gerüchte über Mißwirtschaft im Nachrichtenbüro, zum Beispiel überhöhte Zahlungen an Agenten, machten Picquart deutlich, daß er nicht versuchen durfte, seinen Abschied hinauszuzögern. Ein anonymer Brief in verstellter Handschrift an einen von Esterházys Helfershelfern warnte den Adressaten, daß er und Esterházy im Zusammenhang mit der Dreyfus-Affäre angeklagt würden. Der Helfershelfer geriet in Panik und lief zu Esterházy. Dieser sah sich nach Schutz um, und da er nicht ohne einflußreiche Verbindungen war, zeigte er den Brief einem gutplazierten Politiker, der das Schreiben zu General Billot brachte und sich im Namen Esterházys beschwerte. Warum mache der Generalstab Jagd auf ihn? Von Gonse aufgestachelt, sah der Minister den Brief als Zeugnis für eine neue undichte Stelle im Nachrichtenbüro und erklärte Picquart, die Ermittlung gegen Esterházy sei eindeutig kompromittiert. Das war ein neues Signal für Picquart, daß er gehen mußte. Am 15. und 16. November übergab er die Leitung des Nachrichtenbüros an Gonse und stieg in den Zug nach Châlons, wo die erste Einheit, die er inspizieren sollte, stationiert war. In Wirklichkeit übernahm nicht Gonse, sondern Henry die Leitung des Nachrichtenbüros, und Gonse vertraute ihm den petit bleu und die Akte über die Ermittlung gegen Esterházy an. Zufällig hatte Mathieu noch vor dieser Wachablösung ein Faksimile des Bordereau vergrößern und zusammen mit Kopien von Briefen, die Dreyfus an Lucie geschrieben hatte, auf Plakaten drucken lassen, die überall in Paris an Mauern und Zeitungskiosken angebracht wurden – ein Schachzug, der für den Verlauf der Affäre große Bedeutung haben würde.

Zwar hatte Gonse beim Abschied Picquart väterlich-großzügig versichert: »Sie werden im Dezember wieder zu uns zurückkehren«, aber die Generäle ergriffen Maßnahmen, um sicherzustellen, daß Picquart nicht so bald wiederkommen würde.[18] Von der Nordostgrenze Frankreichs wurde er weitergeschickt zur Inspektion der Truppen in den Alpen. Sein Antrag auf einige Tage Zwischenaufenthalt in Paris, um sein persönliches Gepäck zu ergänzen, wurde abgelehnt. Nach dem Abschluß des Auftrags in den Alpen wurde er sofort nach Marseille beordert und von dort nach Tunesien geschickt. Neue Befehle folgten, die seine Pflichten erweiterten, so daß er auch die Reorganisation der Geheimdienstarbeit in Algerien übernehmen mußte. Gonse versuchte, Picquart in Sicherheit zu wiegen, indem er ihm freundliche informelle Briefe schrieb, so gut wie zugab, daß er selbst anfänglich Zweifel an Dreyfus' Schuld gehabt habe, oder Bargeld für Ausgaben im Zusammenhang mit seinem Auftrag zusicherte; aber Picquart durchschaute die Absichten seiner Vorgesetzten schnell. Er schrieb eine Darstellung des Falles Dreyfus, so wie er ihn sah, und als er Ende Juni 1897 auf Urlaub in Paris war, deponierte er seine Aufzeichnungen zusammen mit Gonses Briefen bei seinem Anwalt Leblois und verfügte, die Akte im Fall seines Todes dem Präsidenten der Republik Frankreich zu übergeben. Er setzte Leblois – dem bis zu diesem Zeitpunkt offenbar nie Zweifel an Dreyfus' Schuld gekommen waren – die Gründe für seinen eigenen Glauben an die Unschuld von Dreyfus auseinander, ohne jedoch den *petit bleu* zu erwähnen, da dieses Dokument, wie er in seiner überkorrekten Einstellung meinte, der Geheimhaltung unterlag. Picquart überzeugte ihn, deshalb versuchte Leblois, seinen Mandanten dazu zu bewegen, daß er diese ihm jetzt bekannten Fakten auch an die Öffentlichkeit brachte – vergeblich. Picquart weigerte sich; er hatte nicht die Absicht, das Geheimnis mit ins Grab zu nehmen, wollte aber auch nicht Ankläger der Armee sein, die er verehrte. Allerdings machte er Leblois ein Zugeständnis, das zwar nicht sehr weit ging, aber trotzdem sehr wichtig wurde: Er autorisierte den Anwalt, einen Regierungsvertreter seiner Wahl über den Inhalt der Aufzeichnungen zum Fall Dreyfus zu informieren, falls er es für dringend geboten hielte. Gleichzeitig verbot er Leblois strikt, Kontakt zur Familie Dreyfus oder deren Anwalt aufzunehmen oder je den Namen Esterházys zu nennen. Nachdem das geregelt war, fuhr er wieder nach Tunesien.

Unterdessen nahm die Intrige des Generalstabs einen Verlauf, der zugleich irrational und vorherbestimmt erscheint. Boisdeffre und Gonse glaubten felsenfest daran, daß Picquart der Zuträger der Presse und ein gefährlicher Agent des jüdischen Syndikats war, und vielleicht war auch der eher skeptische Billot überzeugt davon. Henry dagegen würde zuverlässig jeden Wunsch der Generäle ausführen, ja sogar antizipieren. Lauth, Gribelin und Guénée tanzten nach Henrys Pfeife. Ihr zweistufiger Plan nahm schnell Gestalt an: Zum einen mußte Beweismaterial geschaffen werden, das half, Picquart vor ein Militärgericht zu stellen; zum anderen mußte die Verteidigung Esterházys organisiert werden.

Wie dringlich diese zweite Aufgabe war, wurde deutlich, als Billot am 16. Oktober 1897 einen Brief erhielt, der besagte, daß die Familie Dreyfus zwei Offiziere identifiziert habe, von denen sie einen als den wahren Verräter anzeigen werde. Sie hoffe, daß der Angezeigte in Panik geraten und sich umbringen oder fliehen werde und damit eine Grundlage für die Revision des Schuldspruchs von 1894 schaffe. Der Brief war mit P. de C. unterzeichnet. Der Verfasser blieb unbekannt. Henry kommt dafür in Frage, obwohl es zweifelhaft erscheint, daß er die leicht erkennbaren Initialen du Paty de Clams benutzt hätte, um so mehr, als Gonse gerade dabei war, du Paty zur Teilnahme an der Intrige zu verlocken. Um das zu erreichen, erklärte er du Paty, daß es notwendig sei, Esterházy zu beruhigen und anzuleiten, denn Esterházy sei der Offizier, den die Familie Dreyfus zum Opfer erkoren habe. Wie du Paty sich erinnerte, hielt es Gonse erstens für unbedingt notwendig, den ehemaligen Kriegsminister General Mercier zu schützen, der darauf vertraut habe, daß seine Untergebenen die Auslieferung des *dossier secret* an die Militärrichter nicht verrieten, und betonte zweitens, welche ungünstigen Folgen sich ergeben würden, wenn die Öffentlichkeit auf das Nachrichtenbüro und dessen Umgang mit Geheimdokumenten aufmerksam würde. Auch Gribelin und Henry sollten Esterházy unter Kontrolle halten, Henry in seiner Rolle als selbsternannter Puppenspielmeister. In einem ersten Schritt mußte man Esterházy vor den Gefahren warnen, die auf ihn warteten. Sehr wahrscheinlich hat Henry seiner Frau den in einer Frauenhandschrift geschriebenen und mit »Ésperance« unterzeichneten Warnbrief an Esterházy diktiert, in dem stand, ihm drohe ein Riesenskandal, denn ein gewisser Oberst »Picart« habe Schriftproben seiner Unterschrift gesammelt und der Familie »Dreffus« übermittelt. Der Brief wurde am 18. Oktober abgeschickt und erreichte Esterházy im Landhaus seiner Frau. Esterházy geriet so in Panik, daß er umgehend nach Paris zurückfuhr. Seine Angst machte es den Verschwörern anfänglich leicht, ihn zu manipulieren.

Sie setzten ihre Aktivitäten fort und griffen sogar zu albernen Verkleidungen: Gribelin trug bei einem Treffen mit Esterházy eine Brille mit grünen Gläsern und du Paty einen falschen Bart. Allmählich wurde Esterházy selbstsicherer und verhielt sich wieder seinem Charakter entsprechend, behandelte seine Betreuer mit deutlicher Verachtung und spann ein Netz aus Lügen und Intrigen, von denen einige vielleicht zur späteren Erpressung seiner Wohltäter im Generalstab gedacht waren. Die Behauptung, daß Juden auf dem *Bordereau* seine Handschrift nachgeahmt hätten, gab er auf und bot eine andere an: Ja, er habe die Liste selbst geschrieben, aber erst auf Sandherrs Anordnung, weil er als Agent für den Oberst arbeitete und den Auftrag hatte, im Rahmen einer Irreführungskampagne Schwartzkoppen in die Falle zu locken. Diese zweite Theorie – daß Esterházy als Doppelagent für Sandherr gearbeitet habe – wies Henry entschieden zurück, denn das Andenken seines ehemaligen Chefs war ihm teuer, und er wollte weder ihn noch das Nachrichtenbüro in den Schmutz ziehen lassen; also hielt sich Esterházy mit seiner Theorie zurück, bis Henry tot war. Danach aber beharrte er auf dieser Version seiner Geschichte. Er schmückte sie aus, indem er in seinen Erinnerungen an die Affäre behauptete, daß Dreyfus schon lange unter Verdacht gestanden habe und das *Bordereau* nur ein bequemer Vorwand für die Anklage gewesen sei: »Da sie zu Recht von seiner Schuld überzeugt waren, folgten sie dem Prinzip, daß sie anstelle der absoluten moralischen Belege, die sie besaßen, konkretes Beweismaterial brauchten, und das war der Anfang des ganzen Irrsinns.«[19]

Schon bald nachdem Picquart im November 1896 zu seiner immer weiter ausgedehnten Mission aufgebrochen war, hatte man mit den Versuchen begonnen, ihn in eine Falle zu locken und zu beschuldigen. Im Lauf der Zeit hatte Henry zu Tricks gegriffen, die verblüffend frech und grob waren und jedesmal das gleiche Muster hatten. Die Angaben von Guénée und Gribelin, die belegen sollten, daß Picquart dem Anwalt Leblois militärische Geheimnisse verraten hatte, wurden immer detailgenauer und belastender. Aber Henry begann auch, belastende Botschaften zu fabrizieren, die an Picquart geschickt, unterwegs abgefangen, den Generälen gezeigt und abgeheftet wurden. Die erste Nachricht war der berühmte »Speranza-Brief«, der so genannt wurde, weil er mit diesem Namen – der italienischen Form des Namens, den Henry zehn Monate später in dem anonymen Brief an Esterházy benutzte – unterzeichnet war. Den Inhalt dieses Schreibens – sinnloses Geschwätz – konnte man als kompromittierend auffassen. War es etwa kodiert? Es wurde im Dezember 1896 auf den Postweg gegeben und trug zu Billots Entscheidung bei, Picquarts Mission zu erweitern und ihn nach Tunesien zu schicken. Nachdem Henry sich fast ein Jahr lang unermüdlich angestrengt hatte, den Generälen und dem Kriegsminister einzureden, daß Picquart dem jüdischen Syndikat geheime Informationen weitergebe, schob er im November 1897 zwei gefälschte Telegramme an Picquart nach, die als noch belastender angesehen werden konnten. Das erste, wieder mit der Unterschrift »Speranza«, teilte ihm mit, alles sei aufgedeckt worden. Das zweite war mit »Blanche« unterzeichnet und erklärte, man habe Beweise gefunden, daß *le petit bleu* von George – Picquarts Vorname – fabriziert worden sei. (Dieses entscheidende Beweisstück hatte Henry schon »bearbeitet«: Er hatte den Namen Esterházy aus der Adresse getilgt und dann wieder über die abgeschabte Stelle geschrieben, damit es so aussah, als sei dieser Name eine Fälschung von Picquart.) Um das Maß voll zu machen, schrieb Esterházy unter Henrys Anleitung einen anonymen Brief an Picquart, in dem er ihn ebenfalls wissen ließ, alles sei entdeckt, und ihm zur Flucht riet. General Billots Reaktion auf dieses neuste Machwerk erfüllte Henrys schönste Hoffnungen. Der Kriegsminister betraute Henry mit der Aufgabe, in Paris eine geheime Ermittlung gegen Oberstleutnant Picquart durchzuführen.

Offensichtlich entwickelte sich für die Intriganten und Esterházy alles nach Wunsch. Aber wieder griff ein *deus ex machina* ein, diesmal in Gestalt eines Börsenmaklers namens J. de
Castro, der ausgiebig mit Esterházy ins Geschäft gekommen
war. Er hatte die zweite Auflage von Lazares Broschüre gelesen, in deren Anhang Analysen von Handschriftenexperten
waren, die zeigten, warum Dreyfus' Handschrift nicht die des
Bordereau war; bei einem Gang durch die Stadt erwarb er ein
kopiertes Faksimile dieses Dokuments. Auf Anhieb erkannte
er die Handschrift seines alten Kunden wieder, von dem er
zahlreiche Briefe erhalten und aufbewahrt hatte. Gemeinsame Freunde hatten Castro mit Mathieu bekannt gemacht,
dem er Esterházys Briefe zeigte. Mathieu verglich sie mit dem
Bordereau und stellte zweifelsfrei fest: Die Handschriften waren identisch. Dies war der Kulminationspunkt, auf den Mathieu gewartet hatte: Er hatte den Verräter identifiziert. Am
15. November meldete er General Billot, daß Esterházy das
Dokument geschrieben hatte, auf Grund dessen sein Bruder
verurteilt worden war, und forderte den General auf, dafür
zu sorgen, daß der Gerechtigkeit ohne Verzug Genüge getan
werde. Sein Brief wurde der Presse zur Verfügung gestellt und
erregte ein Aufsehen, das nicht ignoriert werden konnte. Da
ihm nichts anderes übrigblieb, forderte Billot General Saussier auf, ein Ermittlungsverfahren gegen Esterházy zu eröff-
nen. Dem entsprach Saussier am 17. November; er ernannte
General Georges de Pellieux zum Leiter der Ermittlung. Als
wäre Mathieus Anzeige noch nicht schlechte Nachricht genug, setzte auch Picquart zum Gegenangriff an. Er schickte
Billot ein Schreiben mit einem offiziellen Strafantrag gegen
Esterházy, den er beschuldigte, ihn brieflich und in Telegram-
men vom 10. November verleumdet zu haben.

Bevor wir uns im nächsten Kapitel mit den verwirrenden
Rechtsverfahren auseinandersetzen, die sich im Anschluß

daran fast zwei Jahre lang hinzogen, ist es vielleicht an der Zeit, zu fragen, warum das Oberkommando der Armee sich so starrsinnig weigerte, einen Justizirrtum zu korrigieren. Warum hing die Ehre der Armee davon ab, daß Dreyfus auf der Teufelsinsel blieb? Die Angst, strafrechtlich zur Verantwortung gezogen zu werden, kann nicht der Hauptgrund gewesen sein: Angesichts der durchaus militärfreundlichen Einstellung der einander ablösenden Regierungen und der Legislative hätte man erkennen müssen, daß die Gefahr einer Strafverfolgung gering war und in jedem Fall durch entsprechende Versicherungen vom Kabinett hätte abgewendet werden können. Viel wahrscheinlicher war der Verlust einer hochangesehenen Stellung; fürchtete Boisdeffre zum Beispiel um sein Amt als Generalstabschef? Waren solche Gründe so gravierend für die beiden Generäle Boisdeffre und Gonse, daß sie die Fälschung von Dokumenten anregten, wissentlich eine kriminelle Verbindung mit dem Schurken Esterházy eingingen und eine böswillige, verbrecherische Kampagne gegen Picquart anzettelten? Der kluge, erfahrene und mit der Affäre eng vertraute Politiker Blum fand diese Gründe nicht überzeugend genug und nahm an, daß es im Generalstab selbst einen Verräter gegeben haben müsse, der mit Esterházy gemeinsame Sache machte und über die anderen verfügen konnte. Diese Rolle schrieb Blum Henry zu – dessen Wandlungsfähigkeit bei Fälschungen und Falschaussagen sprachen ebenso dafür wie seine strategisch perfekte Position als bewährter und dienstältester Beamter des Nachrichtenbüros, der das uneingeschränkte Vertrauen der Generäle Gonse und Boisdeffre hatte. Blum vermutete, daß Henry und Esterházy Komplizen waren; daß Henry die Schrift Esterházys sofort erkannte, als ihm das *Bordereau* in die Hand fiel, und daß er beschloß, Dreyfus zum Sündenbock zu machen. Er habe begriffen, daß auch sein eigenes Verbrechen entdeckt würde, wenn der wirkliche Verfasser des *Bordereau* identifiziert wäre.

Blums Erklärung ist geistreich und bestechend, aber die neuere Forschung hat keine Grundlage dafür gefunden. Man kann auch kaum glauben, daß Henry das zerrissene Dokument nicht, gleich nachdem er es wieder zusammengesetzt und gelesen hatte, verbrannt hätte, wenn er Esterházys Schrift auf dem *Bordereau* erkannt und Gefahr für sich selbst gesehen hätte oder auch nur – gegen alle Wahrscheinlichkeit – einen Offizier hätte schützen wollen, mit dem er in der Vergangenheit freundschaftlich verbunden gewesen war. Blum erkannte selbst, daß es für das Verhalten der Verschwörer auch eine eher prosaische Erklärung gibt: Sie waren ins Räderwerk der Täuschungen geraten. Eine Lüge erzeugt die nächste. Hat man einmal gelogen, lügt man wieder und wieder in der Hoffnung, daß die zweite Lüge die erste verdeckt. Diese Überlegung erklärt allerdings nicht die unnachgiebige Feindseligkeit gegen Picquart. Paléologue schrieb in seinen Erinnerungen an den Prozeß von Rennes:

> Etwas Seltsames habe ich häufig festgestellt: Dreyfus ist für die Offiziere nicht Gegenstand des Hasses; sie sprechen mit kalter, verächtlicher Strenge von ihm, aber ohne Ärger und manchmal sogar mitleidig. Mit Picquart ist es anders; schon beim Namen dieses Renegaten geraten sie in Zorn; sie hassen, verabscheuen, verfluchen ihn bis zur Raserei.[20]

Der Antisemitismus war mit Sicherheit ein Grund für die Bereitwilligkeit oder gar den Eifer, mit dem Sandherr, seine Kollegen und seine Vorgesetzten Dreyfus als den Verfasser des *Bordereau* abstempelten, und erklärt auch, warum man ihn so kritiklos und eilfertig wegen Landesverrates vor Gericht brachte. Wir wissen nicht, ob Gonse, Boisdeffre oder Mercier Zweifel an seiner Schuld hatten, nachdem er auf die Teufelsinsel abgeschoben war. Wenn sie auch anfangs keinen Verdacht hegten – kamen ihnen oder Billot vielleicht Bedenken, als der *petit bleu* als Fälschung erkannt wurde, oder wenigstens später, nach Henrys Geständnis und Selbstmord? Daß sie keinerlei Zweifel hatten, ist kaum zu glauben, also muß ihr Antisemitismus ihnen geholfen haben, Bedenken beiseite zu schieben und sich damit zu beruhigen, daß die Ehre und das Wohl der Armee – in Wahrheit waren sie um ihr eigenes Wohl und Ansehen besorgt – Achtung vor dem Kriegsgerichtsurteil von 1894 erforderten. Also durfte der Fall Dreyfus nicht wiederaufgerollt werden. Das selbstverständliche Mitgefühl oder die Solidarität mit einem Waffenbruder, die geboten hätten, ihn vor einem Justizirrtum zu schützen, brachten sie für Dreyfus nicht auf. Als Jude war er nicht ihr Bruder, sondern ein unerwünschter Eindringling.

Die böswillige Verfolgung Picquarts gehört in die reiche Tradition der Repressalien gegen Whistleblower, die als Nestbeschmutzer beschimpft werden, weil sie es wagen, Rechtsmißbrauch, Rechtsverletzungen oder grobe Fehler anzuprangern, die Regierungsbeamte aus vermeintlich patriotischen Gründen begehen. Whistleblower lassen sich von höheren moralischen Maßstäben leiten als die Gruppe, verstoßen damit gegen den Gruppengeist, den Kodex, daß man in der Clique zusammenhalten muß, und werden schnell zu verhaßten Außenseitern. In letzter Zeit mußten Offiziere der US-Streitkräfte in erschreckend zahlreichen Fällen erleben, daß sie kaltgestellt wurden oder sich ihre Karriere verdarben, weil sie, beunruhigt durch die Art der Kriegführung im Irak oder die Mißhandlung und Folterung von Gefangenen, ihre zivilen und militärischen Vorgesetzten angeprangert haben. Ebenso erschreckend sind die üblen Methoden, die gegen Whistleblower eingesetzt werden. Ein berüchtigtes Beispiel dafür sind Richard Nixons *plumbers* – eine Gruppe ehemaliger CIA- und FBI-Agenten, die Nixons Stabschef zusammengestellt hatte –, die in das Büro von Daniel Ellsbergs Psychiater einbrachen und dort nach Material suchten, das sie nutzen konnten, um Ellsberg einzuschüchtern oder mit Schmutz zu bewerfen. Ellsberg hatte die Sünde begangen, der *New York Times* die Pentagon-Papiere zur Veröffentlichung zu geben, aus denen deutlich hervorging, daß die Tonkin-Resolution, die rechtliche Grundlage für den Vietnam-Krieg, auf Grund einer bewußten Fehlinformation zustande gekommen war, und die darüber hinaus aufzählten, wie viele andere Lügen dem amerikanischen Volk über diesen Krieg aufgetischt worden waren. Ein neueres Beispiel für den Zorn, der einen Kritiker der Bush-Regierung treffen konnte, weil er an einen empfindlichen Nerv gerührt hatte, war die rachsüchtige Reaktion aus dem Büro des Vizepräsidenten Cheney auf den Artikel »Was ich in Afrika nicht gefunden habe«, den der ehemalige US-Botschafter Joseph C. Wilson IV am 6. Juli 2003 in der *New York Times* veröffentlichte. Darin hatte Wilson aufgedeckt, daß Präsident Bushs und Vizepräsident Cheneys Behauptungen, der Irak habe 1999 vom Staat Niger angereichertes Uran gekauft, um Massenvernichtungswaffen herzustellen, unzuverlässig waren und wahrscheinlich auf ein gefälschtes Dokument zurückgingen. Daß der Irak Massenvernichtungswaffen herstelle, hatte Präsident Bush 2003 in seiner Rede zur Lage der Nation erklärt. Nur Tage nach Wilsons Artikel und seinem anschließenden Fernsehauftritt gab der Sprecher des Weißen Hauses zu, daß die Aussage in der Rede zur Lage der Nation auf einem Irrtum beruhte, und bestätigte, daß Wilsons Angaben korrekt waren. Trotzdem erschien – als Nebenprodukt der Mißbilligung von seiten der Regierung – kurz danach eine Kolumne in der *Washington Post*, die Wilsons Ehefrau Valerie Plame als eine »auf Massenvernichtungswaffen angesetzte Agentin« des CIA enttarnte. Die Enthüllung der Identität verdeckter Agenten ist in den USA gesetzlich verboten und hätte Plame in Gefahr bringen können. Wilson hatte sich 2002 zehn Tage zu einer Erkundungsmission im Niger aufgehalten, im Auftrag und auf Kosten des CIA, und in seinem Artikel auf die Erkenntnisse zurückgegriffen, die er dort gewonnen hatte – seine Arbeit wurde jedoch als bloßer, von Wilsons Frau arrangierter »Zeitvertreib« charakterisiert; dieser Zeitvertreib hatte immerhin einen Bericht an den CIA zur Folge, der, hätte man ihn beachtet, mindestens schwerwiegende Zweifel an einer Annahme geweckt hätte, die bald danach zur Grundlage für den Angriff auf den Irak wurde.

4
»Die Wahrheit ist auf dem Vormarsch, und nichts wird sie aufhalten.«[1]

Nach dem Empfang von Mathieus Brief, in dem Esterházy bezichtigt wurde, Verfasser des *Bordereau* und ein Landesverräter zu sein, sah sich General Billot verpflichtet, gegen den neuen Schützling des Generalstabs einzuschreiten: Er beauftragte General Pellieux, Esterházys Verhalten unter die Lupe zu nehmen. In einer Anwandlung von schwarzem Humor betraute er jedoch gleichzeitig den General Gonse mit einer geheimen Ermittlung gegen Picquart und entzog sie Henry, der nur ein Oberstleutnant war. Zur selben Zeit mußte der Minister sich darauf einstellen, daß Auguste Scheurer-Kestner, einer der Grandseigneurs der französischen Politik, auch er ein Elsässer, dessen Patriotismus durch den Verlust Elsaß-Lothringens geschürt worden war, seine Drohungen wahrmachen und neue Tatsachen offenlegen würde. Scheurer-Kestner hatte im Zweiten Kaiserreich wegen seiner Opposition gegen die autoritäre Herrschaft von Napoleon III. im Gefängnis gesessen und wurde 1872 in den Senat gewählt. 1875 erhielt er den Status eines Senators auf Lebenszeit und stand im unbestrittenen Ruf hochherziger Redlichkeit. Den Ausschluß der Öffentlichkeit im Kriegsgerichtsverfahren von 1894 hatte Scheurer-Kestner als Verstoß gegen grundlegende Rechtsprinzipien empfunden, und die Gerüchte, daß man den Militärrichtern heimlich ein Dokument übergeben habe, hatten ihn tief beunruhigt. Er hatte mit Freunden über seine Besorgnis gesprochen, sich aber nicht zu einer klaren Einschätzung des Falles Dreyfus durchringen können und deshalb nichts unternommen, und wäre vielleicht auch am Rand des Geschehens geblieben, wenn ihn nicht am 13. Juli 1897

Picquarts Anwalt Leblois aufgesucht hätte. Der Anwalt hatte von Scheurers Zaudern gehört. Da Picquart ihn befugt hatte, im Notfall einem Regierungsvertreter weiterzugeben, was er ihm anvertraut hatte, und da Leblois es für unmoralisch hielt, weiter zu schweigen, wandte er sich an Scheurer und eröffnete ihm streng vertraulich alles, was er von Picquart über Dreyfus' Unschuld und Esterházys Schuld erfahren hatte. Seine Eröffnungen hatten jedoch empfindliche Lücken: Leblois wußte nichts vom *petit bleu*. Außerdem fürchtete er, gegen Picquarts ausdrückliche Anweisungen zu verstoßen, wenn er nicht mit einem Regierungsvertreter, zum Beispiel dem Justizminister, sprach, sondern nur mit einem Senator, und deshalb stellte er von sich aus Bedingungen, die den Handlungsspielraum Scheurers einschränken mußten: Der Senator durfte nicht sagen, daß seine Informationen von Picquart stammten, und der Familie Dreyfus nicht den Namen Esterházy verraten. Außerdem gab Leblois Gonses Briefe nicht heraus.

Scheurer sicherte zu, in einem ersten Schritt öffentlich bekanntzumachen, daß er sich nun, da er beweiskräftige Dokumente besitze, endlich von Dreyfus' Unschuld habe überzeugen können. Er versprach auch, das Beweismaterial an den Präsidenten der Republik oder den Justizminister weiterzuleiten und eine Revision des Urteils von 1894 zu verlangen – allerdings erst nachdem er sich unabhängig vergewissert habe, daß auf dem *Bordereau* tatsächlich die Handschrift Esterházys zu erkennen sei. Zu diesem Zweck brauchte er eine geeignete Schriftprobe. Sie war schwer aufzutreiben. Am Ende verschaffte Scheurer sich selbst eine, indem er Esterházy einen mit falschem Namen unterzeichneten Brief schickte, den Esterházy auch schriftlich beantwortete. Daß Scheurer Picquarts Namen nicht preisgeben durfte, war ebenfalls ein Problem, da er auf diese Weise Glaubwürdigkeit verlor, aber die Ereignisse in der Folgezeit bestätigten Leblois' Befürchtung, daß Picquart gefährdet wäre, wenn er als Quelle der neuen Informationen erkannt würde. Weil er durch sein Versprechen gebunden war, konnte Scheurer die Akte mit Entlastungsmaterial nur erwähnen, ohne über ihren Inhalt Auskunft zu geben und vor allem ohne die Namen Esterházy oder Picquart zu nennen, und deshalb verloren seine Mahnungen, das ungeheuerliche Unrecht zu korrigieren, den Reiz des Neuen und nutzten sich ab. Noch schlimmer war, daß er seinen Jugendfreund Billot und seinen alten politischen Freund Jules Méline, den amtierenden Ministerpräsidenten, falsch eingeschätzt hatte und sich deshalb dazu verleiten ließ, vorläufig nichts zu unternehmen, während Billot seine eigene Ermittlung führte. Aber Billot wollte nicht die Wahrheit herausfinden; er wollte Zeit gewinnen. Als Scheurer am 7. Dezember endlich im Senat alles darlegte, was er über den Fall Dreyfus wußte, mußte er feststellen, daß Billot ihn ausmanövriert hatte. Der Minister hatte am 4. Dezember im Abgeordnetenhaus gesprochen, sein uneingeschränktes Vertrauen in die Armee zum Ausdruck gebracht und seine Zuhörer beeindruckt. Scheurers Rede ging ins Leere. Die nationalistische und gegen Dreyfus eingestellte Presse, die ihre Anweisungen direkt vom Generalstab empfing, hatte Scheurer seit Anfang November vorsorglich verunglimpft und ihn einen debilen alten, von den Juden bestochenen Narren genannt. Nach seiner Rede wurde die Schmutzkampagne heftiger und führte zum gewünschten Ergebnis. Im Januar 1898 verlor er die Wiederwahl zum Vizepräsidenten des Senats.

Vorher jedoch, im Herbst 1897, konnte Scheurer zusammen mit Lazare und Leblois den großen Romancier Émile Zola für Dreyfus' Sache gewinnen. Zolas Bedeutung in der Phase der Affäre, die jetzt beginnen sollte, ist nicht zu überschätzen. Für Außenseiter und Opfer von Ungerechtigkeit hatte er sich schon immer eingesetzt. Seit mehr als einem Jahr hatte er die explosionsartige Entwicklung des bösartigen Antisemitismus in Frankreich mit Entsetzen verfolgt und in seinem langen Artikel »Pour les Juifs« in *Le Figaro* vom 16. März 1896[2] angeprangert. Ohne auf den Fall Dreyfus Bezug zu nehmen, hatte er den Antisemitismus eine »Ungeheuerlichkeit« genannt und erklärt, er sei fassungslos, »daß ein solcher Rückfall in den Fanatismus, ein solcher Versuch, einen heiligen Krieg auszurufen, in unseren Tagen, in unserem wunderbaren Paris, mitten unter dem guten französischen Volk geschehen konnte«. Die Affäre Dreyfus hatte er jedoch nicht genau verfolgt – auch wenn er mit dem Gedanken gespielt hatte, die Degradierungszeremonie, die Dreyfus über sich ergehen lassen mußte, irgendwann in einem Roman zu schildern –, und selbst so wichtige Entwicklungen wie die Veröffentlichung des faksimilierten *Bordereau* im Herbst des zurückliegenden Jahres waren ihm entgangen. Leblois hatte ihn im Oktober 1897 aufgesucht, um über die Affäre zu sprechen. Sie kamen noch ein zweites Mal zusammen. Dann traf sich Zola auf Leblois' Drängen zu einem Mittagessen mit Scheurer, der seine letzten Zweifel an Dreyfus' Unschuld ausräumte, und setzte sich von da an mit größter Entschlossenheit für den Verurteilten ein.

Entsetzt und angewidert von der Schmutzkampagne gegen Scheurer, schrieb Zola einen in *Le Figaro* vom 25. November veröffentlichten wortmächtigen Artikel zu seiner Verteidigung. Mathieu und Dreyfus' Anwalt Demange hätten lieber zurückhaltend taktiert und die Rechtsmittel ausgeschöpft, doch Zola hielt dies intuitiv für falsch: Der Kampf um Dreyfus' Entlastung könne nicht auf Gerichtshöfe beschränkt werden. Er wollte die Öffentlichkeit mit einem Paukenschlag – *un coup de poing* – aufrütteln, und das ging nur über die Presse. Also nahm er den Kampf auf: Am 1. Dezember erschien sein Artikel »Le Syndicat«[3] in *Le Figaro*; darin zeigte er, wie unhaltbar und lächerlich das Ammenmärchen von der jüdischen Verschwörung war; am 5. Dezember folgte »Procès Verbal«,[4] ein Artikel, in dem er der Hoffnung Ausdruck gab, daß ein Militärgerichtsprozeß gegen Esterházy die Nation heilen, ihre Wunden ausbrennen und dem barbarischen Antisemitismus, der Frankreich tausend Jahre zurückwerfe, ein Ende setzen werde. Daraufhin nahmen Anti-Dreyfusards und rechtsextreme Nationalisten den *Figaro* unter Beschuß, indem sie zu einem Subskriptionsboykott aufriefen, und die Zeitung fühlte sich so bedroht, daß sie sich weigerte, noch einmal einen zur Verteidigung von Dreyfus geschriebenen Artikel Zolas zu drucken. Zola wollte sich nicht zum Schweigen bringen lassen und wandte sich an Eugène Fasquelle, den Verleger seiner Romane, der die nächsten beiden Essays über die Affäre als Broschüren druckte. Sein »Lettre à la Jeunesse«,[5] der am 14. Dezember erschien, richtete sich an die Studenten, die im Quartier Latin eine gewalttätige Demonstration gegen Dreyfus organisiert hatten, und forderte die französische Jugend auf, von ihrem »schwachsinnigen« Antisemitismus zu lassen und sich wieder auf die französischen Traditionen der Großzügigkeit und Gerechtigkeit zu besinnen. Er warnte: Frankreich werde sich zum Gespött Europas machen, wenn die Anti-Dreyfusards weiter die Wahrheit unterdrückten. Am 6. Januar 1898, zu Beginn des Jahres, in dem es zu einer Wende in der Affäre kommen sollte, wurde »Lettre à la France«[6] veröffentlicht. Dieser Brief verhöhnte die Revolverpresse, die ihre Leser auf eine Reinwaschung Esterházys einstimme und es wage, zu leugnen, daß dieser Mann der Verfasser des *Bordereau* war, obwohl jedes Kind, das dieses Schriftstück mit einem Brief Esterházys vergleiche, erkennen konnte, daß die Handschriften gleich waren.

Vom 17. bis 20. November 1897 fanden die Anhörungen in der Ermittlung gegen Esterházy statt, die General Billot nach Mathieus Anzeige angeordnet hatte. General de Pellieux, der Leiter der Untersuchung, vernahm Mathieu, Scheurer, Leblois, Esterházy und andere. Pellieux, dem man nachsagte, er besitze mehr Aufrichtigkeit als Verstand, ließ sich bei seiner Befragung durchgehend von Boisdeffre und Gonse manipulieren. Die Folge davon war, daß er zu dem überraschenden Ergebnis kam, Esterházy sei *hors de cause* – ihm sei nichts vorzuwerfen. Picquart dagegen erschien ihm schuldig; zu diesem Schluß war er auf Grund der Blanche- und Esperanza-Telegramme, Fälschungen des Duos Henry-Esterházy, sowie der Unterstellungen und Anschuldigungen von Henry, Lauth und Gribelin gekommen. Pellieux empfahl, Picquart unter strenger Geheimhaltungspflicht vor einen offiziellen Untersuchungsausschuß in Paris zu stellen. Hinter diesen Schlußfolgerungen verbarg sich eine Theorie, die zu jener Zeit immer mehr an Bedeutung gewann und den Anti-Dreyfusards als Offenbarung galt: Esterházy sei das unschuldige Opfer eines Komplotts, das die Familie Dreyfus mit Hilfe von Picquart ausgeheckt habe; die Handschrift auf dem *Bordereau* sei eine jüdische Fälschung der Schrift Esterházys; und der *petit bleu* sei ganz oder teilweise von Picquart gefälscht worden, um Esterházy zu belasten und ihn zugunsten von Dreyfus zu opfern. Pellieux bedachte dabei nicht, daß außer dem Gefangenen auf der Teufelsinsel niemand in der Familie Dreyfus Picquart kannte. Er verzichtete darauf, Sachverständige mit einem Vergleich der Handschriften des *Bordereau* und der Briefe Esterházys zu betrauen. Mathieus und Scheurers Anträge, Picquart als Zeugen in der Ermittlung gegen Esterházy zu befragen, waren vergeblich.

Pellieux' Bericht ging an General Saussier, den Militärgouverneur von Paris; Saussier gab ihn ohne Kommentar an General Billot weiter. Billot hätte es womöglich vorgezogen, nichts zu unternehmen. Aber inzwischen waren die Dreyfusards keine kleine Gruppe von gläubigen Anhängern mehr. Sie hatten sich zu einer stimmgewaltigen Bewegung entwickelt, die die Regierung nicht mehr ganz ungestraft überhören konnte. Außerdem hatte Picquart sich schriftlich bei Billot über neue in den Zeitungen veröffentlichte Angriffe Esterházys auf ihn beschwert. Nach einer Beratung mit dem Kabinett teilte Billot Saussier mit, daß ergänzende offizielle Ermittlungen gegen Esterházy – Voraussetzung für ein mögliches Militärgerichtsverfahren – als notwendig erachtet wurden und daß Picquart nach Paris zurückgerufen worden war. Diese Maßnahme des Kabinetts war für Esterházy und den Generalstab ein böses Omen: Sie erhöhte die Gefahr, daß öffentliche Anhörungen es unmöglich machen würden, die Gesetzesübertretungen von 1894 weiterhin zu verschleiern.

Nachdem Pellieux den Fall Esterházy erledigt hatte, konzentrierte er sich auf Picquart. Diesen belasteten hauptsächlich die vorher abgesprochenen Zeugenaussagen seiner ehemaligen Untergebenen Henry, Lauth und Gribelin; der Beschwerdegrund war eine Wiederholung der Anti-Dreyfusard-Doktrin: Picquart habe sich 1896 einer Rechtsverletzung schuldig gemacht, indem er Leblois Dokumente aus dem Geheimdossier ausgehändigt und *le petit bleu* ganz oder teilweise gefälscht habe. Jeder gelegentliche ungeschickte Fehltritt Picquarts war dramatisiert und gegen ihn verwendet worden, vor allem seine falsche Angabe über den Empfang des *petit bleu* und die Experimente, die Lauth auf seine Anweisung durchgeführt hatte, um herauszufinden, wie man vortäuschen könne, daß der Brief tatsächlich mit der Post gekommen war. Daraus schloß Pellieux, daß Picquart unter fremdem Einfluß – offenbar dem des Syndikats – gestanden und deshalb ein an Unehrenhaftigkeit grenzendes Verhalten gezeigt hatte und daß ein Untersuchungsausschuß überprüfen mußte, ob er wegen unehrenhafter Führung oder zumindest wegen schweren Fehlverhaltens im Dienst aus der Armee ausgestoßen werden sollte.

Während über diese Maßnahmen noch beraten wurde, kündigte Conte Tornielli, der italienische Botschafter in Paris, dem französischen Außenminister in einem Schreiben an, daß der mit Schwartzkoppen befreundete italienische Militärattaché Panizzardi, der Verfasser des Dokuments *cette canaille de D.*, die Absicht habe, die angeblich von ihm geschriebenen Briefe, in denen Dreyfus namentlich oder durch einen Anfangsbuchstaben erwähnt wurde, als Fälschungen anzuzeigen. Tornielli schlug vor, Panizzardi Gelegenheit zu geben, seine Aussage in Frankreich unter Eid zu machen. Boisdeffre wurde um Rat gefragt und begriff sofort, wie groß die Gefahr war, daß die Dokumente im ursprünglichen und im erweiterten Geheimdossier als Fälschungen erkannt wurden. Seine Erwiderung war ein ebenso dreister wie wirksamer Unsinn. Er behauptete, Panizzardi könne nicht als Zeuge gehört werden, weil er persönliches Interesse daran habe, eine Ansicht durchzusetzen, die im Widerspruch zu Briefen in den Akten des Generalstabs stehe; wenn aber Panizzardis Zeugenaussage akzeptiert würde, könnten diese Briefe weder in einem Prozeß gegen einen ehemaligen Kriegsminister noch im Fall einer Revision des Urteils von 1894 weiter als Beweismaterial vor Gericht verwendet werden. Vom General unter Druck gesetzt, entschied das Kabinett, nicht auf Torniellis Vorschlag einzugehen.

Esterházy mußte zwar eine Abkühlung der Beziehungen hinnehmen, solange Pellieux Informationen über Picquart einholte, doch abgesehen davon hätte er allen Grund gehabt, mit der Entwicklung bis zu diesem Zeitpunkt zufrieden zu sein. Aber nun beschloß eine gewisse Madame de Boulancy, eine Verwandte und ehemalige Mätresse Esterházys, von der er sich viel Geld geliehen und nicht zurückgezahlt hatte, Rache zu nehmen. Über ihren Rechtsanwalt ließ sie Scheurer ein Bündel Briefe zukommen, die Esterházy ihr geschrieben hatte. Sie waren klar aussagekräftig für jedes Ermittlungsverfahren, in denen es um Esterházys Charakter und Glaubwürdigkeit ging, und Scheurer zwang Pellieux, der sich lange sträubte, sie in den Bericht über die Untersuchung aufzunehmen. Zur selben Zeit erreichte Mathieu, daß *Le Figaro* am 18. November Exzerpte aus diesen Briefen veröffentlichte, darunter folgende Passage:

Wenn man mir heute abend sagen würde, daß ich morgen als Ulanenhauptmann beim Säbelangriff auf die Franzosen fallen werde, wäre ich bestimmt ganz glücklich ... ich würde keinem Hündchen etwas zuleide tun, aber hunderttausend Franzosen hätte ich mit Freuden erschlagen ... Paris im Sturm nehmen und hunderttausend besoffenen Soldaten zur Plünderung überlassen, das wäre ein Fest, davon träume ich. So soll es sein![7]

Anti-Dreyfusards aller Schattierungen hatten Esterházy zu ihrem Helden gemacht. Jetzt erfuhr die Öffentlichkeit von seinen sadistischen Charakterzügen, seinen dubiosen Geldgeschäften und seinem Mangel an Patriotismus. Er belastete sich zusätzlich dadurch, daß er erklärte, der Brief sei eine Fälschung, eine Behauptung, die Handschriftenexperten widerlegten. Trotzdem wurde er weiterhin von seinen Mentoren im Nachrichtenbüro beschützt und beraten; als General de Pellieux seine Untersuchung abschloß, schickte Esterházy ihm einen Brief nach einem Entwurf, den der General persönlich hilfreich überarbeitet hatte, und bat darin, man möge ihm Gelegenheit geben, seinen Namen vor einem Militärgericht reinzuwaschen. Kopien dieses Briefes stellte er der Presse zur Verfügung. Der Antrag wurde dem Kriegminister General Billot vorgelegt. Dieser hatte keinen Zweifel am Ausgang des Verfahrens und gab bereitwillig seine Zustimmung.

Major Ravary, Kriegsgerichtsrat in Paris, leitete die offizielle Untersuchung in der Sache Esterházy und begann am 4. Dezember 1897 mit den Anhörungen. Am selben Tag wurde Billot im Abgeordnetenhaus vom Chef einer der Rechtsparteien gefragt, welche Position die Regierung in der Dreyfus-Affäre vertrete. Billot erklärte:

Der Fall Dreyfus ist vorschriftsmäßig und gerecht entschieden ... In der Sache der abscheulichen Angriffe oder Anschuldigungen gegen die Oberbefehlshaber der Armee, insbesondere gegen ihren vorzüglichen Generalstabschef, die schon viel zu lange andauern, habe ich zu meinem tiefsten Bedauern keine gesetzliche Waffe, ich kann nicht strafrechtlich gegen sie vorgehen ...[8]

Die Abgeordneten applaudierten ihm. Und eine überwältigende Mehrheit stimmte dafür, der Regierung und der Armee das Vertrauen auszusprechen und die *res iudicata*, die Rechtskraft des Kriegsgerichtsurteils von 1894 über Dreyfus anzuerkennen. Billots Taktik, Scheurers Enthüllungen hinauszuzögern, hatte sich bewährt. Es war ihm gelungen, Scheurer auszumanövrieren.

Unterdessen führte Ravary die Anhörungen fort. Mathieu erinnerte sich, daß der Kriegsrat unerschütterlich an seinem Vorurteil gegen ihn und Scheurer festhielt; der Major hatte dafür zu sorgen, daß Esterházy die Untersuchung ohne Schaden überstand. Die drei von Ravary bestellten Gutachter kamen zu dem verblüffenden Ergebnis, daß Esterházy nicht der Verfasser des *Bordereau* sei; es enthalte lediglich gewisse Wörter, die aus einem Dokument in seiner Handschrift abgepaust waren. Am 1. Januar 1898 lieferte Ravary seinen Bericht ab und empfahl, das Verfahren gegen Esterházy einzustellen. General Saussier befahl jedoch am nächsten Tag, Esterházy vor Gericht zu bringen, da nicht alle Aspekte des Falles geklärt seien. Zwei Tage später stellte Picquart bei der Pariser Staatsanwaltschaft einen Strafantrag gegen Unbekannt wegen Betrugs und Verleumdung seiner Person durch anonyme Telegramme. Diese Maßnahme schützte ihn jedoch nicht vor seinen Feinden im Generalstab. Am 13. Januar wurde er zu sechzig Tagen Festungshaft auf dem Mount Valérien verurteilt. Die von Pellieux empfohlene offizielle Ermittlung durch eine militärische Untersuchungskommission sollte folgen.

Nach zwei Verhandlungstagen befanden die Richter im Militärgerichtsverfahren gegen Esterházy, das am 10. und

11. Januar fast durchgehend unter Ausschluß der Öffentlichkeit im selben Gerichtssaal wie der Prozeß gegen Dreyfus stattgefunden hatte, einstimmig und nach einer Beratung von wenigen Minuten, daß der Angeklagte unschuldig sei. Die Familie und die Parteigänger von Dreyfus begriffen diesen Urteilsspruch als eine Katastrophe. Ihre Verbündeten in der Presse hatten seit längerer Zeit behauptet, aber nicht beweisen können, daß Dreyfus unschuldig sei. Nachdem Mathieu Major Esterházy als den Verfasser des *Bordereau* angezeigt hatte, konnte man glauben, damit sei der Beweis für Dreyfus' Unschuld gefunden: Die Dreyfusards waren sich einig, daß niemand, der das *Bordereau* sorgfältig mit einem der Briefe Esterházys verglichen hatte, noch bezweifeln konnte, daß Esterházy beide Dokumente geschrieben hatte. Da das *Bordereau* der einzige vom Militärgericht 1894 angeführte Beweis für Dreyfus' Schuld war, erschien es nur folgerichtig, daß die Regierung eine Revision des Verfahrens nicht verweigern konnte, wenn nachweislich ein anderer der Verfasser des Schriftstücks war. Doch der Kriegsminister hatte den Spieß umgedreht: Indem er Esterházy vor Gericht gestellt und für seinen Freispruch gesorgt hatte, war der Weg zu einem Wiederaufnahmeverfahren versperrt – vielleicht für immer. Er hatte eine neue *res iudicata*, eine endgültige und unaufhebbare Gerichtsentscheidung, geschaffen, und das war für den Fall Dreyfus verhängnisvoll. Im Militärgerichtsprozeß von 1894 war die Schuld des Angeklagten Dreyfus festgestellt worden, und jetzt, in dem gerade abgeschlossenen Verfahren die Unschuld Esterházys. Konnte man angesichts dieses Ergebnisses noch erwarten, daß die öffentliche Meinung weiter Partei für Dreyfus nahm? Das Gefühl der Ausweglosigkeit wurde verstärkt durch eine fassungslose Ungläubigkeit, die nach allem, was die Dreyfusards über die Winkelzüge des Generalstabs erfahren hatten, verwunderlich ist. Wie war es trotz der Gutachten unabhängiger Handschriftenexperten

145

und trotz Picquarts Zeugenaussage zu diesem Gerichtsentscheid gekommen, fragten sie sich. Es gab nur eine einzige plausible Erklärung, aber die konnte eine Öffentlichkeit, die zur Bewunderung der Armee und des Offizierskorps erzogen worden war, kaum glauben: Die sieben Militärrichter hatten mit ihrem Urteil einem Befehl gehorcht.

In dieser Situation – Picquart befand sich in Festungshaft, Scheurer war als Vizepräsident des Senats abgesetzt worden – veröffentlichte die linksgerichtete Zeitung *L'Aurore* am 13. Januar Zolas offenen Brief an den Staatspräsidenten Félix Faure.[9] Zola hatte zwei Tage und eine ganze Nacht lang daran gearbeitet und ein Meisterwerk politischer Literatur geschaffen. Innerhalb von Stunden nach dem Erscheinen wurden über zweihunderttausend Exemplare der Zeitung verkauft. Zolas Brief – der in riesigen Lettern quer über die erste Seite gedruckte Titel »J'accuse« war dem Gespür von Georges Clemenceau, dem Herausgeber und Leiter des politischen Ressorts von *L'Aurore*, zu verdanken – begann mit einer Warnung an Faure: Der Name des Präsidenten und Frankreichs würden besudelt durch die Dreyfus-Affäre, durch den Freispruch Esterházys auf Befehl von oben, der ein Schlag ins Gesicht Frankreichs sei und durch das unsägliche Verbrechen der fortgesetzten Folterung eines unschuldigen Mannes, der für eine Tat bestraft wurde, die er nicht begangen hatte. Im nächsten Schritt analysierte Zola die Strafverfolgung und Verurteilung von Dreyfus: die Ungeheuerlichkeit einer Anklage, die auf einem einzigen Dokument gründete, über dessen Verfasser Experten sich nicht einig waren; den Ausschluß der Öffentlichkeit; das Märchen von dokumentarischem Beweismaterial, das geheim bleiben müsse, weil seine Veröffentlichung angeblich zum Ausbruch eines Krieges führen könnte; die Tatsache, daß Dreyfus keinerlei Motiv für die Straftat hatte. Dann widmete Zola sich Picquart und dem *petit bleu* und zog den korrekten Schluß, daß die Generäle

Gonse und Boisdeffre Esterházy zweifelsfrei für den Verfasser des *Bordereau* hielten. Aber Esterházy als den Verräter zu entlarven würde unweigerlich zur Revision der Verurteilung von Dreyfus führen, und das wollte der Generalstab um jeden Preis vermeiden. Folglich hatte man, statt das Unrecht wiedergutzumachen, Picquart weit weggeschickt und ihm einen Auftrag in einem gefährlichen Gebiet Tunesiens gegeben, der ihn das Leben hätte kosten können. Wer schützt Esterházy, fragte Zola, und gab die Antwort selbst: Boisdeffre und du Paty. (Heute weiß man, daß er Boisdeffre richtig und du Paty falsch einschätzte; Zola hatte die zentrale Bedeutung Henrys nicht begriffen und deshalb du Paty eine Hauptrolle in der Verschwörung zugeschrieben. Aber du Paty war kein Anstifter des Komplotts, sondern eher der Dumme im Spiel von Boisdeffre, Gonse und Henry.) Dann zeigte Zola, wie unsinnig die Schuldvorwürfe gegen Picquart waren: Warum hätte dieser Antisemit den *petit bleu* fälschen sollen, um Dreyfus zu retten und Esterházy ans Messer zu liefern? Konnte irgend jemand glauben, Picquart sei von den Juden gekauft?

Schließlich warf Zola die entscheidende und prophetische Frage auf, die bis heute Zweifel an jeder Kriegsgerichtsbarkeit weckt: Hätte man erwarten können, daß ein Militärgericht die Entscheidung eines anderen Militärgerichts rückgängig machen würde? Seine Antwort war: Nein, nicht nachdem der Kriegsminister im Parlament unter donnerndem Applaus der Abgeordneten die absolute Geltung der *res iudicata* verkündet hatte. Den Militärrichtern, die über Esterházy zu urteilen hatten, war das bekannt, und sie wußten, daß Dreyfus von einem Militärgericht schuldig gesprochen war, deshalb konnten sie ihre Vorgänger nicht Lügen strafen. Abschließend klagte Zola du Paty (zu Unrecht), Mercier, Billot, Gonse und Boisdeffre der Mitschuld und Mittäterschaft am Verbrechen gegen Dreyfus an; er klagte Pellieux und Ravary an, rechtswidrige Untersuchungen durchgeführt zu haben,

und er beschuldigte – und das erwies sich als höchst folgen-
reich –

> das erste Militärgericht, das Recht gebrochen zu haben,
> indem es einen Angeklagten auf der Grundlage eines Do-
> kuments verurteilte, das vor ihm geheimgehalten wurde;
> und das zweite Militärgericht, diese Rechtswidrigkeit
> auf Befehl gedeckt zu haben, indem es seinerseits das
> Verbrechen beging, wissentlich einen Schuldigen freizu-
> sprechen.[10]

Damit wollte er eine Verleumdungsklage provozieren, zitier-
te für den Fall, daß diese Absicht jemandem entgangen war,
die einschlägigen Gesetzesparagraphen, und warf den Fehde-
handschuh:

> Man soll ruhig wagen, mich vor ein Schwurgericht zu
> stellen und die Untersuchung am hellichten Tag durch-
> zuführen!
> Ich warte.[11]

Zolas Mut ist nicht hoch genug einzuschätzen. Blum machte in seinen Erinnerungen an die Affäre deutlich, daß Zola
zu dieser Zeit den Gipfelpunkt seiner Karriere erreicht hatte:
Obwohl viele seiner Werke als skandalös galten, da sie gegen
Konventionen, Geschmack und Moralvorstellungen des Bürgertums verstießen, hatte er als Romancier internationalen
Ruhm und unglaubliche Popularität erreicht; er war reich
und mit hohen Ehrungen bedacht worden, die er angenommen hatte, nicht weil sie ihn beeindruckten, sondern weil er
wußte, daß sie ihm zustanden. Die einzige Auszeichnung, die
ihm noch fehlte, war die Aufnahme in die Académie Française, und das schien, bevor »J'accuse« erschien und einen
Skandal auslöste, nur eine Frage der Zeit zu sein. Trotzdem
hatte er sich nach vierzigjähriger harter Arbeit noch einmal
ins Gefecht gestürzt, in einen Kampf, der schwerer und heftiger werden würde als alle früheren, und er war nicht nur
bereit, öffentliche Schmähungen in Kauf zu nehmen, sondern

auch die Gefahr, inhaftiert, verbannt oder gar ermordet zu werden.

Die politischen Instinkte Billots und Mélines müssen sich einer Verleumdungsklage gegen Zola widersetzt haben. Bestimmt hätten die Generäle sich lieber auf ihren Lorbeeren ausgeruht, verschanzt hinter dem Bollwerk der zweifachen *res iudicata* und dem auf den ersten Blick unwiderleglichen Argument, daß sie schließlich ein Kriegsgerichtsverfahren gegen Esterházy angeordnet und damit alles getan hätten, was die Befürworter einer Revision sich nur wünschen konnten. Hatte man den Dreyfusards nicht Gehör vor Gericht gegeben? Der Freispruch hatte zwar bei den Gemäßigten und den Linken Empörung hervorgerufen, aber man konnte mit gutem Grund erwarten, daß sie sich nach ein paar Wochen beruhigen würden. Bei diesem taktisch klugen Verhalten konnten sie jedoch nicht bleiben, weil Zolas Vorwürfe die Wut der rechtskonservativen öffentlichen Meinung und Politiker provoziert hatten und weil die nationalistische Rechte im Abgeordnetenhaus eine Anfrage an die Regierung richtete. Daraufhin stellte Billot als Kriegminister im Namen der Militärrichter, die im Esterházy-Prozeß entschieden hatten, am 18. Januar Strafantrag wegen schwerer Verleumdung gegen Zola, bezeichnete aber geschickt nur einen einzigen Vorwurf Zolas als Verleumdung: daß die Richter auf Befehl gehandelt hätten, als sie Esterházy freisprachen. Nach französischem Recht führt der Nachweis der Richtigkeit einer Behauptung in einer Verleumdungsklage notwendig zum Freispruch des Beklagten,[12] aber die Wahrheit dieser besonderen Behauptung war praktisch nicht nachzuweisen.

Der Verleumdungsprozeß gegen Zola vor dem Schwurgericht des Département Seine, das seinen Sitz im Pariser Palais de Justice hatte, begann am 7. Februar; die Angeklagten, Zola und Alexandre Perrenx, der Geschäftsführer der Zei-

tung *L'Aurore*, mit ihren Anwälten Fernand Labori und
Albert Clemenceau, dem Bruder von Georges Clemenceau,
sahen sich der Phalanx des Armeeoberkommandos gegenüber, das in Paradeuniformen samt Goldtressen und Orden
angetreten war. Die Gerichtsverhandlung dauerte bis zum 23.
Februar. Gewalttätige, durch »J'accuse« provozierte antisemitische Krawalle in Frankreich und Algerien bildeten den
Hintergrund. Frankreich war gespalten. Heftiger denn je ent-
brannte der Kampf zwischen dem Teil der Nation, der die
Entlastung von Dreyfus für eine moralische Notwendigkeit
hielt, und dem anderen, der in diesem Bestreben einen von
Juden angezettelten und finanzierten Anschlag auf die Ehre
des Generalstabs sah.

Juristisch gesehen war klar, welche Frage die Geschworenen zu entscheiden hatten: Waren die Militärrichter ihrem
Gewissen gefolgt oder, wie Zola behauptet hatte, den Befeh-
len ihrer Vorgesetzten? Der Vorsitzende versuchte verzweifelt, die Fragen der Verteidiger an die Zeugen der Anklage auf
diesen Punkt zu beschränken. Vergeblich. Ganz gleich, wie
oft er Labori oder Clemenceau mit der Mahnung *la question
ne sera pas posée* – die Frage gehört nicht hierher – unter-
brach, sie trieben die Zeugen aus den Reihen des Militärs mit
so viel Geschick in die Enge, daß im Verlauf des Prozesses
klar wurde, wer wirklich auf der Anklagebank saß: Mercier,
Boisdeffre, Gonse und die anderen Verschwörer aus dem Generalstab, dazu Pellieux und Ravary. Léon Blum schreibt in
seinen Erinnerungen:

Die wesentlichen Behauptungen Zolas wurden … bestätigt. Die Ungesetzlichkeit, die im Prozeß von 1894 begangen worden war, wurde bewiesen, was schon ausreichte,
um die Revision als zwingend erscheinen zu lassen; es
wurde demonstriert, wie absurd es war, das *Bordereau*
Dreyfus zuzuschreiben; die Kabalen des Generalstabs
gegen Picquart wurden aufgedeckt; die Vorwürfe gegen

Esterházy zusammengetragen. Picquart auf der einen und der »Ulan« auf der anderen Seite hatten sich Auge in Auge gegenübergestanden; jetzt mußte man sie nur noch einschätzen und miteinander vergleichen.[13]

Der geballte Zorn der Generäle über das Verhör, dem sie sich unterziehen mußten, entlud sich schließlich. Am 17. Februar, dem zehnten Verhandlungstag, platzte General Pellieux der Kragen, nachdem ihm Labori erbarmungslos zugesetzt hatte. Er verlangte, noch einmal in den Zeugenstand gerufen zu werden, und verkündete, im Ministerium gebe es ein Dokument, das Dreyfus' Schuld einwandfrei beweise. Er habe es gesehen und könne seinen Inhalt angeben: Da er Minuten zuvor durch ein Gespräch mit Gribelin sein Gedächtnis aufgefrischt hatte, konnte er wörtlich aus *le faux Henry* zitieren. Das war eine Sensation. Als Labori in aller Freundlichkeit erklärte, daß man in diesem Fall das Dokument unbedingt dem Gericht zur Prüfung vorlegen müsse, griff Gonse ein. Er wendete sich an das Tribunal und riet dringend zur Vorsicht, denn solches Beweismaterial existiere zwar tatsächlich, könne jedoch nicht öffentlich vorgeführt werden. Pellieux, der nicht in die Kabale des Generalstabs eingeweiht war und folglich nicht wußte, wie angreifbar Henrys Fälschung war, wollte davon nichts hören. Als der Vorsitzende Richter vorschlug, am nächsten Tag Boisdeffre um eine Bestätigung der Aussagen von Pellieux zu bitten, gab dieser seinem Ordonnanzoffizier Befehl, sofort in einen Wagen zu springen und den Generalstabschef zu holen.

Als Boisdeffre eintraf, hatte sich das Gericht vertagt, und seine Zeugenaussage mußte bis zum nächsten Tag warten. Er trat nicht als Zeuge, sondern als Mahner auf und richtete folgende Worte an das Gericht:

Ich werde mich kurz fassen. Ich bestätige, daß die Aussage des Herrn General Pellieux in jeder Hinsicht akkurat und verbindlich ist. Ich habe nicht mehr dazu zu sagen:

Ich habe nicht das Recht dazu. Ich wiederhole, meine Herren Geschworenen, ich habe nicht das Recht! Und jetzt, meine Herren, gestatten Sie mir noch ein Wort: Sie sind das Gericht, Sie sind die Nation; wenn die Nation kein Vertrauen in die Führer ihrer Armee hat, in die Männer, welche die Verantwortung für die nationale Verteidigung tragen, dann sind diese Männer bereit, ihre schwere Aufgabe anderen zu überlassen, Sie müssen es nur sagen. Das ist mein letztes Wort.[14]

Das sollte das Muster für die letzte Verteidigungslinie des Generalstabs sein: Man müsse sich entscheiden, entweder für die Armee oder für Zola und seinesgleichen, für die anderen Dreyfusards und für Dreyfus; man gehe das Wagnis ein, daß die fähigsten Generäle von ihrem Amt zurücktreten. Die Rede hinterließ im Gerichtssaal und in der Öffentlichkeit tiefen Eindruck. Am 23. Februar wurde Zola schuldig gesprochen und zur Höchststrafe verurteilt: ein Jahr Gefängnis und eine Geldstrafe von 3000 Francs; das war damals, als der Sold eines Leutnants der französischen Armee weniger als 2000 Francs betrug,[15] eine hohe Summe. Der Mitangeklagte Perrenx wurde ebenfalls schuldig gesprochen, aber milder bestraft.

Paléologue war beim Militärgerichtsverfahren gegen Esterházy nicht im Gerichtssaal gewesen, hatte aber im Verleumdungsprozeß als Vertreter seines Ministeriums viele Zeugenauftritte beobachtet und seine Eindrücke von einigen Hauptakteuren aufgeschrieben. General Mercier: hochmütig, phlegmatisch, unerbittlich, pedantisch und auf abstoßende Weise durchdrungen vom Bewußtsein seiner Unfehlbarkeit; Boisdeffre: sehr vornehm, ruhig, aber nicht steif, weicht verfänglichen Fragen geschickt aus; du Paty: anmaßend, ein Monokel ins Auge geklemmt, den Kopf zurückgeworfen, arrogant, eine beunruhigende Persönlichkeit mit morbiden Einfällen und zügelloser Phantasie, eine sonderbare Mischung aus Fanatismus, Extravaganz und Torheit, man wäre nicht überrascht, ihm in einem der Phantasiestücke E.T.A. Hoffmanns zu begegnen; Henry: gedrungen, kraftvoll, wuchtig, rot im Gesicht, verbirgt hinter seinem ungehobelten Freimut eine gehörige Portion Verschlagenheit; Picquart: schlank, elegant, aber angespannt, drückt sich sehr präzise aus, ist sichtlich bedrückt durch den glühenden Haß seiner Kameraden und vielleicht noch mehr durch das überschwengliche Lob von seiten der Hohenpriester des Dreyfusismus, ist hin- und hergerissen zwischen seinem Pflichtbewußtsein und der Scheu vor einer offenen Revolte gegen seine Vorgesetzten.[16]

Am 24. Februar, dem Tag nach dem Urteil im Zola-Prozeß, sprach der Ministerpräsident Méline im Abgeordnetenhaus und erklärte die Fälle Zola und Dreyfus für abgeschlossen. Niemand, der versucht habe, dagegenzuarbeiten, könne nun noch vorgeben, in gutem Glauben zu handeln. Wer trotzdem nicht aufgebe, werde mit allen derzeit vorhandenen gesetzlichen Mitteln verfolgt; und falls die bestehenden Gesetze nicht ausreichten, würde man sich um eine neue Gesetzgebung bemühen. Zwei Tage nach Mélines Rede wurde Picquart unehrenhaft aus der Armee entlassen, die Untersuchungskommission hatte mit vier zu eins Stimmen gegen ihn votiert.

Zolas Verurteilung wurde kurz danach vom Kassationsgericht mit der Begründung aufgehoben, daß General Billot nicht berechtigt war, im Namen der Militärrichter eine Strafanzeige wegen Verleumdung zu stellen; nur diese selbst konnten eine gültige Klage einreichen. Am 23. Mai wurde vor dem Schwurgericht Versailles ein neues Verfahren gegen Zola eröffnet; die Militärrichter hatten pflichtschuldig die dafür nötige Klage erhoben. Eine Vielzahl verfahrenstechnischer Manöver verlängerten den Prozeß, aber am 18. Juli wurde Zola noch einmal schuldig gesprochen. Er floh nach England, zum einen, um der Verhaftung zu entgehen, zum anderen, um zu verhindern, daß das Urteil endgültig und unwiderruflich wurde. Am 26. Mai und am 8. Dezember 1898 wählte die Académie Française ihre neuen Mitglieder. Für Zola wurde keine einzige Stimme abgegeben. Billot und Gonse krönten ihre im Jahr 1898 errungenen Erfolge damit, daß sie Billots Schwiegersohn, einem jungen Richter, den Auftrag gaben, ein erweitertes Dossier zusammenzustellen, das alle wichtigen Fälschungen Henrys enthielt, dazu neues, Dreyfus belastendes gefälschtes Beweismaterial, das man 1894 nicht bedacht hatte, aber jetzt in die Akte aufnahm, und Dokumente, deren Datum geändert worden war. Das vollständige Dossier enthielt 375 Dokumente und war nach Gonses Einschätzung der endgültige und schlüssige Beweis für Dreyfus' Landesverrat.

Andere Entwicklungen hinter den Kulissen verliefen für Esterházy und seine Verbündeten vom Generalstab weniger günstig. Wie Mathieu Dreyfus sich erinnerte, begann der Ärger für sie mit Picquarts Strafanzeige vom November 1897 gegen Unbekannt aufgrund der Speranza- und Blanche-Telegramme, die man ihm nach Tunesien geschickt hatte, damit sie abgefangen und als Belastungsmaterial gegen ihn verwendet werden konnten. Paul Bertulus, ein Untersuchungsrichter, der sehr bald zu einem Dreyfusard werden sollte, war mit dem Fall betraut, der so undurchsichtig und verzwickt war, daß Bertulus kaum Fortschritte machte. Von einem der vielen Betrugsmanöver Esterházys erfuhr Labori, der Picquarts Anwalt geworden war, durch einen Zufall, als ihm Anfang Mai 1898 ein Kollege davon erzählte. (Mathieu nennt noch andere: Zum Beispiel hatte Esterházy eine Kutsche verkauft, die ihm nicht gehörte; eine Immobilie doppelt veräußert; Quittungen über Mieten gefälscht, die er nicht bezahlt hatte; Spielschulden in seinem Pariser Club nicht eingelöst; Schulden bei seinen Börsenmaklern nicht beglichen; den Abschnitt einer Zahlungsanweisung, den er seinem Schneider zeigte, um ihn zu überzeugen, daß er alles bezahlt habe, um eine Null ergänzt.[17])

Laboris Kollege erzählte von folgendem Betrug: Esterházy hatte mit der in Bordeaux lebenden Witwe eines Vetters und deren Sohn Christian Esterházy Kontakt aufgenommen und ihnen Hilfe bei ihren Finanzgeschäften angeboten. Er schlug ihnen vor, 35 000 Francs aus ihren Beständen – fast ihr gesamtes Vermögen – bei der Rothschild-Bank anzulegen, die ihnen, so behauptete er, pro Jahr 25 Prozent Zinsen zahlen würde. Als Grund für dieses günstige Angebot nannte er seine Freundschaft mit Baron Edmond de Rothschild, einem Schulkameraden. Er schlug auch vor, Christian solle nach Paris kommen, dort würde er ihn in Bankierskreise einführen. Mutter und Sohn schluckten den Köder, sie schickten das Geld, und Christian fuhr nach Paris. Als jedoch im Zola-Prozeß Esterházys schmutzige Geldgeschäfte ans Licht kamen, machten sie sich Sorgen und beschlossen, ihr Geld abzuheben. Leider hatte Esterházy es ausgegeben; bei der Rothschild-Bank gab es kein Konto auf den Namen Esterházy. Die Opfer suchten Rechtshilfe, und ihr Anwalt machte sie mit Labori bekannt. Hinter dieser Geschichte steckte eine zweite: In der Zeit, als die Speranza- und Blanche-Telegramme an Picquart geschickt wurden, war Christian Esterházys Vertrauter gewesen und hatte erfahren, wie das Duo Henry und Esterházy im einzelnen vorgegangen war. Nach komplizierten Verhandlungen war Christian bereit, Bertulus zu erzählen, was er wußte, und zeigte Esterházy wegen Betruges an; daraufhin wären dieser und seine Geliebte fast im Gefängnis gelandet. Am 24. August empfahl jedoch eine Militärkommission, Esterházy wegen fortgesetzter schlechter Führung aus der Armee zu entfernen. Er floh zuerst nach Belgien und dann weiter nach England.

Am 8. und 22. Mai 1898 fanden französische Parlamentswahlen statt. Die Regierung Méline verlor ihre Unterstützung und trat am 15. Juni zurück. Nach einem ungewöhnlich langen Interregnum bildete Pierre Brisson am 28. Juni eine neue Regierung, deren Kriegsminister Godefroy Cavaignac wurde, ein glühender Nationalist, Enkel eines Angehörigen des Nationalkonvents, der für die Enthauptung von Louis XVI. gestimmt, und Sohn des Generals, der den Pariser Aufstand von 1848 brutal niedergeschlagen hatte. Cavaignac war überzeugt, daß Dreyfus schuldig war und daß es ein jüdisches Syndikat gab, das ein Komplott gegen Frankreich schmiedete, deshalb opponierte er vehement gegen eine Revision des Verfahrens. Passive Opposition war nicht nach seinem Sinn; er wollte mit eisernem Besen kehren. Zunächst erkundigte er sich bei Boisdeffre, ob die Echtheit aller einzelnen Dokumente im *dossier secret* sorgfältig verifiziert worden sei. Boisdeffre erwiderte, daß »die Authentizität des Dossiers im ganzen und sein unbegrenztes Vertrauen in Oberstleutnant Henry seiner Meinung nach ausreichende Garantien« seien.[18] Diese Aussage genügte Cavaignac nicht, deshalb gab er zwei engen Mitarbeitern – einer davon war Hauptmann Louis Cuignet – den Auftrag, Dreyfus' angebliches Geständnis vom Januar 1895 und das gesamte wiederhergestellte Dossier zu überprüfen.

Die Legende, daß Dreyfus unmittelbar vor der Degradierungszeremonie seine Schuld gestanden habe, hatte nach und nach Glauben gefunden. Ihr Ursprung war eine Geschichte, die der Hauptmann der Garde Républicaine Charles-Gustave Lebrun-Renault seinen Zechkumpanen im Moulin Rouge am Abend des 5. Januar 1895 nach der Degradierungszeremonie von Dreyfus erzählte. Lebrun war der Offizier, der Dreyfus am Morgen desselben Tages zur *École Militaire* eskortiert hatte. Nach Lebruns Darstellung hatte Dreyfus ihm während ihres Beisammenseins gestanden:

Ich bin unschuldig. Wenn ich Ausländern Dokumente geliefert habe, dann nur, um sie zu ködern und ihnen wichtigere Informationen abzuhandeln; in drei Jahren wird man die Wahrheit wissen, und der Minister persönlich wird meinen Fall wieder aufrollen.[19]

Eine unglaubwürdige Geschichte, wenn man bedenkt, wie hartnäckig Dreyfus Schuldbekenntnisse verweigerte – du Paty berichtete mehrmals darüber – und wie er sich im Gefängnis und während der Degradierungszeremonie verhielt, und sie war tatsächlich nur das haltlose Gerede eines Offiziers, der sich amüsieren und interessant machen wollte. Aber einer seiner Kumpane war ein Journalist, und am nächsten Tag wurde die Geschichte zur Zeitungsente. Lebrun wurde sofort vom Präsidenten der Republik und von Mercier befragt und nahm alles zurück. Am folgenden Tag erschien ein Dementi der Regierung, das auf die Zeitungsartikel Bezug nahm und erklärte, es gebe kein Schuldbekenntnis. Trotzdem wurde die Zeitungsente wieder aufgewärmt, als der Generalstab 1897 noch einmal Geschütze auffuhr, um den Weg zur Revision des Verfahrens zu blockieren, und sie wurde zu einem Dauerthema der Anti-Dreyfusards. Um sicherzugehen, daß Lebruns erste Darstellung richtig war, fragte ihn Cavaignac persönlich und beruhigte sich, als der Offizier ihm eine Seite aus seinem Tagebuch mit Einträgen vom Tag der Degradierung zeigte. Diese Tagebuchseite sah danach niemand mehr; der Offizier behauptete später, er habe sie zu Hause vernichtet. Boisdeffre wußte ziemlich genau, wie es sich in Wahrheit verhielt, er wußte, daß Dreyfus nie aufgehört hatte, seine Unschuld zu betonen; aber perfide, wie er war, unterließ er es, Cavaignac darauf hinzuweisen.

Die Regierung wurde in der Abgeordnetenkammer noch einmal von einem ultranationalistischen Abgeordneten zur Affäre Dreyfus befragt. Cavaignac entschied sich, diesen Anlaß für eine große Rede zu nutzen, in der Dreyfus' Schuld und die Sinnlosigkeit der Kritik am Schuldspruch von 1894 deutlich gemacht würden: Kernstück seiner Beweisführung sollte *le faux Henry* sein. Am 7. Juli hielt er diese Rede. Überraschend war, daß Cavaignac behauptete, Dreyfus habe ein Schuldbekenntnis abgelegt; anschließend verlas er *le faux*

Henry und zwei andere Panizzardi-Briefe, auch »die Canaille D.« aus dem Geheimdossier in voller Länge. Die Rede war ein Triumph, und die Abgeordneten stimmten mit überwältigender Mehrheit bei nur zwei Gegenstimmen und sechzehn Enthaltungen dafür, sie auf Plakate drucken und in ganz Frankreich verbreiten zu lassen. Méline, der wahrscheinlich wußte, wie wenig wert diese drei Dokumente waren, hatte sich der Stimme enthalten. Paléologue glaubte inzwischen, daß Dreyfus unschuldig war. In seinen Erinnerungen beschrieb er die Parlamentssitzung vom 7. Juli als ein trauriges Schauspiel. Er hatte keine Illusionen über den Wert der Panizzardi-Briefe und die Integrität des *faux Henry* – er hatte dem Außenminister gesagt, daß das Schriftstück nach Fälschung stank.[20] Picquart schickte zwei Tage später einen Brief an den Ministerpräsidenten und teilte ihm mit, er könne beweisen, daß es keine Verbindung zwischen Dreyfus und den beiden Panizzardi-Briefen von 1894 gebe und daß der dritte, *le faux Henry*, eine Fälschung sei. Picquarts Brief wurde in der französischen Zeitung *Le Temps* veröffentlicht. Cavaignacs Gegenzug war eine Strafanzeige gegen Picquart und Leblois, in der er behauptete, Picquart habe Leblois Zugang zu militärischen Geheimnissen verschafft. Am nächsten Tag wurde Picquart verhaftet und in das Pariser Santé-Gefängnis gebracht. Darüber hinaus legte Cavaignac der Regierung Strafanträge gegen eine große Zahl von Personen – führende Dreyfusards – nahe, da sie sich der Verschwörung und Volksverführung verdächtig gemacht hätten. Und schließlich ordnete er Arrest für Esterházy an und befahl ihm, sich einer Untersuchungskommission zu stellen, die entscheiden sollte, ob er wegen fortgesetzter schlechter Führung aus der Armee zu entlassen war. Esterházy war noch nicht von seinem Neffen Christian zur Rede gestellt worden und befand sich noch in Paris.

Wie nicht anders zu erwarten, waren die Dreyfusards nach Cavaignacs Rede und der Begeisterung der Abgeordneten tief verzweifelt, um so mehr, als Cavaignac im Ruf stand, aufrichtig und gründlich zu sein. Niemand konnte ihn verdächtigen, mit Boisdeffre oder Gonse gemeinsame Sache zu machen. Es war eine Katastrophe vom gleichen Ausmaß wie Esterházys Freispruch sechs Monate zuvor. Wenn Cavaignac recht hatte und wenn das dokumentarische Beweismaterial Dreyfus' Schuld belegte, konnte man davon ausgehen, daß damit auch die neue These der Antisemiten und Anti-Dreyfusards sich bestätigte: Sie hatten behauptet, Esterházy sei ein unschuldiges Opfer, das Syndikat habe versucht, ihm den Verrat anzuhängen, den in Wahrheit Dreyfus begangen habe; Picquart sei ein Agent des Syndikats und habe den *petit bleu* gefälscht. Aber genau wie nach Esterházys Freispruch Zolas »J'accuse« den lähmenden Bann gebrochen hatte, sollte nun eine neue kraftvolle Stimme, die des Sozialisten Jaurès, Fehler in Cavaignacs Darstellung anprangern. Blum hat beschrieben, wie Jaurès ihn in seiner Wohnung besuchte, wo er nach Cavaignacs Rede mit Freunden in tiefer Niedergeschlagenheit zusammensaß. Jaurès riß sie aus der dumpfen Stimmung; er sagte, sie sollten sich freuen; zum ersten Mal sei ihnen der Sieg sicher: »Die Fälscher sind aus ihrem Loch herausgekommen, jetzt haben wir sie an der Gurgel.«[21] Und tatsächlich veröffentlichte er am nächsten Tag in seiner Zeitung *La Petite République* einen offenen Brief an Caviagnac, der eine Kampfansage war: Er werde die Beweise, die Cavaignac in seiner Rede angeführt habe, Punkt für Punkt widerlegen. Genau das tat er in einer Serie von Artikeln, die im August und September in *La Petite République* erschienen und unter dem Titel *Les Preuves* als Buch veröffentlicht wurden, einem weiteren Meisterwerk politischer Prosa.[22] Am Ende des letzten Artikels war das Gebäude der Beweisführung gegen Dreyfus völlig demontiert; Punkt für Punkt hatte Jaurès aufgezeigt, daß sie mit rationaler Argumentation unvereinbar war.

Im Zentrum stand für Jaurès die Frage, ob *le faux Hen-*

ry tatsächlich eine im Generalstab, im Allerheiligsten selbst, fabrizierte Fälschung war. Wenn seine Vermutung stimmte, dann war der Schuldvorwurf des Generalstabs gegen Dreyfus eine bodenlose Infamie. Die Antwort kam am 13. August. Hauptmann Cuignet arbeitete noch spätabends allein im Kriegsministerium, untersuchte *le faux Henry* im Licht einer Lampe eingehend und bemerkte die Ungleichheiten, die verrieten, daß der Brief gefälscht war. Sie waren bei Tageslicht weniger deutlich. Am nächsten Tag berichtete er Cavaignac von der Fälschung, aber zwei Wochen vergingen, bis der Minister handelte: Über Cuignets Entdeckung informierte er weder den Ministerpräsidenten noch Boisdeffre, noch den Staatsanwalt im Fall Picquart, in dem sich die Anklage ausschließlich auf Behauptungen Henrys und seiner Untergebenen stützte. Brisson erklärte diese Tatenlosigkeit Cavaignacs damit, daß der Minister durch seinen Haß auf Picquart und das Syndikat »wie hypnotisiert« gewesen sei und deshalb »fünfzehn Tage lang für sich behielt, was er erfahren hatte«.[23] Dazu kam Cavaignacs blindes Vertrauen in Dreyfus' Schuld. Daß der Brief sich als Fälschung herausgestellt hatte, machte nach Cavaignacs Logik das Kriegsgerichtsurteil von 1894 nicht ungültig, da *le faux Henry* ein späteres Datum trug. Deshalb konnte man die Entdeckung außer acht lassen. Aber als Kriegminister mußte er sich mit Henry befassen.[24] Am 30. August befragte er ihn in Gegenwart Boisdeffres und Gonses. Henry gab die Fälschung zu, wurde verhaftet, in die Festung Mont Valérien gebracht, wo Picquart dank der Intrigen Henrys in Haft gesessen hatte, und schnitt sich am nächsten Tag mit seinem Rasiermesser die Kehle durch. Unmittelbar nachdem Henry sein Geständnis unterschrieben hatte, nahm Boisdeffre seinen Abschied von der Armee. Kurz danach wurde Gonse aus dem Generalstab zum aktiven Dienst im Feld versetzt, und am 12. September wurde du Paty pensioniert und sein Sold um die Hälfte gekürzt. Nach Henrys Bekenntnis und Selbstmord und Boisdeffres Rücktritt setzte sich die politisch neutrale Presse nachdrücklich für die Revision des Pariser Kriegsgerichtsurteils ein. Die Mehrheit der nationalistischen und antisemitischen Zeitungen gestand widerstrebend zu, daß ein solches Verfahren offenbar notwendig war. Die Dreyfusards waren glücklich und überzeugt, daß die Revision unvermeidlich geworden war.[25]

Als Brisson, der offenbar zu den Dreyfus-Anhängern übergewechselt war, von Henrys Selbstmord erfuhr, soll er mehrmals ausgerufen haben: »Jetzt wird es zur Revision kommen!«[26] Am 3. September bat er einen gemeinsamen Freund, Mathieu zu sagen, daß jetzt der richtige Moment für einen Antrag auf Überprüfung sei, und noch am selben Abend wurde Lucies Petition eingereicht. Aber Brisson hatte nicht damit gerechnet, daß Cavaignac und die Armee dermaßen vehemente, leidenschaftliche Anti-Dreyfusards waren. Cavaignac wollte nicht zustimmen, daß die Regierung ein Gesuch an den Kassationshof richtete, und zwang damit Brisson, ihn zum Rücktritt aufzufordern. General Zurlinden, den Brisson zum Nachfolger Cavaignacs bestimmte, schien zuerst bereit, die Notwendigkeit einer Revision zu akzeptieren, und hatte sogar seinen Kollegen, den Marineminister, gebeten, ein Schiff zu den Inseln des Heils zu schicken, damit Dreyfus nach Frankreich gebracht werden konnte. Dann änderte er seine Meinung plötzlich, behauptete, eine gerichtliche Überprüfung sei unmöglich, und trat acht Tage nach seinem Amtsbeginn zurück. Doch der aggressive Widerstand des ehemaligen Kriegsministers und eines hochrangigen Generals gegen eine Revision verhinderte nicht, daß die politische Situation der Dreyfusards sich gewaltig veränderte: Mathieu schrieb in seinen Erinnerungen, daß Brisson ihn um Vorschläge für einen geeigneten Nachfolger Zurlindens gebeten habe. Der General, den Mathieu empfahl – er hatte Dreyfus' Degradierungszeremonie geleitet und war dem Hörensagen nach tief bewegt gewesen –, lehnte jedoch ab. Am Ende konnte der glücklose Ministerpräsident General Charles Chanoine für das Amt gewinnen; dieser General stimmte dem Antrag auf Revision zu und machte damit den Weg für den Justizminister frei, der nun endlich, am 26. September 1898, fast genau zwei Jahre nach Lucies erstem Gesuch bei der Abgeordnetenkammer, den Antrag der Regierung auf Überprüfung des Urteils beim Kassationshof einreichen konnte. Einen Monat später, am 26. Oktober, entschied der Kassationshof, das Ersuchen der Regierung sei in der Form zulässig, und ordnete eine umfassende Untersuchung über die Berechtigung des Militärgerichtsurteils von 1894 an.

Cavaignac und Boisdeffre hatten ihren Abschied genommen, Henry hatte sich umgebracht, doch Picquart stand weiter unter Anklage, als wäre nichts geschehen. Seit dem 13. Juli hatte er in Untersuchungshaft gesessen; er wartete auf seinen Prozeß vor dem Pariser Schwurgericht wegen Weitergabe geheimer Dokumente an Leblois. Sein Verhör war für den 21. September angesetzt, und es sah so aus, als könne er auf Einstellung des Verfahrens oder zumindest auf vorläufige Haftentlassung hoffen. Aber General Zurlinden, der sein voriges Amt als Militärgouverneur von Paris wieder angetreten hatte (General Saussier war sein Vorgänger gewesen), tat am selben Tag etwas Unvorstellbares: Er unterzeichnete eine Anzeige gegen Picquart, die ihn beschuldigte, *le petit bleu* gefälscht zu haben, eine Straftat, die in die Zuständigkeit des Militärgerichts fiel. Auf Antrag des Staatsanwalts entschied das Gericht, daß der Strafprozeß (Weitergabe geheimer Dokumente) vor dem Schwurgericht ruhen sollte, bis die Militärrichter ihren Fall entschieden hätten. Also wurde Picquart am folgenden Tag, nachdem er 72 Tage im bürgerlich-rechtlichen Santé-Gefängnis gesessen hatte, in das Militärgefängnis an der Rue du Cherche-Midi überstellt und dort in Einzelhaft gehalten. Seinen Anwalt Labori durfte er zum erstenmal am

13. November sprechen. Zu diesem Zeitpunkt hatte er 122 Tage im Gefängnis zugebracht, davon 49 in Isolationshaft.

Erst nach einer ganzen Reihe komplexer verfahrenstechnischer Manöver gelang es, Picquart dem Zugriff der Militärjustiz zu entziehen. Am 3. März 1899 entschied der Kassationshof, daß alle Straftaten, deren er beschuldigt wurde, zu dem unter das bürgerliche Recht fallenden Verfahren gehörten, das gegen ihn und Leblois anhängig war, und ordnete seine Entlassung aus dem Militärgefängnis an. Diese Entscheidung bedeutete jedoch nicht, daß er frei war. Er kam zurück ins Santé-Gefängnis und blieb dort bis zum 9. Juni 1899. Am 13. Juli 1899, zehn Tage nachdem der Kassationshof das Urteil von 1894 aufgehoben hatte, und an dem Tag, als Dreyfus seine Rückfahrt nach Frankreich antrat, wurden alle Klagen gegen Picquart abgewiesen.

Womöglich noch überraschender als die fortdauernde Strafverfolgung Picquarts durch das Militär war die beginnende Apotheose Henrys. Man munkelte, er sei auf dem Mont Valérien von Juden ermordet worden, die Angst hatten, daß er etwas ausplaudern würde. *Le faux Henry* wurde zu *le faux patriotique*, der Fälschung, die der heroische Oberst fabriziert hatte, um sein Vaterland zu retten. Im Dezember 1898 wurde eine Subskriptionsliste aufgelegt, um Spenden für seine Witwe und den verwaisten Sohn zu sammeln; das Geld sollte ihnen ermöglichen, einen Verleumdungsprozeß gegen Joseph Reinach anzustrengen und damit Henrys Ehre zu verteidigen. Reinach hatte Henry schriftlich beschuldigt, Esterházys Helfershelfer beim Landesverrat gewesen zu sein. Nach einem knappen Monat waren in einer Orgie antisemitischer Beschimpfungen und Aufrufen zu einem Massaker an französischen Juden über 130000 Francs zusammengekommen. Unter den Spendern waren 3000 Offiziere und 28 pensionierte Generäle, auch General Mercier, sieben Herzöge und Herzoginnen und fast fünfhundert Marquis, Grafen, Vicomtes und Barone, außerdem eine Handvoll führender Intellektueller, unter ihnen der große Dichter Paul Valéry und ein nicht so bedeutender Poet, Pierre Louÿs, der damals in Mode war.[27]

Die Strafkammer des Kassationshofes führte ihre Untersuchung des Militärgerichtsverfahrens von 1894 intensiv und mit größter Achtung vor dem Gesetz, aber im Lauf der Zeit fiel ihre Arbeit der außergewöhnlichen Politisierung des Kassationsgerichts zum Opfer. Ein auf Effekt und öffentliche Aufmerksamkeit bedachter Richter, der später sein Amt aufgab, um Journalist zu werden, beschuldigte die Kammer der hochgradigen Befangenheit; sie sei Dreyfus und Picquart mindestens wohlgesonnen, und sie mißachte die Armee. Diese Verdächtigungen wurden zweckentsprechend übertrieben und führten zu heftiger Agitation: Antisemiten warfen Juden öffentlich vor, die Strafkammer bestochen zu haben; und in der Presse wurden giftige persönliche Angriffe auf Richter geführt. Die Blockade der Untersuchung, die sich daraus ergab, wurde am 1. März durch die Verabschiedung eines Gesetzes gelöst, das der Strafkammer die Entscheidungsbefugnis entzog: Sie durfte die Untersuchung zum Abschluß bringen, aber danach würde der Fall vor allen Kammern des Kassationsgerichts verhandelt, die zusammen *en banc* als Vereinigte Kammer über die Revision entscheiden würden. Das neue Gesetz empörte selbst den distanzierten, ironischen Beobachter Paléologue: »Diese Abweichung von allen Verfahrensvorschriften, dieser willkürliche Einbruch politischer Macht in den Bereich des Rechts ist so skandalös, daß er nicht die geringste Beschwichtigung bewirken wird.«[28]

Die Voruntersuchung der Strafkammer war in der Tat abgeschlossen, und der Bericht dieser Kammer wurde der Vereinigten Kammer übermittelt, die, vielleicht um zu demonstrieren, daß man der Strafkammer nicht unbesehen glauben würde, die Vernehmung zusätzlicher Zeugen und eine ergänzende Untersuchung anordnete. Die Entscheidung wurde mit größter Spannung erwartet. Zu diesem Zeitpunkt gelang Mathieu abermals, wie zuvor, als er Bernard Lazare um Unterstützung für die Sache gebeten hatte, ein bemerkenswert kluger Schachzug: Mit der Hilfe der Anwälte Mornard und Labori fand er einen Weg, die Klausel im Gesetz zum Schutz der Pressefreiheit zu umgehen, die verbot, Transkripte von Vernehmungsprotokollen der Strafkammer zu reproduzieren und abzudrucken, bevor sie in öffentlicher Verhandlung verlesen worden waren.[29] Der Trick war illegal, aber wirkungsvoll, und weder Mathieu noch die Anwälte, die ihn möglich gemacht hatten, wurden ertappt. *Le Figaro* begann am 31. März mit der Veröffentlichung und setzte sie fort, bis Ende April die gesamte Serie abgedruckt war. Auf diese Weise wurde ein wichtiger Teil der Öffentlichkeit bis in alle Einzelheiten mit den Straftaten vertraut, die 1894 begangen worden waren, um Dreyfus' Verurteilung sicherzustellen; die Aufhebung des Pariser Militärgerichtsurteils schien unvermeidlich. Am 3. Juni 1899 gab der Kassationshof seine Entscheidung bekannt. Die Geschichte über das angebliche Geständnis von Dreyfus wurde in der gerichtlichen Darstellung des Sachverhalts (*attendus*) als unglaubwürdig zurückgewiesen. Der Kassationshof berücksichtigte *le faux Henry* nicht als Revisionsgrund, da er für die Verurteilung von Dreyfus 1894 keine Rolle gespielt hatte. *La canaille de D.* bezog sich nach Erkenntnissen der Untersuchung nicht auf Dreyfus. Das Gericht stellte fest, daß das *Bordereau* nicht von Dreyfus geschrieben worden war (äußerte aber keine Meinung zu der Frage, ob Esterházy der Verfasser war). Das Urteil des Militärtribunals wurde annulliert und das Verfahren gegen Dreyfus an ein Militärgericht zurückverwiesen. Das war die Forderung, die sein Anwalt Mornard mit Lucies und Mathieus Einverständnis gestellt hatte. Das Militärgericht sollte über folgende Frage entscheiden:

Hat sich Dreyfus irgendwelcher Machenschaften oder der Verständigung mit einer ausländischen Macht oder deren Agenten schuldig gemacht, mit dem Ziel, sie zu feindseligen Handlungen oder zum Krieg gegen Frankreich zu veranlassen oder die Mittel dazu bereitzustellen, indem er die im oben erwähnten *Bordereau* aufgeführten Notizen und Dokumente lieferte?[30]

Mornard hatte ein neues Kriegsgerichtsverfahren gefordert, um Dreyfus die Gelegenheit zu verschaffen, sich vor einem Gericht von Offizieren zu rehabilitieren, aber auch ohne Mornards Forderung wäre es in dieser hochbrisanten politischen Lage schwerlich zu einer Annullierung des Urteils ohne Rückverweisung an ein Militärgericht gekommen.

Die Briefzensur des Kolonialministeriums war so streng – und so böswillig –, daß Dreyfus nichts wußte von Mathieus und Lucies Anstrengungen, der Regierung eine Revision seiner Verurteilung abzuringen, und nichts von ihren Erfolgen seit September 1898 erfuhr. Er wußte nur, daß seine eigenen Anträge auf Revision und andere Gesuche an die Regierung ohne Antwort geblieben waren. Am 27. Oktober 1898 informierte ihn die Gefängnisleitung unerwartet, daß er »eine definitive Antwort auf seinen an das Oberhaupt des Staates gerichteten Antrag auf Überprüfung erhalten« werde.[31] Ein paar Tage später kam ein im September abgeschickter Brief Lucies an, die ihm schrieb, daß Ereignisse von großer Bedeutung stattgefunden hatten und daß die Regierung ihren Antrag auf Überprüfung angenommen hatte. Aber niemand sagte ihm, ob der Kassationshof dem Antrag gefolgt war, und er hatte keine Ahnung von den Entwicklungen, auf die Lucie angespielt hatte. Am 16. November endlich wies der Kommandant der Inseln des Heils den »Deportierten« Dreyfus in einem Telegramm darauf hin, daß die Strafkammer des Kassationshofs dem Antrag entsprochen habe und daß er »aufgefordert [sei], seine Verteidigung vorzubringen«.[32]

Die Haftordnung, der er unterworfen war, änderte sich

etwas: Er durfte sich längere Zeit außerhalb seiner Zelle aufhalten und sich innerhalb der Einzäunung bewegen, die seine Hütte als kreisförmiger Korridor ohne Schatten umgab; von dort aus konnte er zum erstenmal seit dem Herbst 1896 das Meer und die karge Vegetation der Insel sehen. Erst am 18. Dezember erreichte ihn wieder ein Brief von Lucie; er war datiert vom 22. November und bezog sich auf andere Briefe, die sie geschrieben hatte, die ihm aber nicht ausgehändigt worden waren, und auf einen Brief von ihm, in dem er dem Anschein nach angekündigt hatte, er werde nicht mehr schreiben, auch ihr nicht. Da er etwas Derartiges nie im Sinn gehabt hatte – wie sich herausstellte, hatte man eine aus dem Zusammenhang gerissene Passage aus einem seiner Briefe an Lucie telegrafiert –, schickte er eine bittere Beschwerde an den Gouverneur von Guyana: »Man hat Mme Dreyfus nur einen Ausschnitt aus meinem Brief geschickt und damit eine Interpretation nahegelegt, die für meine liebe Frau mehr als schmerzlich gewesen sein muß.«[33] Man kann diesen Mann nur dafür bewundern, daß er nach mehr als vier Jahren Einzelhaft noch genug Mumm hatte, einen hohen Regierungsbeamten zu maßregeln und seine Frau Madame Dreyfus zu nennen, so, als wohne er immer noch in der eleganten Avenue du Trocadéro.

Ende Dezember erhielt er die einleitende Erklärung des Generalstaatsanwalts im Strafkammerverfahren. Eine ganze Reihe verwirrender Geschehnisse wurde ihm präsentiert: die Strafanzeige Mathieus gegen Esterházy, einen Mann, der Alfred Dreyfus nicht einmal dem Namen nach bekannt war; der von Henry gefälschte Brief, *le faux Henry;* Henrys Geständnis und Selbstmord. Man gab ihm Stift und Papier, damit er sich Notizen machen konnte. Zu Beginn des neuen Jahres, am 5. Januar, wurde er auf Anordnung des Kassationshofs vom Präsidenten des Berufungsgerichts in Cayenne vernommen und erfuhr zu seinem Entsetzen, daß seine heftigen Unschuldsbeteuerungen am Tag der Degradierung zu einem Schuldbekenntnis verzerrt worden waren. Danach herrschte wieder monatelang Funkstille. Da er nichts von den wütenden Protesten wußte, die dazu geführt hatten, daß der Strafkammer die Entscheidungsbefugnis entzogen wurde, konnte er sich die Verzögerungen nicht erklären; sein Fall kam ihm immer noch unkompliziert vor, er glaubte, man müsse nur ermitteln, ob er der Verfasser des *Bordereau* war.

Am 5. Juni um halb eins kam die Nachricht: Der Führer der Wachtruppe stürzte in Dreyfus' Zelle und brachte ein Schriftstück mit der Mitteilung, daß der Kassationshof das Urteil des Militärgerichts aufgehoben und seinen Fall zu einer neuen Verhandlung an das Kriegsgericht von Rennes zurückverwiesen hatte. Er war kein Deportierter mehr: Die Wächter sollten durch Gendarmen ersetzt werden. Ein Kreuzer der Marine, die »Sfax«, war auf dem Weg zur Teufelsinsel und würde ihn nach Frankreich bringen. Diesmal änderten sich seine Haftbedingungen radikal zum Besseren. Am Abend zogen die Gefängniswächter ab, das Redeverbot wurde aufgehoben, der Bürgermeister von Cayenne schickte ihm einen Anzug, einen Hut und etwas Wäsche; er stand zwar noch unter Arrest, dachte aber, daß er wieder französischer Offizier sei. Am 9. Juni brachte ihn eine Gefängnisbarkasse zum Schiff. Man hatte ihm eine Unteroffizierskabine freigeräumt, deren Bullauge mit Balken gesichert war. »Um meine Würde zu wahren«, schrieb er, »sprach ich mit niemandem mehr, als es die soldatische Pflicht verlangte.«[34]

Am 30. Juni kam die französische Küste in Sicht, und die Schiffsmaschinen wurden gestoppt. »Nach fünf Jahren der Folter«, erinnerte sich Dreyfus, »kam ich zurück, um Gerechtigkeit zu suchen.«[35] Die Enttäuschung, der erste traurige, schmerzliche Eindruck, kam schnell. Die »Sfax« erhielt Befehl, unter Dampf vor der Küste liegenzubleiben; am Nachmittag fuhr sie langsam entlang der Küste, gegen sieben Uhr abends wurden die Maschinen abgestellt. Es war dunkel, Nebel und Regenschauer setzten ein. Um neun Uhr mußte Dreyfus über das Fallreep hinunter zu einer Barkasse klettern, die im schweren Seegang schlingerte. Er stürzte und verletzte sich schmerzhaft am Bein. Ein Fieberanfall – unter solchen Anfällen litt er bis an sein Lebensende immer wieder – schüttelte ihn; seine Zähne klapperten. Endlich erreichten sie einen Dampfer, der unverzüglich losfuhr. Um Viertel nach zwei Uhr morgens erreichten sie die Küste. Er ging an Land und wurde zu einem Wagen gebracht. Ein Gendarmeriehauptmann und zwei seiner Untergebenen eskortierten ihn. Auf dem Bahnhof gingen er und seine Eskorte durch ein Spalier von Soldaten mit schußbereiten Waffen. Nach zwei Stunden Bahnfahrt erreichten sie die Garnison Rennes, die Hauptstadt der Bretagne. Wieder wartete ein Wagen, der ihn und die Gendarmen in den Hof des Militärgefängnisses bringen sollte. Um sechs Uhr morgens kamen sie an. Drei Stunden später sah er Lucie. Intimitäten waren ausgeschlossen: Ein Leutnant der Infanterie stand Wache in der Besucherzelle neben der Zelle, in der Dreyfus eingesperrt war. Immer wenn der Häftling Besuch hatte, war der Leutnant dabei.[36] Die Vernehmungen vor dem Kriegsgericht begannen am 7. August. In den Wochen vor dem Prozeß und während der 29 zermürbenden Gerichtssitzungen bewies Dreyfus, daß in den Jahren seiner Einzelhaft weder sein Gedächtnis noch sein Konzentrationsvermögen oder seine Fähigkeit, komplizierte Sachverhalte zu erfassen, gelitten hatten. Er hatte seine Prozeßakte mit Erfolg durchgearbeitet.

Am 29. September verkündeten die Richter nach einer eineinhalbstündigen Beratung ihr Urteil. Sie sprachen Dreyfus mit einer Stimmenmehrheit von 5:2 schuldig unter mildernden Umständen. Das Strafmaß: zehn Jahre Gefängnis. Am nächsten Abend trafen die Richter noch einmal zusammen und beschlossen einstimmig, daß sie Dreyfus nicht noch einmal eine Degradierungszeremonie zumuten wollten. Das war der Teil der Strafe, den Dreyfus am meisten gefürchtet hatte, so sehr, daß er danach nicht weiterleben würde, wie er seinem Bruder sagte. Die Richter baten, dem Präsidenten der Republik ihren Wunsch zu übermitteln. Wie war dieses absurde Ergebnis – Landesverrat mit mildernden Umständen – zustande gekommen? Offenkundig waren die Richter nach ihrer Urteilsfindung selbst entsetzt über das, was sie getan hatten.

Der Ministerpräsident Pierre Waldeck-Rousseau und der Kriegsminister General de Galliffet waren von Dreyfus' Unschuld überzeugt und hatten auf seinen Freispruch gehofft. Der Staatsanwalt, der beim Prozeß die Position der Regierung vertrat, hätte beauftragt werden können, sich für Freispruch einzusetzen. Statt dessen hatte ihm Galliffet erlaubt, ohne Anweisungen zu agieren, was zur Folge hatte, daß er unter den Einfluß der geballten Masse von Generälen und anderen hohen Offizieren geriet, die entschlossen waren, einen Schuldspruch durchzusetzen. Dreyfus' Verteidiger hatten sich offensichtlich nicht genug bemüht, die Verhandlung möglichst auf die eine Frage zu konzentrieren, die der Kassationshof umrissen hatte: Hatte Dreyfus 1894 Landesverrat begangen, »indem er die im ... Bordereau aufgeführten Notizen und Dokumente« an eine ausländische Macht lieferte? Daß die Formulierung des Kassationshofs ungenau war, hatte die Aufgabe nicht erleichtert. Außerdem zeigte das Verfahren einen katastrophalen Mangel an Geradlinigkeit: Daß Dreyfus' angebliches Geständnis nicht stattgefunden hatte, war vom Kassationshof schon geklärt worden; dieser Punkt war erledigt und hätte nicht wiederaufgegriffen werden dürfen; und man hätte nicht zulassen dürfen, daß die Panizzardi-Briefe noch einmal erwähnt würden, da auch sie vom Kassationsgericht als Beweismaterial abgewiesen waren. Trotzdem waren sie noch einmal vorgelegt worden, zusammen mit Bündeln von Papier, die, wie Paléologue sagte, keine zwanzig Zeilen enthalten, die sich wirklich auf Dreyfus beziehen. Das ganze Geheimdossier des Spionagedienstes besteht aus nichts anderem als apokryphen oder manipulierten Dokumenten, unzuverlässigen Übersetzungen, verbogenen Zeugenaussagen, törichtem oder erlogenem Klatsch, willkürlich zusammengeklebten Papierschnipseln, so sibyllinisch, daß man alles hineinlesen kann, was man möchte, belanglosen Notizen, in denen man eine tiefgründige, kabbalistische Bedeutung entdeckt – und das war alles, was das *dossier secret* des Nachrichtenbüros zu bieten hatte.[37]

Mittels einer genauen Analyse hätte es möglich sein müssen, das Gericht von der Nichtigkeit dieses Dossiers zu überzeugen.

Niemand, der die Strenge eines angelsächsischen Verfahrens gewohnt ist, das nur relevantes Beweismaterial anerkennt und bloßes Hörensagen oder Meinungsäußerungen von Zeugen verabscheut – es sei denn, sie sagen als Gutachter aus –, kann in dem Prozeß von Rennes etwas anderes als eine Verirrung sehen, die zwangsläufig zu einem irrationalen Ergebnis führte. Entsprechend vernichtend war die Einschätzung eines zeitgenössischen angelsächsischen Prozeßbeobachters, des britischen Lordoberrichters Lord Russell of Killoween, der in seinem Bericht an Queen Victoria schrieb:

Die Erklärung für das, so wie ich es verstehe, falsche Urteil, zu dem [die Richter] kamen, liegt wohl darin, daß sie mit der Rechtslehre nicht vertraut waren, keine Übung in gerichtlichen Verfahren hatten, nicht über die Erfahrung oder die Fähigkeit verfügten, die sie gebraucht hätten, um die Beweiskraft von Zeugnissen einschätzen zu können; sie waren voller Vorurteile und besorgt um das, was sie für die Ehre der Armee hielten, und da sie beeindruckt oder eingeschüchtert von den Oberhäuptern ihrer Profession waren, hielten sie die fadenscheigen Evidenzfetzen, die das einzige waren, was gegen den angeklagten Mann vorgebracht wurde, für ausschlaggebend ...[38]

Die Unprofessionalität der Richter, die in der Prozeßführung eine so gravierende Rolle gespielt hatte, war noch mehr ins Gewicht gefallen, weil das Oberkommando der Armee versäumt hatte, ihnen Rechtsberater zur Verfügung zu stellen.

Paléologue beschrieb ein Gespräch mit zwei Militärrichtern, die ihn privat aufgesucht hatten, um seine Meinung zu hören. Sie fragten ihn, ob er Dreyfus für schuldig halte. Steif und korrekt entsprach Paléologue ihrem Ansinnen, sagte, er halte Dreyfus für unschuldig, und gab ihnen dann Nachhilfeunterricht, verwies sie auf Aspekte, die besonders dringend geklärt werden müßten, unter anderem: Wie war das *Bordereau* von der deutschen Botschaft in das Nachrichtenbüro gekommen? Gab es irgendwelche Fakten, die das unsinnige Märchen vom »kaiserlichen *Bordereau*« stützten, das angeblich mit Vermerken vom Kaiser selbst versehen in den Besitz des Generalstabs gekommen war und Dreyfus unwiderleglich belastete? Wie überzeugt von Dreyfus' Schuld waren Boisdeffre und Gonse zu der Zeit, als Henry seine Fälschung fabrizierte? Unabhängig von der Frage, ob Paléologues Ratschläge gut waren, verstieß die Besprechung mit einem Vertreter des Außenministeriums außer Hörweite des Angeklagten und seiner Verteidiger klar gegen die Rechte von Dreyfus. Es gab auch andere widerrechtliche Fragen dieser Art an Paléologue. Als die Richter ihn um seine Meinung über Lauth baten, drückte er seine Verachtung mit den Worten aus, Lauth sei der einzige Offizier im Generalstab, zu dem er alle persönlichen Beziehungen abgebrochen habe. Der Gerichtspräsident befragte ihn unter vier Augen über das »kaiserliche *Bordereau*«. Paléologue antwortete mit einer Frage: Müsse er diesen Unfug ausdrücklich Unfug nennen? Natürlich gebe es kein solches Dokument. Ja, Paléologue müsse ihm eine Antwort geben, versicherte der Präsident, damit er seinerseits anderen dasselbe sagen könne – daß mit diesen anderen die Mit-Richter gemeint waren, konnte sich Paléologue denken. Außerdem erfuhr Paléologue vom Chef der Sûreté générale, daß die knappe, überraschend wirkungsvolle und für Dreyfus fatale Schlußbemerkung des Staatsanwalts nicht von diesem notorischen Wirrkopf selbst vorbereitet worden, sondern von einem Freund Merciers, einem sehr fähigen nationalistischen Anwalt, geschrieben war. Der Polizeichef erfuhr davon durch die Indiskretion des Boten, den man mit der Zustellung der Schlußbemerkung betraut hatte. Sie gab Merciers Ansichten wieder, nicht die der Regierung.[39]

Dazu kam, daß die Verteidigung drei sehr hinderliche Probleme hatte. Erstens bestand sichtlich Uneinigkeit, wenn nicht sogar Animosität zwischen Demange und Labori, den beiden Anwälten von Dreyfus. Demange war vorsichtig und beschränkte sich in seinem Schlußplädoyer auf das Ziel, bei den Richtern so viel Zweifel an Dreyfus' Schuld zu wekken, daß sie keinen Schuldspruch fällten. Labori dagegen, ein Hitzkopf, der keine Hemmungen hatte, die Armee zu beschimpfen, wollte die Richter unbedingt von ihrer Pflicht überzeugen, die Unschuld seines Mandanten zu bestätigen. Zweitens waren die Militärrichter zwangsläufig überwältigt von der Anwesenheit der Armeespitze im Gerichtssaal – fünf ehemalige Kriegsminister, ein ehemaliger Generalstabschef, zahllose Generäle und Obersten, die laut verkündeten, daß Dreyfus schuldig sei. Daß die sieben Offiziere, mit Sicherheit allesamt Absolventen der *École Polytechnique*, die offensichtlich intelligent waren und den Prozeß aufmerksam verfolgten, standhalten würden, wenn sie dem Einfluß oder dem Druck dieser obersten Chefs der Armee, der Hohenpriester ihres Allerheiligsten, ausgesetzt waren, war nicht zu erwarten. Dieser Einfluß wurde durch die Haltung und die Anordnungen des Vorsitzenden Richters noch verstärkt. Dreyfus schrieb in seinen Erinnerungen an die Jahre 1899 bis 1906, in diesem Gerichtssaal sei »die Zahl der Ärmeltressen das Maß der Wahrheit« gewesen.[40] Mathieu erinnerte sich, daß die Zeugen der Anklage ihre Aussagen in aller Weitschweifigkeit machen durften und nach Belieben auch als Ankläger in das Verfahren eingreifen konnten, während die Zeugen der Verteidigung vom Vorsitzenden Richter rabiat gemaßregelt wurden. Paléologue schrieb:

> Der Vordenker der nationalistischen Partei ist General Mercier. Er hat sein Quartier in einem bescheidenen Haus aufgeschlagen, das seinem alten Freund, dem pensionierten General de Saint-Germain, gehört. Das ist der Ort, an dem sich jeden Nachmittag und jeden Abend die Verteidiger der Armee treffen, zuerst die Masse der Zeugen aus dem Militär, dann Cavaignac [sowie führende Nationalisten und Antisemiten], schließlich der bretonische Adel und viele Kleriker. Hier werden die Tagesbefehle ausgegeben; hier werden die Zeugenaussagen des nächsten Tages fingiert und koordiniert. General Mercier achtet auf strenge Disziplin im ganzen Lager.[41]

Drittens war Dreyfus ein sehr ungeschickter Zeuge und ein wenig einnehmender Angeklagter. So beschrieb ihn Lord Russell, der eindeutig auf seiner Seite stand, in seinem Bericht an Queen Victoria:

> Ich hatte großes Mitgefühl mit ihm und betrat das Gericht mit der größten Bereitwilligkeit, mich von ihm beeindrucken zu lassen; aber ich war nicht beeindruckt. Er macht keinen günstigen Eindruck. Er sieht unangenehm aus, hat ein hartes, unsympathisches Gesicht, und in seinem Ausdruck – ich gebe es nur widerstrebend zu – fand ich keine Offenheit, keinen Freimut, nichts Vornehmes. Ich denke, er bewies sehr viel Würde in der ungerührten Reglosigkeit, mit der er fast während der gesamten

Verhandlung den beleidigenden und, wie ich glaube, oft erlogenen belastenden Aussagen lauschte ...[42]

Jeder Anwalt, der einmal vor einem Gericht stand, weiß, daß die Glaubwürdigkeit eines Zeugen von Unwägbarkeiten abhängt. Durch sein Verhalten hervorgerufene Zweifel an seinem Charakter und seiner Aufrichtigkeit sind fast nie auszuräumen.

Paléologues Beschreibungen von Dreyfus im Gerichtssaal in Rennes beleuchten dieses sonderbare andauernde Problem genauer. Als Dreyfus hörte, wie der Schuldspruch von 1894 laut verlesen wurde, sah Paléologue, daß ihm Tränen in die Augen traten und über die Wangen liefen. Aber im nächsten Moment wurde sein Gesicht wieder maskenhaft starr – »eine arme, abgezehrte, von Leid gezeichnete Maske«. Er antwortete dem Gerichtspräsidenten mit trockener, schwankender, monotoner Stimme. Als er sich zu dem Geständnis äußern sollte, das er angeblich einige Minuten vor der Degradierung abgelegt hatte, schwor er beim Haupt seiner Frau und seiner Kinder, daß er unschuldig sei, daß er niemals gestanden, daß er immer seine Ehre verteidigt habe, und fiel dann starr wie ein Automat mit schrecklich verzerrtem Mund zurück auf seinen Sitz. »Ich erkannte diese mitleiderregenden Sätze wieder«, schrieb Paléologue,

ich hatte sie an dem trüben Morgen der Degradierung gehört: Sie gaben mir die innere Gewißheit, daß Dreyfus log. Warum klingen sie noch heute so falsch in meinen Ohren, obwohl ich jetzt *weiß*, daß er die Wahrheit sagt? Warum spricht dieser Mann so ohne jede Wärme? Warum kann selbst in seinen eifrigsten Versicherungen kein beseelter Ton durch seine zugeschnürte Kehle schlüpfen? ... Er hat etwas zugleich Unfaßbares und Verhängnisvolles an sich, wie der Held einer antiken Tragödie.

Nachdem Cavaignac seine Aussage beendet hatte, eine schlagkräftige Synthese der Argumente des Generalstabs, die darauf zielte, Dreyfus und seine Anhänger zu vernichten, sah Paléologue mit einer Mischung aus Mitgefühl und Widerwillen, welche Wirkung sie auf Dreyfus hatte:

> Bleich, verstört, mit aufgerissenem Mund, düster und wie benommen lauscht er dieser unwiderlegbaren Darstellung seiner Schuld. Im nächsten Moment trüben sich seine Augen, an seinen Schläfen bilden sich Schweißtropfen, sein Gesicht ist ein einziger Ausdruck grauenvoller Verzweiflung. Er scheint zu sagen: »Macht mit mir, was ihr wollt, ich kann nicht mehr.«

Den gleichen Eindruck hatte Paléologue, als der Gerichtspräsident Dreyfus fragte, ob er eine Erklärung abgeben wolle, bevor die Richter sich zur Beratung zurückzogen:

> Dreyfus, der aussieht wie ein Leichnam, murmelt undeutlich ein paar Worte: »Ich bin unschuldig ... die Ehre meines Namens, den meine Kinder tragen ... Loyalität, Gerechtigkeit ...« Und er sinkt wieder auf seinen Stuhl. Schweiß rinnt ihm von der Stirn.[43]

Entsprechend einer Vorschrift des Militärgerichtshofs war der Angeklagte nicht im Gerichtssaal, als der Vorsitzende das Urteil verkündete. Der Gerichtsschreiber las es ihm anschließend vor. Während dieser »Formalität, die im Beisein einer bewaffneten Wache vollzogen wurde, zeigte er nicht die mindeste Emotion«,[44] notierte Paléologue, der ein paar Stunden später mit dem Zug nach Paris fuhr. Der ungeheuerliche Prozeß war vorbei.

Das Wetter im August und Anfang September war schön gewesen. An zwei Sonntagen hatte Paléologue zu Besprechungen mit seinem Minister nach Paris reisen müssen. Wenn er nicht durch Berufspflichten gebunden war, richtete Paléologue es so ein, daß er seine Freizeit außerhalb von Rennes und so angenehm wie möglich verbringen konnte. Er fuhr nach Saint-Malo und Dinard, speiste mit einem sehr eleganten Freund, einem Anti-Dreyfusard, und versuchte ihm, die

»verwirrende Psyche des Angeklagten« zu erklären. Danach wanderte er an der felsigen Küste entlang und versuchte, an nichts zu denken. Anscheinend ist es immer so, daß Leiden »geschieht, während irgend jemand ißt oder ein Fenster öffnet oder einfach nur lustlos mitläuft ...«

Dienstag, der 15. August, war Mariä Himmelfahrt. Paléologue fuhr tagsüber nach Combourg und besuchte das Château, dem Chateaubriand einige der schönsten Seiten in seinen *Mémoires d'Outre-tombe* gewidmet hat. Aber er merkte, daß er besser nicht dorthin gefahren wäre: Die schrecklichen Geister von Rennes ließen ihn nicht los. Noch einmal gab es ein sehr fröhliches Mittagessen in Dinard, in der schönen Villa des Präfekten. Das Meer schimmerte azur und silbern unter einem vollkommenen azurblauen Himmel. Anfang der Woche war ein Mordanschlag auf Labori verübt worden, aber die Kugel hatte zum Glück nicht seine Wirbelsäule getroffen und war ohne Komplikationen entfernt worden. Der Polizeipräfekt des Bezirks berichtete, daß seine Leute den Attentäter nicht gefaßt hatten. Die einheimische Bevölkerung schützte ihn. Der Präfekt wünschte sich die Zeit zurück, da man einem verstockten Zeugen die Füße ins Feuer stecken durfte, um ihn zum Sprechen zu bringen.[45]

Im Anschluß an eine herzzerreißende Begegnung mit seinem Bruder, unmittelbar nachdem Alfred das Urteil gehört hatte, eilte Mathieu nach Paris und suchte den Dreyfusard Joseph Reinach auf, der in dieser Zeit wegen seiner Freundschaft mit dem Ministerpräsidenten Pierre Waldeck-Rousseau von entscheidender Bedeutung war. Mathieu sagte ihm, er habe Angst um das Leben seines Bruders: Wenn er im Gefängnis bliebe, würde er keine sechs Monate mehr überstehen. Reinach antwortete, es gebe nur eine Lösung; der Präsident der Republik müsse eine Begnadigung gewähren. Ein schneller Gnadenakt würde Dreyfus nicht nur die Gefängnisstrafe erlassen, sondern auch als eine Rehabilitation verstanden werden. In der öffentlichen Meinung würde eine Begnadigung bedeuten, daß Ministerpräsident und Kriegsminister das ungerechte Urteil des Militärgerichts in Stücke gerissen hatten. Reinach setzte sich mit Waldeck-Rousseau in Verbindung, während Mathieu sich mit Clemenceau, Jaurès und anderen wichtigen Dreyfusards und engen Freunden beriet.

Man mußte weder Waldeck-Rousseau noch Galliffet überreden. Sie waren schon selbst zu dem Schluß gekommen, daß eine Begnadigung notwendig war. Schnell wurde jedoch klar, daß die Ausführung dieses Plans sehr schwierig sein würde. Die erste Hürde war ein rechtliches Problem. Demange hatte selbstverständlich bei dem Revisionsrat, der für die Überprüfung von Kriegsgerichtsurteilen zuständig war, Einspruch eingelegt. Damit hatte er verhindert, daß die Entscheidung von Rennes rechtskräftig wurde, aber laut Gesetz konnte eine Strafe nur nach einem rechtskräftigen Urteil durch Begnadigung erlassen werden. Deshalb schlug der sozialistische Minister – und Dreyfusard – Alexandre Millerand vor, Dreyfus solle den Einspruch zurückziehen. Der Gedanke entsetzte Mathieu und Reinach, da dieser Akt so ausgelegt werden konnte, als nehme Dreyfus das skandalöse Urteil an. Mathieu machte einen Gegenvorschlag: Die Regierung solle dafür sorgen, daß möglichst schnell über den Einspruch entschieden werde – er wie alle anderen gingen davon aus, daß er abgelehnt würde –, um das Urteil rechtskräftig zu machen. Millerand hatte jedoch starke Einwände: Er sah voraus, daß die Überprüfungskommission das Urteil des Kriegsgerichtshofs womöglich aufgrund eines Formfehlers aufheben und Dreyfus vor ein anderes Militärgericht stellen würde. Wenn das geschah, war die Gefahr eines neuen Schuldspruchs hoch, diesmal ohne mildernde Umstände und mit einer höheren Strafe einschließlich einer neuen Degradierungszeremonie. Ohne Mathieus Wissen hatte Waldeck-Rousseau sich bereits bei dem Anwalt Mornard nach den möglichen Folgen eines direkten Revisionsantrags der Regierung erkundigt, der damit begründet werden konnte, daß ein Machtmißbrauch stattgefunden hatte: Das Militärgericht habe die Grenzen des Auftrags überschritten, den der Kassationshof ihm gegeben hatte; Mornard riet ab. Er fürchtete, daß der Kassationshof zwar das Urteil von Rennes für ungültig erklären, aber die Wiederaufnahme des Verfahrens vor einem neuen Kriegsgericht anordnen würde, das dann wiederum einen Schuldspruch fällen würde, mit den Konsequenzen, die Millerand fürchtete. Waldeck-Rousseau war einer der erfolgreichsten Rechtsanwälte in Frankreich gewesen. Er konnte Mornards Analyse nur zustimmen.

Mathieu konnte sich offenbar nicht dazu durchringen, von seinem Bruder zu verlangen, daß er den Einspruch beim Revisionsrat zurückzog. Angesichts der symbolischen Bedeutung, die ein solcher Schritt hatte, wollte er ihn auch nicht dazu überreden, ohne sich mit den wichtigsten Mitstreitern im Kampf für Dreyfus abgesprochen zu haben: vor allem Reinach, Clemenceau und Jaurès, denn Zola war in England. Reinach war bereit, nachdrücklich Verzicht auf den Einspruch zu empfehlen. Die folgende Diskussion war nicht ohne Bitterkeit. Clemenceau meinte, nach einer Begnadigung durch den Präsidenten werde es unmöglich, weiter um volle Rehabilitation für Dreyfus zu kämpfen. Wenn Dreyfus lediglich aus dem Gefängnis entlassen würde und sonst nichts geschähe, wäre die Nation um den moralischen Nutzen der gewaltigen Anstrengung gebracht, die man seinetwegen unternommen hatte. Zum Schluß waren jedoch Jaurès und auch Clemenceau mit der Entscheidung gegen den Einspruch und für ein Gnadengesuch einverstanden. Clemenceau gestand widerstrebend zu, daß er an der Stelle von Dreyfus' Bruder die Begnadigung durch den Präsidenten ebenfalls akzeptieren würde. Später bemerkte er dann, es sei gut und schön für Dreyfus, sich um Dreyfus zu kümmern. Ihm selbst und anderen Dreyfusards dagegen gehe es vor allem um ihr Land.

Jaurès verfaßte die Erklärung, die Dreyfus abgeben würde, um seine Würde soweit wie möglich zu wahren und anzukündigen, daß er den Kampf um seinen guten Namen nicht aufgeben werde:

> Die Regierung der Republik gibt mir meine Freiheit zurück. Ohne meine Ehre bedeutet sie mir nichts. Von heute an werde ich danach streben, den furchtbaren Justizirrtum richtigzustellen, dessen Opfer ich noch immer bin. Mein Herz wird nicht zur Ruhe kommen, bis mir kein einziger Franzose mehr ein Verbrechen anlastet, das ein anderer begangen hat.[46]

Dreyfus war zu krank, zu sehr darauf aus, wieder mit seiner Frau und seinen Kindern zusammenzusein, um den Rat seines Bruders abzulehnen. Er erklärte sich mit der Rücknahme des Einspruchs einverstanden. Diese Handlung wurde zwar von seinen wichtigsten Anhängern und Ratgebern einstimmig gebilligt (wenn auch im Falle von Clemenceau widerstrebend), zeigte aber die Schwachstellen auf, an denen die Freundschaftsbande reißen und Allianzen der Dreyfusards bald zerbrechen würden. Auf der einen Seite würden Clemenceau, Labori und sehr bald auch Picquart stehen. Der Dichter Charles Péguy, der durch seinen Freund Lazare früh zum Dreyfusard geworden war, beschrieb das Dilemma so:

> Aber besonders tragisch ist es, daß [Dreyfus] nicht das Recht hat, eine Privatperson zu sein. Tatsache ist, daß wir ständig das Recht haben, ihn zur Verantwortung zu ziehen, das Recht und *die Pflicht,* ihn mit äußerster Strenge zur Verantwortung zu ziehen. Mit äußerster Härte.[47]

Peguy konnte der Familie Dreyfus nie verzeihen, daß sie ein in seinen Augen schäbiges Verhalten gegenüber Lazare an den Tag legte, sobald Alfred wieder in Freiheit war, und daß Dreyfus nicht einmal an der Beerdigung des Freundes teilgenommen hatte. Er war deshalb ferngeblieben, weil er einen Anschlag fürchten mußte und berechtigte Sorgen um seine Sicherheit und die Sicherheit anderer hatte. »Er ist nicht für sich selbst gestorben; aber mehrere andere sind für ihn gestorben …«, schrieb Péguy,

> er hat sich in eigener Sache nicht zugrunde gerichtet, und er wird sich auch für niemanden sonst zugrunde richten.
>
> Viele andere aber haben sich für ihn zugrunde gerichtet, haben ihre Karriere, ihren Broterwerb, sogar ihr Leben, das Auskommen ihrer Frauen und Kinder für ihn geopfert.[48]

Péguy dachte dabei an Lazare, der erkennen mußte, daß es für ihn äußerst schwer geworden war, journalistische Aufträge zu erhalten, seit er als ein Wortführer der Dreyfus-Verteidigung galt.

Aber Péguy war viel zu luzide, um bei diesem Urteil zu bleiben, und er war fähig, das Paradox eines Mannes zu erfassen, der nie eine Märtyrerrolle angestrebt hatte und trotzdem von seinen Anhängern beschuldigt wurde, an dieser Rolle nicht festzuhalten.

Dreyfus kam zurück, und sogleich, schon als die ersten Schritte unternommen, die erste Gespräche geführt wurden, schon beim ersten Kontakt hatten plötzlich alle den Eindruck, daß etwas nicht stimmte, daß dies nicht ganz das Richtige war, daß er so war, wie er war, und nicht so, wie wir ihn erträumt hatten. Schon beschwerten sich einige. Einige klagten ihn zuerst leise und dann laut und öffentlich an. Leise und öffentlich verteidigte ihn Bernard Lazare … *Ich weiß nicht, was sie wollen,* sagte er lachend und auch nicht lachend, nach außen lachend, im Inneren nicht. *Ich weiß nicht, was sie verlangen. Ich weiß nicht, was sie von ihm wollen. Weil er zu Unrecht verurteilt wurde, verlangt man alles von ihm, erwartet man, daß er alle Tugenden besitzt.* ER IST UNSCHULDIG; DAS IST SCHON VIEL.[49]

Auf der anderen Seite der ideologischen Kluft hielt sich unerschütterlich Mathieu, der vor allem seinen Bruder retten und in ein normales und am Ende glückliches Familienleben zurückführen wollte; ihm zur Seite standen Jaurès, Reinach, Trarieux und bis zu ihrem allzu frühen Tod auch Lazare und besonders Zola. Bei allem politischen Einsatz entzogen sie dem Opfer, für dessen Rettung sie soviel getan hatten, nicht ihre Freundschaft oder Zuneigung. Dreyfus selbst war nach dem Prozeß von Rennes ein gebrochener Mann. Paléologue hatte geschrieben, der Angeklagte sehe aus wie ein Leichnam. Die Entscheidung, zu tun, was verlangt wurde, damit die Begnadigung gewährt werden konnte, hatte Dreyfus in äußerster Not getroffen. Er kämpfte leidenschaftlich und mit aller Kraft für die Wiederherstellung seines guten Namens und blieb zugleich beharrlich unansprechbar, wenn von ihm verlangt wurde, die Reste seines Falles in einen politischen Kampf gegen Militarismus und die Macht der Armee oder für soziale Gerechtigkeit umzumünzen.

Die Hoffnung auf eine prompte oder wenigstens schnelle Begnadigung, mit der die Regierung ihre Entrüstung über das ungerechte Militärgerichtsurteil signalisiert hätte, erwies sich als Illusion. Schon am Tag vor dem Schuldspruch von Rennes hatte General Galliffet in einem Schreiben an Waldeck-Rousseau davor gewarnt, die Armee und die Mehrheit der französischen Bevölkerung gegen sein Kabinett, die Dreyfusards und die lautstarken Parteigänger von Dreyfus im Ausland aufzubringen. Es war tatsächlich schwer, außerhalb Frankreichs einen Dreyfusgegner zu finden, und die Leidenschaften im Ausland schlugen hohe Wellen. Als das Urteil von Rennes bekannt wurde, rief die ausländische Presse zum Boykott der Weltausstellung auf, die 1900 in Paris eröffnet werden sollte;

in New York, London, Mailand und Neapel kam es zu anti-französischen Demonstrationen; französische Botschaften brauchten Polizeischutz vor gewaltbereiten Massen. Aber Émile Loubet, der Präsident der Republik, der ohnehin zur Vorsicht neigte und jedem Risiko auswich, war noch vorsichtiger geworden, weil er unbeliebt war und im Zusammenhang mit dem Panama-Skandal, in den eine nicht genannte Zahl prominenter französischer Politiker verwickelt waren, von der Presse angegriffen wurde. Er weigerte sich, etwas zu unternehmen, das als Schlag ins Gesicht der Armee verstanden würde. Als Preis dafür, daß er die Begnadigung unterzeichnete, mußte sie als eine humanitäre, mit dem schlechten Gesundheitszustand von Dreyfus begründete Geste dargestellt werden.

Ein Arzt wurde in das Militärgefängnis von Rennes geschickt, um Dreyfus zu untersuchen, und berichtete, wie schon erwähnt, daß der Häftling »ein erledigter Mann« sei. Das gab Galliffet die Möglichkeit, dem Präsidenten eine Formulierung seines Dekrets vorzuschlagen, die auf Dreyfus' besorgniserregenden Zustand hinwies und die Begnadigung als einen *acte de haute humanité*, einen Akt vornehmer Menschlichkeit, charakterisierte. Loubet unterzeichnete dieses Dekret am 19. September. Am selben Morgen starb Scheurer-Kestner – ein bitterer Zufall. Aus Sorge vor feindseligen Massenprotesten wurde Dreyfus mitten in der Nacht aus dem Gefängnis geschleust. Mathieu und Alfred reisten unter Polizeischutz per Bahn und Wagen und erreichten nach einem Tag das Haus ihrer Schwester und ihres Schwagers in der Nähe von Carpentras. Am Abend traf Alfreds Frau dort ein. Die Kinder kamen am folgenden Tag mit Lucies Eltern.

Zwei Tage nach dem Erlaß des Gnadenakts, am 21. September, gab Galliffet einen Tagesbefehl für die gesamte Armee aus, der in jeder Kompanie, Batterie und Schwadron laut verlesen wurde. Er lautete:

Der Fall ist abgeschlossen. Die Militärrichter haben, begleitet vom Respekt aller, ihren Schuldspruch vollkommen unabhängig gefällt. Wir verneigen uns ohne jede Einschränkung vor ihrer Entscheidung. Wir verneigen uns auch vor dem tiefen Mitgefühl, das den Präsidenten der Republik geleitet hat.[50]

Dieser Tagesbefehl empörte die Dreyfusards. Der Ministerpräsident Waldeck-Rousseau empfand ihn als einen Dolchstoß in den Rücken und verbot die Veröffentlichung im *Journal Officiel*. Aber das war alles. Er forderte seinen Minister nicht zum Rücktritt auf. Galliffet wollte das Gesicht der Armee wahren, und er wie Waldeck-Rousseau wollten die Ruhe im Land wiederherstellen. Das war ihr Hauptanliegen, die Suche nach Gerechtigkeit mußte dahinter zurückstehen.

In seinem Artikel »Le cinquième acte« (Der fünfte Akt), der drei Tage nach dem Schuldspruch von Rennes in *L'Aurore* erschien, schrieb Émile Zola:

Wir hatten uns eingebildet, der Prozeß in Rennes sei der fünfte Akt der schrecklichen Tragödie, die wir fast zwei Jahre lang durchlebt haben ... Aber wir haben uns getäuscht, ein neuer Hinterhalt wartet auf uns, der grauenhafteste von allen, der das Drama noch mehr verdüstert und auf ein unbekanntes Ende zutreibt, vor dem unsere Vernunft scheitert und versagt.

Der Prozeß von Rennes war ganz entschieden nur der vierte Akt ... was wird dann der fünfte sein? Welchen neuen Schmerz und welches Leid wird er enthalten, welche schwerste Sühne wird er der Nation aufbürden? Denn es ist gewiß, daß ein unschuldiger Mann nicht zweimal verurteilt werden kann und daß ein solcher Ausgang das Licht der Sonne löschen und die Völker der Welt in Aufruhr bringen würde![51]

Der kathartische fünfte Akt wurde von 1903 an aufgeführt,

nachdem in Frankreich schwerwiegende politische Veränderungen stattgefunden hatten. Bevor er beginnen konnte, war jedoch Zeit für ein beschämendes, wenn auch vielleicht notwendiges Zwischenspiel. Am 19. November 1899 legte Waldeck-Rousseau dem Senat den Entwurf für ein Amnestiegesetz vor, unter das alle im Zusammenhang mit der Affäre Dreyfus begangenen Straftaten fallen sollten. Davon ausgenommen war nur das Verbrechen, für das Dreyfus vom Militärgericht in Rennes verurteilt worden war: Der Ausschluß sollte ihm das Recht bewahren, sich durch ein Revisionsverfahren vollständige Rehabilitation zu verschaffen. Die Amnestie annullierte jedoch viele schwebende Verfahren – zum Beispiel gegen Picquart und Zola –, und sie schützte die in den Fall verwickelten Schurken – Mercier, Boisdeffre, Gonse, du Paty, Lauth und Gribelin –, die nun nicht mehr strafrechtlich zur Verantwortung gezogen werden konnten. Das Gesetz wurde Ende Dezember 1900 gegen den heftigen Protest von Dreyfus, Zola und Picquart in Kraft gesetzt. Dreyfus fürchtete, ohne die Möglichkeit, die Kabale des Generalstabs vor Gericht zu bringen, könne er die »neuen Tatsachen« nicht liefern, die dem Kassationshof als Beweismaterial vorgelegt werden mußten, damit er die Gültigkeit des Urteils von Rennes überprüfte. Picquart mußte sich zu dieser Zeit um seine eigene Affäre kümmern, einen Rechtsstreit um seine Entlassung aus der Armee infolge der Entscheidung einer Militärkommission; gegen diese Entscheidung legte er Berufung vor dem *Conseil d'État* ein, dem höchsten Verwaltungsgericht in Frankreich. Obwohl seine Aussichten auf Erfolg sehr gut waren und er sogar darauf hoffen konnte, daß man ihm ein Kommando anbieten würde, zog er die Berufung zurück und erklärte, von einer Regierung, die nicht gewagt hatte, Verbrecher in hohen Positionen vor Gericht zu stellen, werde er nichts annehmen.

Der politische Umschwung, der sich aus dem Niedergang

der kirchentreuen und nationalistischen Rechten ergab, wurde ab 1903 spürbar. Émile Combes, ein entschieden gegen den Klerikalismus eintretender Politiker, war Ministerpräsident geworden. Der ebenso gegen Klerikalismus und für republikanische Ideale kämpfende General Louis André war Kriegsminister. Jaurès befand sich als Anführer der sozialistischen Abgeordneten in der Kammer in einer starken Position. Im Einvernehmen mit Dreyfus, Trarieux, Clemenceau und den Anwälten von Dreyfus entschied er, daß die Zeit reif war, die Affäre Dreyfus zu einem wirklichen Abschluß zu bringen – nicht durch Begnadigung oder Amnestie, sondern durch ein Revisionsverfahren. Im Mai führte er in einem Redemarathon, dessen Brillanz und Schärfe seinen meisterhaften *Les Preuves* nicht nachstand, noch einmal den Beweis für Dreyfus' Unschuld und ging den Verbrechen der Personen auf den Grund, die sich verschworen hatten, um ihn auf die Teufelsinsel zu schicken und dort festzuhalten. Die Parlamentssitzung lief aus dem Ruder; Abgeordnete brüllten sich gegenseitig nieder, Rechte und Linke beschimpften einander heftig, aber bevor sie vorbei war, schaltete sich General André ein und erklärte, die Regierung sei bereit, eine amtliche Untersuchung der von Jaurès erhobenen Vorwürfe in Auftrag zu geben. Die Debatte endete mit einem Vertrauensvotum, verbunden mit dem wahrhaft sibyllinischen Beschluß der Kammer, »die Affäre Dreyfus nicht aus dem judiziellen Bereich heraustreten zu lassen«. Während man noch grübelte, was mit dieser Mahnung gemeint war, stellte Dreyfus beim Kriegsminister einen Antrag auf ein neues Ermittlungsverfahren, da ihm neue Tatsachen im Zusammenhang mit seinem Fall bekanntgeworden seien. Angesichts dieser zusätzlichen Komplikation autorisierte der Ministerpräsident General André, zwecks Wahrheitsfindung eine »persönliche« Ermittlung in der Sache vorzunehmen.

André beauftragte seinen Adjutanten und den Chefanwalt

des Ministeriums, die Masse der Akten durchzusehen, die für das Verfahren von Rennes zusammengestellt und anschließend auf verschiedene Orte verteilt worden waren. Sie sollten auch Dokumente prüfen, die Henry, Gonse und der schillernde Louis Cuignet, der den *faux Henry* entlarvt hatte, um sich dann in einen fanatischen Anti-Dreyfusard zu verwandeln, zurückgehalten hatten, weil sie Dreyfus womöglich entlastet hätten. André selbst verschaffte sich einen Überblick über das gesamte Dossier. Das Ausmaß der Rechtsverletzungen, die er dabei entdeckte, übertraf alle Erwartungen. Das Dossier enthielt außer *le faux Henry* noch mindestens zwei andere von Henry verfälschte Dokumente, betrügerische Listen mit Abrechnungen über die Arbeit eines Spions, dessen gefälschte Berichte Dreyfus belasteten, und andere Schriftstücke, die belegen sollten, daß Picquart Gelder von den Konten des Nachrichtenbüros zur Finanzierung geheimer Spionage verschleudert hatte. Die Ermittlung dauerte ungefähr sechs Monate, und die Akte wurde schließlich im November 1903 durch Kabinettsbeschluß dem Justizminister übergeben. Der Minister hätte von sich aus dem Kassationshof Weisung geben können, die Revision des Urteils von Rennes zu bewilligen. Das Kabinett verfuhr jedoch anders: Man gab Dreyfus zu verstehen, daß ein Antrag von ihm, diesmal auf gerichtliche Überprüfung, angebracht wäre; Grundlage des Antrags sollten die Enthüllungen sein, die Jaurès in seiner Rede bekanntgegeben hatte, außerdem die Ergebnisse, zu denen die Ermittlungen von André nach Dreyfus' Meinung geführt haben mußten, meineidige Zeugenaussagen im Prozeß von Rennes sowie – ein bemerkenswertes Beispiel für das Vertrauen der französischen Justiz in Hörensagen – ein Brief des ehemaligen deutschen Botschafters an Reinach mit der Mitteilung, daß Schwartzkoppen ihm gestanden habe, daß tatsächlich Esterházy der Spion war, der ihm französische Militärgeheimnisse verkauft hatte. Nachdem neue politische Komplikationen entstanden und ausgeräumt worden waren, überwies der Minister das Urteil von Rennes am ersten Weihnachtstag 1903 an den Kassationshof.

Die quälend langsamen Gerichtsverhandlungen, die sich zusätzlich hinauszögerten, weil der Richter, der den Schlußbericht hätte verfassen sollen, krank wurde und durch einen anderen ersetzt werden mußte, endeten schließlich am 11. Juli 1906. Das Gericht beschloß einstimmig, das Urteil von Rennes aufzuheben, und entschied sich mit 31 zu 18 Stimmen gegen eine Rückverweisung, so daß es keine Möglichkeit mehr gab, Dreyfus einem neuen Gerichtsverfahren auszusetzen; dieses Ergebnis war im Sinne eines Gesetzes, das ein neues Verfahren dann für überflüssig erklärte, wenn der Kassationshof ein zur Revision vorliegendes Urteil so aufhob, daß keine strafbare Handlung des Angeklagten mehr übrigblieb. Das Urteil wurde am nächsten Tag öffentlich verlesen. Der Mann von der Teufelsinsel war für unschuldig erklärt worden und der Fleck auf seiner Ehre getilgt. Als ihn eine Flut von Glückwunschtelegrammen und Briefen überschwemmte, erinnerte sich Dreyfus an die Helfer, die vor dem Triumph der gerechten Sache, für die sie soviel getan hatten, gestorben waren, an Lazare, Zola, Scheurer-Kestner, Trarieux und andere weniger berühmte. Picquart, dem er einen Dankbrief geschrieben hatte, antwortete mit einem Schreiben von ausgesucht kühler Förmlichkeit:

Mein lieber Dreyfus,
ich danke Ihnen für Ihre Notiz. Ich kann mir vorstellen, welche Freude Sie und Ihre Familie empfinden. Ich hätte ein Kriegsgerichtsverfahren vorgezogen, das wissen Sie, aber ich bin nicht starrköpfig. Vielleicht ist es so besser.[52]

Am nächsten Tag, dem 13. Juli, verabschiedete die französische Legislative zwei Erlasse, der eine erkannte Dreyfus den Majorsrang zu, der andere machte Picquart zum Brigadegeneral. Wie schon erwähnt, wurde Dreyfus am 20. Juli mit den Insignien eines Ritters der Ehrenlegion ausgezeichnet; die Zeremonie fand im Court Desjardins der *École Militaire* statt, die sich, wie Dreyfus feststellte, nicht verändert hatte, seit er als Leutnant einer berittenen Artillerieeinheit dort postiert war. Die Erinnerung an die Degradierungszeremonie war so stark, daß Dreyfus' Herz klopfte, als wollte es zerspringen, sein Gesicht lief rot an, und Schweiß stand ihm auf der Stirn.

Man hatte Gerechtigkeit geübt, und dem Anschein nach hatte der Staat den Justizirrtum und die Folgen wiedergutgemacht. Aber es war nicht alles gut. Der Hof der *École Militaire,* den die Regierung für die Ehrung ausgesucht hatte, war klein, und nur eine begrenzte Zahl von Gästen konnte eingeladen werden: die Familie Dreyfus, Picquart, Anatole France und einer der Richter am Kassationshof. Weder Jaurès noch Dreyfus' Anwälte, noch Reinach oder General André waren dabei. Das Gesetz, kraft dessen Picquart zum General befördert wurde, hatte die Dienstjahre berücksichtigt, die er wegen der rechtswidrigen Strafverfolgung, die ihm die Kabale des Generalstabs eingetragen hatte, im Gefängnis zubringen mußte. Für Dreyfus dagegen galt laut Gesetz, daß seine Dienstzeit als Major erst mit dem Tag seiner Beförderung begann; die Dienstjahre, die er angesammelt hätte, wäre er nicht 1894 verurteilt und 1899 begnadigt, sondern freigesprochen worden, zählten nicht. Das hatte zur Folge, daß die gleichaltrigen ehemaligen Kameraden des 47jährigen Majors ihm nun in der Hierarchie der Armee übergeordnet waren. Die erträumte wunderbare Laufbahn hatte in eine Sackgasse geführt. Gesellschaftlicher Umgang zwischen Offizieren unterschiedlicher Ränge wurde in der französischen Armee nicht gern gesehen. Am 15. Oktober 1906, auf den Tag genau zwölf Jahre nachdem er wegen Landesverrats angeklagt und inhaftiert worden war, trat er als Major einer Artillerieeinheit im Fort Vincennes wieder in den aktiven Dienst ein und mußte sehr bald feststellen, daß seine Situation unhaltbar war. 1907 zog er sich aus dem aktiven Dienst zurück. Seine Bitterkeit war grenzenlos. Da er keine zwei Jahre als Major gedient hatte, wurde er bei der Pensionierung auf seinen früheren Rang zurückgestuft. Er war wieder Hauptmann.

Unterdessen war Clemenceau, nicht zuletzt deshalb, weil er eine führende Rolle als Dreyfusard gespielt hatte, Ministerpräsident geworden und hatte Picquart zu seinem Kriegsminister ernannt. Dreyfus, der sich schon auf verschiedenen Wegen, auch über die Intervention von Freunden, darum bemüht hatte, daß seine ungerechte Einstufung korrigiert und sein Dienstalter anerkannt würde, machte nun einen persönlichen Vorstoß bei seinem heroischen Verteidiger. Picquart empfing ihn in General Boisdeffres altem Büro, und die beiden Männer dachten gemeinsam zurück an die Szene, als du Paty an diesem Ort Dreyfus den Text des *Bordereau* diktiert hatte. Im Lauf der Unterhaltung sagte Picquart, wie sehr er es bereue, daß er sich auf diese »düstere Komödie« eingelassen habe. Als Dreyfus ihm aber erklärte, warum er gekommen war, und sein Gesuch um Wiedergutmachung einer Ungerechtigkeit vortrug, wurde der General eisig und beschied ihn, daß dieser Irrtum, wenn es denn einer sei, von der vorherigen Regierung hätte korrigiert werden müssen. Dreyfus begriff, daß es Zeit war zu gehen, und er ging, nachdem er Picquart zu seinem Ministeramt gratuliert hatte. Picquart sagte darauf, Kabinettsmitglied sei er dank Dreyfus geworden, und Dreyfus erwiderte: »Nein, nicht deshalb, sondern weil Sie Ihre Pflicht getan haben.«[53]

Dreyfus starb zu Hause, am 12. Juli 1935, auf den Tag genau 29 Jahre nachdem das Urteil des Kassationshofes – der Freispruch – öffentlich verlesen worden war. Er war beim Ausbruch des Ersten Weltkriegs in den aktiven Dienst zu-

rückgekehrt und hatte zuerst im nördlichen Pariser Militär-
bezirk gedient und dann an der Front bei einem Artillerie-
kommando, das in der Nähe von Verdun und dem Chemin
des Dames stationiert war. Bei Kriegsende war er zum Oberst
und Offizier der Ehrenlegion befördert worden. Sein Sohn
Pierre hatte als junger Offizier tapfer auf den Schlachtfeldern
an der Somme und vor Verdun gekämpft; er wurde 1920 zum
Hauptmann ernannt und 1921 in die Ehrenlegion aufgenommen. Mathieus einziger Sohn Eric fiel 1915 an der Front. Sein
Schwiegersohn, der Mann seiner einzigen Tochter und Sohn
Joseph Reinachs, wurde im ersten Kriegsjahr getötet. Lucie
Dreyfus starb am 14. Dezember 1945 in ihrer Pariser Wohnung. Sie war in die sogenannte *Zone Libre* geflüchtet, den
unbesetzten Teil Frankreichs, der dem Vichy-Regime unterstellt war, und hatte die letzten Kriegsjahre in einem Konvent
versteckt als Mme Duteil gelebt. Ihre Enkelinnen Simone und
Madeleine und die Enkel Jean-Louis und Étienne, Kinder von
Jeanne, der einzigen Tochter Lucies und Alfreds, waren alle
in der Résistance gewesen. Madeleine fiel der Gestapo in die
Hände und starb im Januar 1944 im Lager Auschwitz-Bir-
kenau an Typhus. Pierres Sohn Charles hatte bei den Truppen
von de Gaulles FFL, der Freien Französischen Streitkräfte,
gekämpft.

1984 schuf der Bildhauer und Karikaturist Tim (Louis
Mittelberg) im Auftrag der französischen Regierung eine Statue von Dreyfus. Sie stellt einen Offizier in Habtachtstellung
dar, der ein zerbrochenes Schwert in der Hand hält. Nur mit
Mühe fand man einen passenden Platz für die Skulptur. Im
Hof der *École Militaire*, dem Schauplatz der Degradierungszeremonie, durfte sie nicht aufgestellt werden, abgelehnt
wurde auch der Vorschlag, sie in der *École Polytechnique* zu
plazieren, deren Student Dreyfus gewesen war. Schließlich
fand die Statue im Park der Tuilerien eine vorläufige Heimat.
Seit 1994 steht sie auf dem winzigen Platz Pierre-Lafue in

der Nähe der Metro-Haltestelle Notre-Dame-des-Champs im sechsten Arrondissement. 2002 wurde sie von oben bis unten mit gelber Farbe besprüht, und der Sockel mit antisemitischen Graffiti beschmiert. Ebenfalls 1994 wurde ein kleiner Platz an der Kreuzung der Avenue Émile Zola und Rue du Théâtre im fünfzehnten Arrondissement Place Alfred Dreyfus genannt. 1998 wurde anläßlich des hundertsten Jahrestags der Veröffentlichung von Zolas »J'accuse« eine Plakette zum Andenken an Hauptmann Alfred Dreyfus, der für ein Verbrechen degradiert worden war, das er nicht begangen hatte, an einer Mauer im Hof der *École Militaire* angebracht, wo die Degradierung stattgefunden hatte.

2006, hundert Jahre nach dem Freispruch von Dreyfus, versuchte man in einer Kampagne durchzusetzen, daß seine sterblichen Überreste ins Panthéon überführt wurden. Die Initiative wurde mit der Begründung abgelehnt, daß das Panthéon eine Ruhestätte für Helden, nicht aber für Opfer sei. Am 12. Juli 2006 ehrte ihn jedoch Präsident Jacques Chirac mit einem Nachruf; er sprach bei einer Gedenkfeier für Dreyfus im Hof der *École Miltaire*. Chirac erklärte unmißverständlich, daß Dreyfus kein Landesverräter war. Er ehrte ihn als einen Patrioten, der Frankreich leidenschaftlich geliebt hatte, und als einen Mann,

> dem nicht volle Gerechtigkeit widerfahren war: die Wiederherstellung einer Karriere, auf die er ein Recht hatte, wurde ihm nicht gewährt, und so sah sich dieser Offizier, den Tod in der Seele, gezwungen, die Armee zu verlassen. Und deshalb schuldet es die Nation sich, ihm heute feierlich Ehre zu erweisen.

Das waren noble, mutige Worte in der Höhle des Löwen, im Lebenszentrum einer Armee, die nur widerwillig anerkannt hat, daß Dreyfus unschuldig und seine Vorgesetzten schuldig waren. Ebenfalls 2006 gab die französische Post eine Briefmarke mit dem Bild von Dreyfus heraus. Die Rede in der

École Militaire ist nicht das einzige Beispiel für Präsident Chiracs Entschlossenheit, sich unsäglich beschämenden Phasen der französischen Geschichte zu stellen. Noch mehr Mut hatte die Ansprache vom 16. Juli 1995 verlangt, dem 53. Jahrestag der *Rafle du Vel' d'Hiv*, als Pariser Juden im Vélodrome d'Hiver, einem Sportpalast, zusammengetrieben und von dort aus deportiert worden waren; in dieser Ansprache bekannte Chirac sich dazu, daß der französische Staat die Verantwortung für die Verbrechen des Vichy-Regimes an französischen Juden trage – noch kein anderer Präsident der französischen Republik war dazu bereit gewesen.

Das große Rätsel der Affäre Dreyfus hat weder mit einer möglichen geheimen Verbindung zwischen Henry und Esterházy zu tun noch mit Paléologues Vermutung, daß ein Ring von Landesverrätern, dem Maurice Weil, ein jüdischer Offizier mit einer besonderen Verbindung zu General Saussier (seine Frau war die Mätresse des Generals), Esterházy und ein hochrangiger General, dessen Namen Paléologue nicht nannte, angehören sollten, mit Duldung von Henry und Lauth militärische Geheimnisse an die Generalstäbe der deutschen, österreichischen und italienischen Armee verkaufte. Wirklich rätselhaft ist, warum Dreyfus, nachdem er fünf Jahre lang auf der Teufelsinsel gefangen gesessen und danach sechs Jahre um seine Ehre und seinen guten Namen gekämpft hatte, so fest entschlossen war, in die französische Armee zurückzukehren. Er war noch immer reich, noch immer verheiratet mit einer viel jüngeren Frau von noblem Geist und vornehmer Wesensart, er hatte zwei Kinder, die er liebte, er war 47 Jahre alt und körperlich ein gebrochener Mann. Er würde nie mehr ganz gesund werden. Die Verachtung und Abneigung seiner ehemaligen Kameraden müssen ihm beim Prozeß von Rennes ins Bewußtsein gedrungen sein, selbst wenn er sie während des Kriegsgerichtsverfahrens von 1894 ausgeblendet haben sollte. Er hatte in Rennes erlebt, daß ihn fünf von sieben Richtern gegen alle Vernunft und wider ihr besseres Wissen schuldig gesprochen hatten, und er war Zeuge der Perfidie Merciers und Boisdeffres geworden, der von ihm bewunderten obersten Militärs. Und trotzdem wollte er den Rest seines aktiven Lebens in der Gesellschaft von ihresgleichen zubringen. Wie konnte das sein?

Die Lösung des Rätsels ist mit großer Sicherheit in dem nüchternen Bericht Franz Kafkas über die gewalttätigen antijüdischen Krawalle zu finden, die in den ersten beiden Jahren der neugegründeten unabhängigen tschechoslowakischen Republik ausbrachen und am 16. November 1920 einen Höhepunkt erreichten: Ein wilder Haufen stürmte das jüdische Rathaus in Prag, verwüstete Archive und zertrampelte Torarollen. Franz Kafka beschrieb mit Entsetzen, was er sah:

Den ganzen Nachmittag bin ich jetzt auf den Gassen und bade im Judenhaß. »Räudige Rasse« habe ich jetzt einmal die Juden nennen hören. Ist es nicht das Selbstverständliche, daß man von dort weggeht, wo man so gehaßt wird (Zionismus oder Volksgefühl ist dafür gar nicht nötig)? Das Heldentum, das darin besteht, doch zu bleiben, ist jenes der Schaben, die auch nicht aus dem Badezimmer auszurotten sind.[54]

Die Juden, die vor ihrer Emanzipation jahrhundertelang unterdrückt, gequält und verhöhnt worden waren, hatten sich in ihre neue Freiheit und in die gute Nachricht verliebt: Sie konnten so sein wie andere Menschen, wenn sie nur wollten. Wenn sie hart arbeiteten, wenn sie gute Bürger waren, würden sie die Flügel ausbreiten können. Das Versprechen war wunderbar, aber es ließ die harte Tatsache außer acht, die in jenen berauschenden Tagen wahrscheinlich nicht offensichtlich war: Die »anderen Menschen« wollten nicht, daß die Juden so waren wie sie. Sie wollten die Juden aus dem Weg haben. Aber die Juden verstanden nicht, sich so klein zu machen, daß sie niemandem im Weg waren. Statt dessen klammerten sie sich an den Platz, den sie als ihren angesehen hatten: Dreyfus glaubte weiter an die Armee und seinen Offiziersrang.

5

»Dreyfus wurde rehabilitiert, Picquart Kriegsminister, ohne daß jemand mit der Wimper gezuckt hätte.«[1]

Zola war wie prädestiniert, den großen Roman über Frankreich um 1890 zu schreiben, ein Werk, das der französischen Gesellschaft den Spiegel vorhalten und sie zwingen würde, der Affäre in ihrer ganzen Häßlichkeit ins Gesicht zu sehen. Das war ihm überzeugend mit den früheren Werken *La Curée (Die Beute)* und *L'Argent (Geld)* gelungen, in denen er die Finanzskandale sowie die politische und sexuelle Korruption im Zweiten Kaiserreich vorgeführt hatte, auch mit *L'Assommoir (Der Totschläger)*, einer Studie über die Pariser Slums, und *La Débacle (Der Zusammenbruch)*, dem Buch, das nach Gründen für die französische Niederlage von 1871 forschte. *La Vérité (Wahrheit)*, ein Roman, der erst 1903, nach Zolas Tod, veröffentlicht wurde, ist ein Versuch, sich mit der Affäre auseinanderzusetzen, doch Zola beging einen strategischen Fehler: Er transponierte den Fall Dreyfus und machte daraus die Geschichte eines jüdischen Lehrers, der zu Unrecht beschuldigt wurde, seinen zwölfjährigen, buckligen Neffen, einen Halbjuden, vergewaltigt und ermordet zu haben. Dadurch verminderte Zola die Tragweite des Themas. Vielleicht erschien ihm der direkte Zugriff, der ihm im *Zusammenbruch* so gute Dienste geleistet hatte, in diesem Fall nicht angemessen. *Wahrheit* gehört jedenfalls nicht zu seinen besseren Werken. Obwohl Zola nicht alt wurde, sondern mit 62 Jahren starb, hatte die Schaffenskraft bereits nachgelassen, die ihn glanzvoll durch die zwanzig Romane des Rougon-Macquart-Zyklus getragen hatte.

Auch der bedeutende Romancier Anatole France, fast gleichaltrig mit Zola, war ein glühender Dreyfusard. Seit

1896 Mitglied der *Académie Française*, skeptisch, außergewöhnlich kultiviert, der Tradition des französischen Klassizismus verpflichtet, war Anatole France ein Antipode Zolas. Trotzdem stürzte er sich rückhaltlos ins Getümmel der politischen Versammlungen der Dreyfusards, und die literarischen Gegensätze hinderten ihn nicht, 1902 bei der Trauerfeier den Hauptnachruf auf Zola zu halten. Blum erinnerte sich, daß er zu Beginn seines Einsatzes für Dreyfus nicht auf France zu hoffen gewagt hatte. Erst viel später verstand er, warum France ein Dreyfusard geworden war: Er habe den »rationalistischen Glauben« gehabt. Seine Intelligenz sagte ihm, daß Dreyfus nicht schuldig war; sie sagte ihm auch, daß eine derartige Gewißheit in Handeln umgesetzt werden mußte. In einer Zeit, als die Dreyfus-Parteigänger glücklos agierten, hielt France bei einer öffentlichen Versammlung eine mitreißende Rede und schloß mit dem Versprechen: »*Nous aurons raison parce que nous avons raison*« – wir werden recht behalten, denn wir haben recht.[2] In drei Werken France' spielt die Affäre eine wichtige Rolle, das dritte davon ist die dystopische, oft burleske Satire *L'Île des Pingouins* (*Die Insel der Pinguine*), die 1908 in Buchform veröffentlicht wurde, nachdem sie von 1905 bis 1907 als Fortsetzungsroman im *New York Herald* erschienen war.[3] Sie steht in einer Tradition, die von Jonathan Swifts *Gullivers Reisen* über Kafkas *Bericht für eine Akademie* und George Orwells *Farm der Tiere* bis zu Art Spiegelmans *Maus* reicht, und erzählt ein Stück französischer Geschichte einschließlich der Dreyfus-Affäre verschlüsselt als Tierfabel, als Vergangenheit, Gegenwart und Zukunft einer Pinguinkolonie. In den früheren Romanen *L'Anneau d'Améthyste* (*Der Amethystring*) und *Monsieur Bergeret à Paris,* (*Professor Bergeret in Pari*s) ist die Affäre ebenfalls unübersehbar präsent. Diese beiden Bücher, Band 3 und 4 des Romanzyklus *Histoire Contemporaine*, wurden während der Affäre, vor Dreyfus' Freispruch geschrieben; sie sind Augenzeugenberichte.

Marcel Prousts *A la recherche du temps perdu* (*Auf der Suche nach der verlorenen Zeit*) ist das bei weitem bedeutendste Romanwerk, das sich mit der Affäre befaßt. Proust war 31 Jahre jünger als Zola und 27 Jahre jünger als Anatole France und hielt Dreyfus schon sehr früh für unschuldig, ebenso wie Dr. Robert Proust, sein jüngerer Bruder. Marcel war einer der brillanten jungen Männer, mit denen Blum regelmäßig in der Redaktion der avantgardistischen literarischen Monatszeitschrift *Banquet* zusammentraf, deren Mitbegründer Proust war und für die er und Blum schrieben. Sie begegneten einander auch im Dreyfusard-Salon von Madame Émile Straus, der Witwe George Bizets und Ehefrau von Émile Straus, einem Wirtschaftsanwalt der Spitzenklasse, zu dessen Mandanten die Rothschilds gehörten. Wie in vielen Familien gab es auch in der Familie Prousts politische Auseinandersetzungen; Adrien Proust, ein hoher Staatsbeamter, war gegen eine Revision des Militärgerichtsurteils von 1894 und weigerte sich eine Zeitlang, mit seinen Söhnen, den Dreyfusanhängern, zu sprechen. Lange dauerte das Zerwürfnis nicht; Dr. Proust besann sich und sah die Notwendigkeit einer Revision ein.

Proust war auch der Autor von *Jean Santeuil*, einem fragmentarischen und stark autobiographischen Bildungsroman, den er 1895 als 23jähriger begonnen hatte und bald nach 1900, vor Dreyfus' Freispruch im Jahr 1906, verwarf. Das erst 1922 nach Prousts Tod veröffentlichte Romanfragment erzählt von der Einführung in die Gesellschaft, den Freundschaften und den ersten Lieben eines intellektuellen und sensiblen bürgerlichen jungen Parisers. Wie nicht anders zu erwarten, verfolgt er den Verleumdungsprozeß gegen Zola mit gebannter Aufmerksamkeit. *Jean Santeuil* ist nicht nur deshalb wichtig, weil der Text Prousts erster Versuch ist, in einem Roman die großen Themen von *Auf der Suche nach der verlorenen Zeit* zu entwickeln, sondern auch, weil er die fieberhafte Erregung rund um den Zola-Prozeß schildert. Wie zu einem Stierkampf strömen junge Männer früh am Morgen zum Palais de la Justice, dem Gerichtsgebäude auf der Île de la Cité, sie behindern die Streitparteien, die Zeugen und die Rechtsanwälte. Sie bringen Sandwiches und Kaffee in Thermoskannen mit, um im Gerichtssaal eine Stärkung zu haben, denn die Sitzplätze, die sie sich mit Glück gesichert haben, wagen sie nicht mehr zu verlassen, aus Sorge, daß sie sonst von anderen besetzt werden könnten. Oft können sie sich nur mit der Hilfe einflußreicher Anwaltsfreunde Zugang zur Verhandlung verschaffen.

Die eindrucksvollste Passage im Roman zeichnet ein poetisches Porträt von General de Boisdeffre. Es gibt keine bessere, subtilere Darstellung des Armeekults, der damals in Frankreich grassierte. Ohne diesen Kult und die mit ihm verbundene Angst vor der traumatischen Erfahrung, daß ein Kriegminister – oder sogar zwei Minister, wenn man außer Mercier auch General Billot mitzählt – und ein Generalstabschef als mediokre Verbrecher entlarvt werden, wäre die Affäre Dreyfus nicht möglich gewesen.

Wir haben gesehen, wie Boisdeffre den Geschworenen im Zola-Prozeß den Kampf ansagte, indem er sie vor die Wahl stellte, entweder den Oberbefehlshabern der Armee zu trauen, deren Aufgabe die Verteidigung der Nation sei, oder zu riskieren, daß die Befehlshaber, wenn ihnen das Vertrauen entzogen werde, ihre undankbare, mühselige Aufgabe anderen überlassen würden. Prousts Porträt zeigt Boisdeffre am Nachmittag vor diesem Auftritt, als er am Justizpalast eintrifft, um General Pellieux nach dessen unklugem Zitat aus *le faux Henry* zur Hilfe zu eilen. Er kommt zu spät: Das Gericht hat sich vertagt, vielleicht weil der Vorsitzende Richter den Aufschub für klug hielt, damit der Kriegminister in der Zwischenzeit Boisdeffre instruieren konnte, was er im Zeugenstand sagen durfte. Boisdeffre kommt in Zivil, hält einen sehr hohen Zylinderhut in der Hand, nähert sich langsam, zieht ein Bein nach, das steif ist wie nach vielen Stürzen vom Pferd und Knochenbrüchen. Er sieht noch jung aus, aber seine Wangen sind fleckig, von einem dichten Netz roter und violetter geplatzter Adern bedeckt, seine Augen blinzeln, er gibt sich ruhig, obwohl er offensichtlich tief in Gedanken ist. Jean sieht die Erscheinung und erkennt »die Besonderheiten dieser erhabenen General Boisdeffre benannten Sache«; Boisdeffre,

[der] mit diesen zwinkernden Augen stets und immer um sich blickte und [dessen] Wangen infolge von Zigarrerauchen und Kognakgenuß nach allzu langen Arbeitstagen beständige Rötung angenommen hatten. Wo er vorüberkam, nahmen die Männer die Hüte ab, und er grüßte sehr höflich wie ein Mann von überragendem Rang, ein Aristokrat etwa, der, zugleich auch noch kirchlicher Würdenträger, um keinen Neid zu erregen, Wert darauf legt, durch solch ausladende Höflichkeit das Publikum zu entwaffnen … So reagierte er auch auf die zum Gruß gehobenen Hüte, doch ohne daß er sie im Grunde zu sehen schien, in seine Gedanken vertieft, wie er war, zeitweise mit den Augen zwinkernd, das Bein steif vor sich strekkend oder sogar stehen bleibend, an seinem Schnurrbart zupfend und mit der Hand über seine gerötete Wange streichend wie über den Rücken eines Kampfrosses, das er selbst müde geritten hatte. Während er so, von seinem Ordonnanzoffizier gefolgt, die Treppe erstieg, fragte jeder sich angstvoll, was er wohl aussagen werde, und jene geröteten Wangen, jene zwinkernden Augen und sogar noch der offen stehende Paletot sowie der schief auf dem Kopf sitzende Zylinderhut, alle jene eher gewöhnlichen Einzelheiten wurden mit unwiderstehlicher Ergriffenheit von allen denen gemustert, die nur in aller Ehrfurcht sich ihnen zu nähern gewagt hätten, denn man spürte, daß sie mit all der unerhörten, enormen Macht geladen waren,

die ganz Europa ... betraf, einer Macht, die ... plötzlich offenbar werden und mit dem Leben eines Mannes und seiner Familie auch das Schicksal Europas verwandeln würde.[4]

Kurz nach dem Besuch im Justizpalast (also nach dem Schuldspruch für Zola und während Picquart auf dem Mt. Valérien in Festungshaft ist) nimmt Jean an einem eleganten Diner teil und hört, wie ein hochangesehener General und ehemaliger Kriegsminister mit großer Autorität seine Ansicht der Affäre verkündet. Er erklärt, daß er zwar Dreyfus nicht für schuldig hält, daß Esterházy aber mit Sicherheit unschuldig sei; daß das *Bordereau* nicht von Esterházy verfaßt wurde, sondern daß seine Handschrift nachgeahmt wurde; daß der Schuldige eine gut bekannte Person ist, deren Namen er vorläufig noch nicht verraten kann; und daß Picquart den *petit bleu* gefälscht habe, weil er an Esterházys Schuld so fest glaube wie an Dreyfus' Unschuld, weshalb seine Fälschung die Verbindung zwischen Esterházy und Schwartzkoppen, die es nach Picquarts Überzeugung geben mußte, an den Tag bringen sollte. Während die anderen Gäste hingerissen lauschen, beobachtet Jean, wie der Gastgeber seiner Frau Seitenblicke zuwirft, als wolle er ihr sagen: »Was für einen Salon haben wir doch, und was für auserlesene Gerichte setzen wir unseren Gästen vor!«[5]

Proust servierte seinen Lesern solche Gerichte mit offensichtlichem Vergnügen. *Auf der Suche nach der verlorenen Zeit* enthält mehr als genug Material für ein *sottisier*, einen Sammelband von hohlen Phrasen, die willkommener Stoff für *Bouvard und Pécuchet* gewesen wären, wenn Flaubert die französischen Torheiten der neunziger Jahre des neunzehnten Jahrhunderts samt den engverflochtenen Mantren des Nationalismus und Antisemitismus noch miterlebt hätte. Vor allem aber war die Affäre für Proust ein Katalysator, der gesellschaftliche Veränderungen beschleunigte und Allianzen möglich machte, die unter anderen Bedingungen kaum denkbar gewesen wären, der einige Gruppen in überraschende Höhen hob und ein Scherbengericht über andere heraufbeschwor. Der Einfluß der Affäre auf die französische Gesellschaft ist eines von vielen Beispielen für Prousts Vorstellung von der Macht der Zeit, die unsere Wahrnehmung von Personen und Orten verändert. Sie dient auch als Metapher für ein Phänomen, mit dem Proust sich nicht direkt auseinandersetzte: die Konzentration neuer Vermögen in der Welt der Industrie und Hochfinanz und den Niedergang des alten französischen Adels, dessen Reichtum schwindet, der es aber starrsinnig ablehnt, sich auf die verachtete Republik einzulassen, zu gekkenhafter Selbsttäuschung verkommt und vom neuen Bürgertum verdrängt wird.

Der um sich greifende Antisemitismus jüdischer, zum Christentum konvertierter Parvenüs ist in France' Romanen *Der Amethystring* und *Professor Bergeret in Paris* ein wichtiges Thema. In der *Recherche* kommen diese Parvenüs fast gar nicht vor; Proust gibt nur ein einziges, mit schneidender Schärfe geschildertes Beispiel: das Verhalten von Swanns Tochter Gilberte. Swann, der mit dem Erzähler und mit dem emblematischen Homosexuellen Baron de Charlus um die Rolle der wichtigsten Figur konkurrieren kann, ist ein (bei der Geburt getaufter oder später konvertierter) katholischer Jude, der die denkbar höchste gesellschaftliche Stellung eines Juden in Frankreich einnimmt. Er fühlt sich im Faubourg St. Germain zu Hause; Prinzen von Geblüt zählen zu seinen Freunden; er ist der Favorit und bevorzugte Gesprächspartner der Herzogin von Guermantes, der personifizierten aristokratischen Eleganz und Arroganz. Zum Entsetzen seiner Freunde heiratet Swann Odette de Crecy, eine ehemalige Kokotte. Sie wurde als Zwölfjährige von ihrer Mutter an einen Roué verkauft und hat anschließend die verschiedenen Stadien vom prostituierten Kind zu einer von zunehmend reicheren Männern ausgehaltenen Halbweltdame durchlaufen. Swann heiratet sie nach der Geburt der gemeinsamen Tochter Gilberte. Nach Swanns Tod erbt Odette einen Teil seines Vermögens und wird dadurch eine sehr reiche Frau, heiratet wieder, diesmal den Comte de Forcheville, einen Mann aus niedrigem verarmtem Adel, mit dem sie sich vor und während ihrer Ehe mit Swann hin und wieder eingelassen hatte und der nur ein Verdienst hat: Er ist kein Jude. Forcheville adoptiert Gilberte und gibt ihr seinen Namen; daß sie sich Mademoiselle de Forcheville nennen kann, ist um 1890 nützlich, da der Antisemitismus in dieser Zeit an Macht gewinnt. Gilbertes Geld läßt fast alle vergessen, wie obskur die Forcheville-Verbindung ist. In einer beschämenden Szene während eines Diners bei der Herzogin von Guermantes verleugnet Gilberte ihre Bekanntschaft mit Lady Rufus Israël (der Tante ihres Vaters und Ehefrau eines schwerreichen jüdischen Finanzmannes), die das junge Mädchen immer beim Vornamen genannt hat. Der Erzähler ergänzt diese Szene durch eine ähnliche: Als ein junges Mädchen Gilberte einmal maliziös oder nur taktlos nach ihrem wirklichen Vater fragte, sprach sie dessen Namen »Svann« aus und nicht wie üblich »Souann«. Als sie gleich danach merkte, daß sie den englischen Namen deutsch ausgesprochen und damit alles noch schlimmer gemacht hatte, fügte sie die lahme Erklärung hinzu, daß über ihre Geburt sehr verschiedene Dinge erzählt würden, um anzudeuten, daß sie vielleicht das illegitime Kind einer hochgestellten Persönlichkeit sei. Der Erzähler merkt an, daß sie selten mit ihm über Swann spreche, obwohl er ihren Vater und sie seit ihrer Kindheit sehr gut gekannt habe; aber »man wagte vor ihr den Namen Swann sonst nicht mehr auszusprechen«.[6] In Gilbertes fehlender Selbstachtung hört man den Nachhall einer Anekdote, die vorher im Roman erzählt wurde: Mehr als ein Antisemit in der gehobenen französischen Gesellschaft, der Swann zu seinen geschätzten Freunden zählte, beruhigte sich mit dem Gerücht, daß Swann der natürliche Sohn eines königlichen Prinzen, des Duc de Berry, sei, und wies sogar auf die Ähnlichkeit zwischen beiden hin.

Mag sein, daß Proust das Gefühl hatte, das Thema der Juden, die ihre jüdische Herkunft unter den Teppich kehren möchten, oder gar das des jüdischen Antisemitismus tangiere seine Privatsphäre, und daß er es deshalb nicht ausführlicher behandeln wollte. Prousts Mutter kam aus einer jüdischen Familie reicher Börsenmakler und Fabrikbesitzer im Elsaß, sein Vater war ein Katholik aus der Provinz, der es durch Begabung, eigene Anstrengung und das Geld seiner Frau zu etwas gebracht hatte. Proust stand wie Swann auf vertrautem Fuß mit einer schwindelerregenden Vielfalt von Aristokraten französischer oder auch exotischerer Herkunft, darunter rumänische Adlige, etwa die Prinzen Bibesco oder Prinzessin Souzo, die wie ihr Mann Paul Morand für ihren Antisemitismus bekannt war. Vielleicht war das Thema ein zu heißes Eisen, besonders wenn man die vernichtenden Porträts von Juden in der *Recherche* bedenkt. Allerdings betrachtete Proust sich zwar als einen katholischen Franzosen, machte jedoch nie ein Geheimnis aus seiner Herkunft und fühlte sich, genau wie sein Bruder und sein Vater, der Familie seiner Mutter eng und liebevoll verbunden. Auch ein anderes Thema, das ihm noch größere Schwierigkeiten hätte machen können, behandelte er kompromißlos mutig: seine sexuelle Ausrichtung.

Daß Proust homosexuell war, hielt ihn nicht davon ab, Homosexualität von Männern und Frauen zu einem zentralen Gegenstand seines Romans zu machen und als eine Krankheit und einen Fluch darzustellen. Sein mangelndes Interesse an konvertierten Juden – Anatole France verspottete sie in seinen Romanen gern und ausführlich – läßt sich vielleicht damit erklären, daß assimilierte Juden in Frankreich nicht getauft sein mußten, um zur Spitze der eleganten Gesellschaft, der Universität, der Regierung oder der Hochfinanz aufsteigen zu können. Zum Beispiel haben die Familien Rothschild, Fould und Deutsch de la Meurthe über mehrere Generationen hin ihr Ansehen als Leitfiguren der Mode mit ihrer führenden Rolle in der Welt der Finanz und der Industrie verbinden können, und die Rothschilds spielten zugleich Hauptrollen in der jüdischen Gemeinde in Frankreich; Léon Blum, Pierre Mèndes-France und Laurent Fabius waren Ministerpräsidenten, und die Brüder Reinach hatten gerade zu der Zeit, als die Affäre Dreyfus die Gesellschaft vergiftete, eine herausragende Stellung im französischen Universitätsleben. (Ihnen folgten später, quer durch das Spektrum der akademischen Disziplinen, andere nach: der Anthropologe Claude Lévi-Strauss, der Politologe Raymond Aaron, die Nobelpreisträger für Physiologie beziehungsweise Medizin François Jacob und André Lwow, um nur einige zu nennen.) Bemerkenswert war die Konversion der hochangesehenen Familie Halévy, deren Vorfahr ein berühmter Rabbi gewesen war; sie trat zum Protestantismus über. Daniel Halévy, der früh zum Dreyfusard geworden war und später als Soziologe und Kulturkritiker bekannt wurde, entwickelte in seinen mittleren Jahren rechtsextreme Überzeugungen, die ihn zur Zusammenarbeit mit dem Vichy-Regime brachten. Anatole France war schon lange tot, aber mit seiner Satire auf antisemitische Juden hatte er womöglich seinen Zeitgenossen Arthur Meyer, einen einflußreichen politischen Journalisten, treffen wollen. Meyer, der Enkel eines Rabbis, war zum Katholizismus übergetreten und ein glühender Royalist, Antisemit und Anti-Dreyfusard geworden.

Proust erwähnt die Affäre Dreyfus zum erstenmal in *Im Schatten junger Mädchenblüte,* dem zweiten Band der *Recherche.* Die Gesellschaft ist ein Kaleidoskop, sagt er dort. Wir befinden uns im Jahr 1895, und das Kaleidoskop zeigt ein neues Bild. Wer hineinschaut, sieht, daß sogar die elegantesten Juden plötzlich auf die unterste Ebene des Sichtfeldes abgesunken sind und daß sich statt dessen Salons und Leute in den Blick geschoben haben, die man noch kurz zuvor für lächerlich und unerwünscht gehalten hätte. So ist der Salon eines ultrakatholischen österreichischen Fürsten mittlerweile der glanzvollste in ganz Paris, obwohl man sich seit der Zeit von Charles X., der in der Revolution von 1830 seinen Thron verloren hatte, weder mit Politik noch mit Bigotterie den Zutritt zur guten Gesellschaft verschaffen konnte. Eine elegante Gastgeberin empfing keine republikanischen Politiker – oder »Opportunisten«, wie die Republikaner, die von 1879 bis 1885 und von 1890 bis 1895 in Frankreich regierten, auch genannt wurden, ohne daß diese Bezeichnung abwertende Konnotationen gehabt hätte. Dagegen war es für eine Dame der Gesellschaft nicht ungewöhnlich, in einem Salon auf eine so elegante Jüdin wie Prousts Lady Israël zu treffen. Bestimmte Juden besetzten Machtpositionen in der guten Gesellschaft wie in der Finanzwelt, allen voran Sir Rufus Israël, der ungefähr den gleichen Rang hat wie die Rothschilds. Lady Israëls Verbindungen in der Gesellschaft des Faubourg St. Germain waren nicht so fest verankert und exklusiv wie die ihres Neffen Swann, aber immerhin gut genug, um dafür zu sorgen, daß keine ihrer Freundinnen im Faubourg St. Germain Swanns Frau Odette empfing. Lady Israël hatte diese Ehe mißbilligt. Gegen ihr Verdikt handelte allein Gräfin de Marsantes, die Schwester des Herzogs von Guermantes, des vornehmsten Aristokraten. Sie hatte den Bann heimlich mißachtet, aber Angst gehabt, daß Lady Israël davon erfahren würde. Als die Welle des Anti-Dreyfusismus und Antisemitismus die vornehme Gesellschaft erfaßt hatte, war die Stimmung ins Gegenteil umgeschlagen. Odette wurde zum begehrten Gast, weil sie nationalistisch und gegen Dreyfus eingestellt war, weil sie Stil und Charme hatte und weil Swann reich war. Lady Israël war zum Paria geworden. Wenn Odette und Lady Israël sich jetzt gleichzeitig im Salon der Madame de Marsantes aufhalten, dann vermeidet es die Hausherrin sorgfältig, die beiden Damen einander vorzustellen. Nicht etwa, weil sie Lady Israëls Bannstrahl fürchtet, im Gegenteil: Sie will Odette den Schock ersparen, sich mit einer Jüdin im selben Raum zu finden.

Odettes Laufbahn verdeutlicht die Wachablösung in der Gesellschaft. Damals hatten die meisten Damen der Pariser Oberschicht einen festen Tag in der Woche, an dem sie zu Hause blieben, um Damen und Herren ihrer Bekanntschaft zu empfangen; die Etikette verlangte jedoch nicht, daß Ehepaare gemeinsam auftraten. Einen eleganten Salon zu führen, Leute zu versammeln, die gerade in Mode oder so hervorragend waren, daß die Gastgeberin sie als Trophäen oder Magnete sehen konnte, die ihr neue Berühmtheiten und Gesellschaftslöwen zuführen würden, war eine ganz normale Ambition. Odette – als ehemalige Kokotte und Ehefrau eines Juden – hatte keine zweifelsfreie gesellschaftliche Stellung; deshalb konnte sie nicht unter Swanns elegantesten Freunden Ausschau nach Gästen für ihren Salon halten. Sie mußte sich mit Leuten begnügen, die wie sie vom Faubourg St. Germain ausgeschlossen waren, aber trotzdem ein gewisses Prestige besaßen. Das hieß, ihre Gäste waren hohe Staatsbeamte unterhalb der Minister-Ebene und deren Ehefrauen, eine Gesellschaftsklasse, die vom antirepublikanischen Adel geschnitten wurde. Odette machte sich keine Illusionen über die Reichweite der Affäre Dreyfus und die Auswirkungen auf ihre gesellschaftliche Position, die sich daraus ergaben; daß Swann Jude und bekennender Dreyfusard war, hielt sie mit Recht für eine schwere Bedrohung ihrer ehrgeizigen Zukunftspläne und ihres gegenwärtigen Status. Swanns Herkunft war nicht zu ändern; aber Odette erreichte, daß er in ihrem Salon nicht von Dreyfus' Unschuld sprach. Wenn er nicht dabei war, hatte sie keine Skrupel, sich in ihrem Salon als glühende Nationalistin zu präsentieren. Zum Dank wurde sie bald eingeladen, sich den Aktivitäten zur Gründung verschiedener antisemitischer Frauenligen anzuschließen, die von Damen der Gesellschaft betrieben wurden. Auf diesem Weg kam sie endlich an das Ziel, das ihr so hoffnungslos unerreichbar erschienen war: Sie knüpfte Verbindungen zu Frauen, die als Stützen der Adelsgesellschaft des Faubourg St. Germain galten. Es hatte sich herumgesprochen, daß sie eine zuverlässige Nationalistin, Antisemitin und »une excellente femme« war.

Der Antisemitismus entwickelt sich also zu einem gesellschaftlichen Pluspunkt. Fürst von Faffenheim-Munsterberg-Weinigen, reich, deutsch und hochadlig, in der Gesellschaft Fürst Von genannt, erscheint zum erstenmal auf dem »jour fixe« der Marquise de Villeparisis, einer eng mit den Guermantes verwandten großen Dame. Eine ihrer Verwandten stellt anerkennend fest, der Fürst habe »gesunde Ansichten«. Damit meint sie, daß er, anders als die Ausländer sonst, kein Dreyfusard ist; mehr noch: Er ist »der Antisemitismus in Person«.[7] Madame Swann erscheint auf demselben Empfang. Ihre Anwesenheit dort, die noch kurz zuvor undenkbar gewesen wäre, ist nicht mehr verwunderlich. Aber Anti-Dreyfusismus und Antisemitismus öffnen nicht alle Türen. Der Neffe der Madame de Villeparisis und beste Freund des Erzählers, sagt zu Marcel:

> Ich möchte nicht, daß meine Mutter [Madame de Marsantes, die auch zugegen ist] mich Madame Swann vorstellt ... Sie ist eine ehemalige Dirne. Ihr Mann ist Jude, und jetzt macht sie es uns national.[8]

Manchmal ergibt eine Drehung des Kaleidoskops die Aufwertung eines Juden. Der Erzähler registriert verblüfft, daß eine notorische Antisemitin mit äußerster Freundlichkeit auf den Gruß eines Herrn – sein Sohn ist ein Freund des Erzählers – antwortet, von dem sie weiß, daß er Jude ist. Das hat einen verborgenen Grund: Die beiden setzen sich für dieselbe Sache ein; sie glauben an Dreyfus' Unschuld. Der jüdische

Herr weiß den Judenhaß der Antisemitin sogar zu schätzen. Dieser Haß steht in so starkem Widerspruch zu ihrem Glauben an die Unschuld des Hauptmanns, daß sich die Aufrichtigkeit ihres Dreyfusismus daran erweist.

Folgenreiche Seitenwechsel sind Teil des Umbruchs. Als der Erzähler auf einem großen Empfang des Prinzen de Guermantes Swann wiedertrifft, fragt er ihn, warum alle Guermantes Dreyfusgegner sind. Weil sie alle Antisemiten sind, erwidert Swann und kolportiert zwei Anekdoten über den Gastgeber, der ein Vetter des Herzogs und Ehemann einer Prinzessin aus dem bayerischen Königshaus ist. Swann erzählt, der Antisemitismus des Prinzen gehe so weit, daß er lieber einen Flügel seines Schlosses in Flammen aufgehen ließ, als sich Löschwerkzeug vom Nachbarschloß zu erbitten, weil dessen Besitzer ein Rothschild war; und als er einmal fürchterliche Zahnschmerzen hatte, habe er sie lieber ausgehalten, als zum – jüdischen – Zahnarzt zu gehen.

Auf demselben Empfang macht das Gerücht die Runde, daß der Prinz Swann unter vier Augen sprechen wolle, um ihm die Tür zu weisen. Die beiden ziehen sich tatsächlich eine Weile miteinander zurück. Als Swann wiederauftaucht, fragt ihn der neugierige Erzähler, ob man ihm wirklich gesagt habe, er solle gehen. Durchaus nicht, erwidert Swann und erzählt dann folgende Geschichte: Zuerst habe der Prinz erklärt, daß er Swann aus dem Weg gegangen sei, weil er seine Ansichten über die Affäre Dreyfus nicht hören wollte; er und die Prinzessin reagierten auf dieses Thema so empfindlich, daß sie den Großherzog von Hessen, ihren Schwager, gescholten habe, weil er vermutete, Dreyfus sei unschuldig. Allerdings habe Guermantes vor eineinhalb Jahren in einer Unterhaltung mit einem ranghohen General erfahren, daß den Kriegsräten bei der Prozeßführung schwerwiegende Rechtsverstöße unterlaufen waren. Diese Information habe ihn sehr verstört, denn die Idee eines Rechtsbruchs in der Armee, die er verehre, sei ihm außerordentlich schmerzlich gewesen, aber nachdem er sich noch einmal mit dem General unterhalten und Texte studiert habe, auf die er bis dahin keinen Blick hatte werfen wollen, war ihm die Rechtsverletzung nicht mehr zweifelhaft. Der Prinzessin habe er nichts davon gesagt; er wollte ihre Gefühle schonen. Später erfuhr der Prinz vom General mehr: Es habe Rechtsverstöße gegeben, und das *Bordereau* sei vielleicht nicht von Dreyfus geschrieben worden, aber man habe einen schlagenden Beweis für seine Schuld – die Rede war von *le faux Henry*. Ein paar Tage später wurde bekannt, daß dieses Beweisstück eine Fälschung war. Daraufhin begann der Prinz, *Le Siècle* zu lesen, eine Zeitung der Dreyfus-Anhänger, und er bat seinen Beichtvater, der ebenfalls an Dreyfus' Unschuld glaubte, Messen für Dreyfus und seine Frau und Kinder zu lesen. Und es kam zu einer neuen Überraschung, die nicht weniger verblüffend war als die anderen: Der Priester offenbarte, daß die Prinzessin ebenfalls Messen für Dreyfus lesen lasse. Sie hatte sich schon lange vor dem Prinzen von Dreyfus' Unschuld überzeugt.

Einen ähnlich verblüffenden Gesinnungswandel vollzog der Herzog von Guermantes, allerdings in Form einer Posse, wie es zu ihm paßte. Bei einem Kuraufenthalt lernte der vehemente Dreyfusgegner drei charmante wohlgeborene Italienerinnen kennen, die ihn zum Bridge einluden, da sie einen vierten Mitspieler brauchten. Man unterhielt sich, und als das Gespräch auf Dreyfus kam, erklärte der Herzog, Dreyfus sei schuldig. Die Damen lachten und sagten, es gebe nicht den mindesten Beweis für seine Schuld. Der Herzog hatte inzwischen eine hohe Meinung von der Intelligenz der Damen, und nach etwas Stammeln und Stottern sprach er ihnen nach: Natürlich ist er unschuldig, nichts Belastendes wird sich finden. In Paris wiederholte er, was er von den eleganten Italienerinnen gelernt hatte, blieb fortan bei dieser Überzeugung und schockierte seine Freunde mit seiner neuen Sicht des Falles.

Der Dreyfusismus einer Gastgeberin konnte ihrem Sozial-prestige und ihrem Salon auch zugute kommen. So geschah es Madame Verdurin, Prousts böser Fee Carabosse. Sie war steinreich, häßlich und bösartig, hatte aber die seltene Gabe, die besten Schöpfungen der neuen Musik und Kunst ausfindig zu machen und zu würdigen, und die Stützen ihres Salons waren gewisse treue Gäste, *le petit clan*; dazu gehörten in wechselnder Kombination ein genialer Maler, ein Bildhauer, ein Akademiemitglied, eine sehr reiche und vornehme russische Fürstin, die bei ihrer Familie und anderen Russen in Ungnade gefallen war, ein Professor der Medizin, dessen wachsender Ruhm mit seiner Vulgarität Schritt hielt, und ein großartiger Geiger. (In diesem Salon lernte Swann Odette kennen.) Madame Verdurin, die unter einem Minderwertigkeitskomplex litt und von dem Mißtrauen geplagt wurde, das häufig eine Begleiterscheinung dieses Leidens ist, hatte früher behauptet, Langweiler – *les ennuyeux*, ihr Oberbegriff für alle begehrten Personen, vor deren Zurückweisung sie sich fürchtete – hätten keinen Zutritt zu ihrem Salon. Wie Odette Swanns wegen, so fürchtete auch Madame Verdurin, daß ihr Salon auf Grund ihrer dreyfusistischen Ideen nie zu größerem Glanz kommen könne. Aber gerade diese Überzeugungen wurden der Magnet, der sehr begabte Autoren in ihren Kreis zog, Autoren, die in Zukunft eine unschätzbare Zierde ihres Salons werden sollten. Politische Überzeugungen kommen und gehen, aber als die Affäre in den Jahren nach Dreyfus' Rehabilitation die Gesellschaft nicht mehr spaltete, war der Romancier Anatole France ein hochgeehrter Gast wie zuvor und eine unvermindert kostbare Trophäe ihres Salons. Er blieb Madame Verdurin treu, und man konnte ihn ebenso zuverlässig in ihrem Salon finden wie in ihrer Theaterloge. Sie war im Verleumdungsprozeß auf Zolas Seite gewesen. Abends hatten Labori und Picquart oft in einem Winkel ihres Salons die Strategie des nächsten Prozeßtags geplant, und die Getreuen konnten die beiden aus der Nähe betrachten. Man kam bei ihr zusammen, um die neusten Nachrichten zu erfahren. Das waren kostbare Errungenschaften; sie bildeten das Fundament für einen Salon, der im Ersten Weltkrieg allmächtig werden sollte – als Madame Verdurin vehement nationalistisch und antideutsch geworden war.

Wie erwähnt, wirbelte Dreyfus' Freispruch 1906 in der französischen Gesellschaft kaum Staub auf. Prousts Erzähler bemerkt lakonisch: »Dreyfus ist rehabilitiert und Picquart Kriegsminister geworden, ohne daß jemand mit der Wimper gezuckt hätte.« In den folgenden acht Jahren wurde Frankreich von anderen Sorgen umgetrieben, vor allem von antiklerikalen Reformen, sozialem Unfrieden und den wachsenden internationalen Spannungen, die Europa in den Ersten Weltkrieg stürzten. Der Erzähler stellte fest, daß die Experten während des Krieges und danach nur die Phrase von »jenen prähistorischen Zeiten« einflochten, wenn sie die Affäre erwähnten. Die Affäre hatte ihre Sprengkraft verloren, weil sie vergessen war:

Die Parteinahme für Dreyfus war jetzt in den Bestand respektabler und gewohnter Dinge eingereiht. Niemand dachte daran, sich zu fragen, was einer solchen Haltung eigentlich zugrunde lag – ebensowenig jetzt, da man sie akzeptierte, wie früher, da man sie verdammte. *Shocking* fand man sie jedenfalls nicht mehr. Das genügte bereits. Kaum erinnerte man sich noch daran, daß sie früher so gegolten hatte, so wie man nach kurzer Zeit nicht mehr weiß, ob der Vater eines jungen Mädchens ein Dieb gewesen ist oder nicht. Im Notfall kann man sagen: Nein, Sie sprechen von einem Schwager oder einem Namensvetter.[9]

Am 11. September 2008 ging unser offenbar grenzenloser globaler Krieg gegen den Terror in sein achtes Jahr. Zum Thema einer großen Dichtung ist er bis jetzt nicht geworden. Das liegt wahrscheinlich daran, daß man noch nicht abschätzen kann, welchen Schaden in der Struktur der amerikanischen Gesellschaft die Bush-Regierung mit den Verbrechen und Rechtsverletzungen ihrer Kriegführung angerichtet hat: Verglichen damit wirken die Rechtsbrüche minimal, deren sich der französische Generalstab durch seine erbarmungslose Strafverfolgung von Dreyfus schuldig machte. Als Proust kommentierte, man erinnere sich kaum noch daran, daß die Dreyfus-Affäre »shocking« gewesen sei, gehörte der Paroxysmus, der die französische Gesellschaft vor Dreyfus' Freispruch geschüttelt hatte, längst der Vergangenheit an. Werden auch die Verbrechen der Bush-Regierung eines nicht allzu fernen Tages unter dem Narbengewebe aus Schweigen und Gleichgültigkeit verschwinden, so wie die Palmerschen Razzien der Jahre 1919 und 1920, die massiven Verstöße gegen die Grundrechte japanischer Amerikaner im Zweiten Weltkrieg und die Verbrechen gegen Dreyfus in Frankreich? Es ist noch zu früh, um das zu entscheiden. Die großen Dramen und Romane, die uns die Augen öffnen für alles, was die Zeit und das Vergessen gemeinsam bewirken können, müssen noch geschrieben werden.

Anmerkungen

1 »Wenn sie nicht Befehl haben, ihn zu verurteilen,
ist er heute abend frei.«

1 »S'i l'on n'a pas donné l'ordre de le condamner, il sera acquitté
ce soir.« Das sagte Dreyfus' Anwalt Edgar Demange unmittelbar vor der letzten Sitzung des Militärgerichts zu Mathieu
Dreyfus. Mathieu Dreyfus, *L'Affaire telle que je l'ai vécue* (Paris: Fayard, 1971), 43.

2 Maximilian von Schwartzkoppen, *Die Wahrheit über Dreyfus*,
hg. von Bernhard Schwertfeger (München: Verlag für Kultur-
politik, 1930), 11-12.

3 Schwartzkoppen behauptete, daß er das *Bordereau* niemals in
die Hand bekommen habe, und vertrat die Theorie, daß ein
Agent des Nachrichtenbüros diese Liste aus seinem Postfach in
der Botschaft gestohlen und dann zerrissen habe, damit man
glauben konnte, sie sei aus seinem Papierkorb geholt worden.
Die Wahrheit über Dreyfus, 15.

4 »l'officer inculpé de trahison, le capitaine Alfred Dreyfus, qui
vient de terminer un long stage dans les divers bureaux de
l'état-major général. C'est ainsi qu'il a pu se documenter co-
pieusement. D'ailleurs, sa curiosité indiscrète, ses furetages
continuels, ses allures mystérieuses, enfin son caractère sour-
nois et vaniteux ›où l'on reconnaît tout l'orgueil et toute
l'ignominie de sa race‹, le rendaient suspect depuis longtemps.«
Maurice Paléologue, *Journal de l'Affaire Dreyfus, 1894-1899*
(Paris: Librairie Plon, 1955), 7.

5 Ibid., 28.

6 »Si mon cerveau n'a pas sombré dans ces journées et dans les
nuits interminables, ce net fut pas la faute de du Paty. Il me
laissait me débattre dans le vide.« Zitiert in Vincent Duclert,
Alfred Dreyfus: L'honneur d'un patriote (Paris: Fayard, 2006),
125.

7 Zitiert in Duclert, *Alfred Dreyfus*, 321. Duclerts Buch verdan-

ke ich die Erörterung der Vorgänge bis zur Entscheidung für einen Militärgerichtsprozeß.

8 Siehe Marcel Thomas, *L'Affaire sans Dreyfus* (Paris: Fayard, 1961), 137-39.

9 Schwartzkoppen, *Die Wahrheit über Dreyfus*, 33.

10 Alfred Dreyfus, *Cinq années de ma vie* (Paris: Maspero, 1982), 66.

11 Paléologue, *Journal de l'Affaire Dreyfus*, 105, Fußnote 1.

12 »Si j'ai eu quelques doutes sur la culpabilité de Dreyfus pendant l'instruction du procès, maintenant je n'en ai plus. Son attitude à la parade d'exécution achève de le condamner, selon moi. Pour s'être prêté aussi docilement, aussi passivement, à un pareil supplice, cet homme ne doit avoir aucune sensibilité morale. Pas un geste de révolte, pas un cri d'horreur, pas une larme, pas un murmure! C'est vrai qu'il a plusieurs fois protesté de son innocence. Mais toutes les protestations sonnaient faux; on n'y sentait aucune chaleur d'âme; on aurait dit la voix d'un automate.« Ibid., 40.

13 »Vraiment, il n'avait aucune affinité avec son ›affaire‹, nulle vacation pour le rôle dont le chargeait l'Histoire. S'il n'avait pas été Dreyfus, aurait-il même été ›dreyfusard‹?« Léon Blum, *Souvenirs sur l'Affaire* (Paris: Gallimard, 1981), 34; deutsch: *Beschwörung der Schatten* (Berlin: Berenberg Verlag, 2005), 15.

14 Physicians for Human Rights, »Broken Laws, Broken Lives: Medical Evidence of Torture by the U.S.«, http://brokenlives.info/?page_id=69 (5.7.2008); »Senate Armed Services Committee Inquiry into the Treatment of Detainees in U.S. Custody«, http://www.armed-services.senate.gov/Publications/EXEC%20SUMMARY-CONCLUSIONS_For%20Release_12%20December%202008.pdf (20.12.2008); U.S. Department of Defense news release, 16. Dezember 2008, http://www.defenselink.mil/releases/release.aspx?releaseid=12394 (30.12.2008).

15 Mark Mazetti, »CIA Destroyed Two Tapes Showing Interrogation«, *The New York Times*, 7. Dezember 2007; Michelle Shephard, »Ottawa Reverses Torture Stance«, *Toronto Star*, 20. Januar 2008, http://www.thestar.com/News/Canada/ar-

ticle/295706 (25.1.2008); House of Commons Foreign Affairs Committee, *Human Rights Annual Report, 2007*, http://www.publications.parliament.uk/pa/cm200708/cm-select/cmfaff/533/533.pdf (1.8.2008)

16 »Camp Delta Standard Operating Procedures (SOP)«, https://secure.wikileaks.org/leak/gitmo-sop-2004.pdf (19.12.2008); *Consigne pour le service de la déportation à l'Ile du Diable*, als Faksimile am Schluß von A. Dreyfus, *Cinq années de ma vie*, abgedruckt.

17 Brookings Institution, »The Current Detainee Population of Guantánamo: An Empirical Study«, http://www.brookings.edu/reports/2008/1216_detainees_wittes.aspx (30.12.2008); Erlaß des stellvertretenden US-Verteidigungsministers Paul Wolfowitz, vom 4. Juli 2004, http://www.globalsecurity.org/security/library/policy/dod/d20040707review.pdf (30.12.2008).

18 Firouz Sedarat, »Al Jazeera Cameraman Released from Guantanamo«, *International Herald Tribune*, 2. Mai 2008, http://www.iht.com/articles/reuters/2008/05/02/africa/OUKWD-UK-USA-GUANTANAMO-JAZEERA.php (25.9.2008).

19 *Mohammed El Gharani v. George W. Bush*, Memorandum Order, U.S. District Court for the District of Columbia, 14. Januar 2009.

20 William Glaberson, »Panel Convicts bin Laden's Driver in Split Verdict«, *New York Times*, 7. August 2008, http://www.nytimes.com/2008/08/07/washington/07gitmo.html?_r=1&scp=6&sq=Salim%20Ahmed%20Hamdan&st=cse (22.12.2008); Reuters, »Yemen Releases Former bin Laden Driver from Jail«, *New York Times*, 12. Januar 2009, http://www.nytimes.com/2009/01/12/world/middleeast/12yemen.html?scp=7&sq=Salim%20Ahmed%20Hamdan&st=cse (15.1.2009).

21 »Former Guard on Guantanamo ›Torture‹« *BBC News*, 9. Januar 2009, http://news.bbc.co.uk/2/hi/americas/7821569.stm (11.1.2009).

22 William Glaberson, »Case Against 9/11 Detainee Is Dismissed«, *New York Times*, 14. Mai 2008, http://www.nytimes.com/2008/05/14/washington/14gitmo.html (25.5.2008); Bob

Woodward, »Detainee Tortured, Says U.S. Official«, *Washington Post*, 13. Januar 2009, http://www.washingtonpost.com/wp-dyn/content/article/2009/01/13/AR2009011303372.html (15.1.2009).

23 William Glaberson, »5 Charged in 9/11 Attacks Seek to Plead Guilty«, *New York Times*, 9. Dezember 2008, http://www.nytimes.com/2008/12/09/us/09gitmo.html?pagewanted=2&emc=eta1 (12.12.2008).

24 Quinnipiac University, »November 12, 2008 – Voters Say ›Yes We Can‹ with High Hopes for Obama, Quinnipiac University National Poll Finds; But Most Voters Say He Won't Cut Taxes«, 12. November 2008, http://www.quinnipiac.edu/x1295.xml?ReleaseID=1228 (20.11.2008).

2 »Die Vergangenheit ist niemals tot.«

1 William Faulkner, *Requiem für eine Nonne*, 1. Akt, 3. Szene.

2 Dieses im Januar 1776 anonym von Payne veröffentlichte Pamphlet wurde in den amerikanischen Kolonien und in Europa sofort ein Bestseller.

3 »Un immense désastre, une paix de désespoir, des deuils que rien ne compense, l'État sans assises, point d'armée hormis celle qui sort des prisons ennemies, deux provinces arrachées, des milliards à payer, le vainqueur tenant garnison dans un quart du territoire, la capitale ruisselant du sang de la guerre civile, l'Europe glaciale ou ironique telles sont les conditions dans lesquelles la France vaincue reprend sa marche vers son destin.« Charles de Gaulle, *La France et son armée*, (Paris: Plon, 1971), 224.

4 Für die folgenden Überlegungen zum Deutsch-Französischen Krieg war Geoffrey Wawro, *The Franco-Prussian War: The German Conquest of France in 1870-1871* (Cambridge: Cambridge University Press, 1996), sehr hilfreich.

5 *L'Affaire sans Dreyfus*, 162

6 »Aime son métier, qui lui procure des privilèges d'action et d'autorité. Si la solde est maigre, en revanche l'officier jouit

d'un prestige spécial. Dans la ville de garnison, chacun lui montre des égards. Les commerçants lui font confiance. Il est le centre des fêtes. Le monde apprécie sa tenue. Les femmes lui sont favorables. Volontiers, les familles prennent pour gendre cet homme d'honneur, dont on dit qu' ›il a de l'avenir‹, en tout cas un traitement sûr et, pour plus tard, une retraite.« De Gaulle, *La France et son armée*, 231.

7 Vgl. A. Dreyfus, *Cinq années de ma vie,* und M. Dreyfus, *L'Affaire telle que je l'ai vécue.*

8 Zur Größe der jüdischen Gemeinde gibt es nur Schätzungen, da im Census seit 1872 nicht mehr nach der Religionszugehörigkeit gefragt wurde. Außerdem lebten noch etwa 450000 Juden in Algerien. 1870 war den algerischen Juden die französische Staatsbürgerschaft zugesprochen worden.

9 An der *École Polytechnique* gab es bereits im ersten Examensjahrgang (1794) jüdische Studenten. In Dreyfus' Jahrgang studierten außer ihm vier Juden; zwei davon Söhne von Rabbinern. Félix Perez, »Sociologie des élèves juifs reçus à l'X, 1794-1927«, http://judaisme.sdv.fr/perso/polytech/polytech.htm (26. 8. 2008)

10 Joseph Reinach, *Histoire de l'Affaire Dreyfus* (Paris: Revue blanche, 1901-1908).

11 »Les hommes naissant libres et égaux en droits. Les distinctions sociales ne peuvent être fondées que sur l'utilité commune.«

12 »tout homme qui ... prête le serment civique & s'engage à remplir tous les devoirs que la Constitution impose ...«

13 Joseph Roth, *Radetzkymarsch* (Berlin: Gustav Kiepenheuer Verlag, 1932).

14 Vgl. Michael R. Marrus, *The Politics of Assimilation: The French Jewish Community at the Time of the Dreyfus Affair* (Oxford: Clarendon Press, 1971); das Buch ist wichtig für das Verständnis dieses Themas.

15 Blum, *Beschwörung der Schatten*, S. 22. (Übersetzung leicht verändert.)

16 Marrus, *The Politics of Assimilation*, 208-09.

17 Charles Péguy, *Notre Jeunesse* (Paris: Gallimard, 1957), 87.

18 »l'attentat pour rire de notre vieux confrère Gregori, du Gau-

lois contre le fameux Dreyfus deux fois condamné, puis gra-
cié, puis absout par un tour de passe-passe.« Léon Daudet,
Panorama de la IIIe République, 1870-1936 (Paris: Gallimard,
1936), 186.

3 »Was kümmert es Sie, ob der Jude auf der Teufelsinsel bleibt?«

1 »Qu'est-que cela vous fait si ce Juif reste à Île du Diable?«, General Arthur Gonse zu Oberstleutnant Georges Picquart, zitiert
in Thomas, *L'Affaire sans Dreyfus,* 280.

2 »Après la dégradation, le vide se fit autour de nous. L'agitation
fiévreuse de la lutte, avec ses alternatives d'espoirs et de déses-
pérances, avait disparu. Le silence, un silence de mort planait
sur nous. Il nous semblait que nous n'étions plus des êtres
comme les autres, que nous étions comme retranchés du monde des vivants, frappés au cœur par un mal mortel. Quelques
intimes, par compassion, continuaient à nous apporter... des
paroles consolatrices. Ils me donnaient l'impression de gens
qui croyaient la lutte impossible, l'affaire définitivement clas-
sée.« M. Dreyfus, *L'Affaire telle que je l'ai vécue,* 47.

3 Blum, *Beschwörung der Schatten,* 20. (Übersetzung leicht verändert.)

4 Mathieu Dreyfus, *L'Affaire telle que je l'ai vécue,* 83.

5 Bernard Lazare, *Une erreur judiciaire: La Vérité sur l'Affaire
Dreyfus* (Paris: P.-V. Stock, 1897). Professor Marrus, einer der
besten Historiker dieser Epoche, ist der Ansicht, daß »die Affäre ohne die Veröffentlichung von Lazares ... Broschüre ...
vielleicht vergessen worden wäre.« *The Politics of Assimilation,* 206.

6 Vgl. Francis Pressensé, (1853-1914), *Un Héro – Le Colonel
Picquart* (Paris: P.-V. Stock, 1899). Pressensé war französischer
Diplomat, Journalist, sozialistischer Politiker und Verfasser
mehrerer Werke über Politik und Geschichte.

7 »grand, mince, élégant, d'un esprit fin, judicieux, caustique,
mais qui se dissimule ordinairement sous une réserve distante

et guindée.« Maurice Paléologue, *Journal de l'Affaire Dreyfus*, 53-54.

8 Während der Degradierungszeremonie gab Picquart einem anderen Offizier, der fragte, warum Dreyfus so genau aufgepaßt habe, als ihm die Goldlitzen von der Uniform gerissen wurden, offenbar folgende Antwort: »Er hat über ihr Gewicht nachgedacht: soundso viel Gramm zu dem und dem Preis, macht soundso viel.« Thomas, *L'Affaire sans Dreyfus*, 235, Fußnote 32.

9 Zitiert ibid., 192.

10 Ibid.

11 Schwartzkoppen, *Die Wahrheit über Dreyfus*, 82-83.

12 Zitiert in Thomas, *L'Affaire sans Dreyfus*, 244 und 248.

13 »Mon général, ce que vous dites là est abominable. En tout cas, je n'emporterai pas ce secret dans la tombe.« Ibid., 280.

14 »Comprenez-vous que nous regrettions Sandherr? … Quel poseur, ce Picquart. Et puis, si vous saviez quel mauvais esprit!« Paléologue, *Journal de l'Affaire Dreyfus*, 55.

15 Ibid., 138-39.

16 »Je voyais que mes chefs étaient très inquiets, je voulais les calmer. Je voulais faire renaître la tranquillité dans les esprits … Tout souffrait … Je me suis dit: ›Ajoutons la phrase qui tranquillisera tout le monde.‹ Si nous avions la guerre dans la situation où nous sommes! … Tandis qu'en faisant cela, le calme va renaître …« Thomas, *L'Affaire sans Dreyfus,* 295.

17 Zitiert ibid., 299.

18 Ibid., 325.

19 »Convaincu de la culpabilité de Dreyfus avec juste raison, on partit de ce principe qu'au lieu de preuves morales absolues qu'on avait, il fallait avoir des preuves matérielles, et ce fut le point de départ de toutes les folies.« Ferdinand Walsin-Esterházy, *Les dessous de l'affaire Dreyfus (*Paris: Fayard Frères, 1898), 144.

20 »Chose étrange que j'ai remarquée bien souvent: Dreyfus n'est pas un objet de haine pour les officiers; ils parlent de lui avec une froide ou méprisante sévérité, mais sans colère et parfois même avec pitié. Quant à Picquart, le nom seul de ce renégat

les fait bondir; ils le détestent, l'abhorrent, l'exècrent jusqu'à la fureur.« Paléologue, *Journal de l'Affaire Dreyfus*, 219-20.

4 »Die Wahrheit ist auf dem Vormarsch, und nichts wird sie aufhalten.«

1 »*La vérité est en marche, et rien ne l'arrêtera*«. Émile Zola, »Monsieur Scheurer-Kestner«. *Le Figaro*, 25. November 1897. Ebenfalls in Émile Zola, *La Vérité en marche*, hg. von Colette Becker (Paris: Flammarion, 1969), 123.
2 Zola, *La Verité en marche*, 55.
3 Ibid., 73.
4 Ibid., 81.
5 Ibid., 89.
6 Ibid., 99.
7 »Si ce soir on venait me dire que je serais tué demain comme capitaine de Uhlans en sabrant des Français je serais certainement parfaitement heureux ... Je ne ferais pas de mal à un petit chien, mais je ferais tuer cent mille Français avec plaisir ... Paris pris d'assaut et livré au pillage de cent mille soldats ivres, voilà une fête dont je rêve. Ainsi soit il!« Zitiert in Thomas, *L'Affaire sans Dreyfus*, 437.
8 Ibid., 444.
9 Zola, *La Vérité en marche*, 111.
10 »le premier conseil de guerre d'avoir violé le droit, en condamnant un accusé sur un pièce restée secrète, et j'accuse le second conseil de guerre d'avoir couvert cette illégalité, par ordre, en commettant à son tour le crime juridique d'acquitter sciemment un coupable.« Ibid., 124.
11 »Qu'on ose donc me traduire en cour d'assises et que l'enquête ait lieu au grand jour! J'attends.« Ibid.
12 Article 35, Loi des 29 juillet 1881 sur la liberté de la presse, »Grandes lois de la République« http://mjp.univ-perp.fr/france/1881presse.htm (20. 1. 2009).
13 Blum, *Beschwörung der Schatten*, 82.
14 »Je serai bref. Je confirme de tous points la déposition de M. le

général de Pellieux, comme exactitude, et comme authenticité. Je n'ai pas un mot de plus à dire; je n'en ai pas le droit. Je le répète, messieurs les Jurés, je n'en ai pas le droit! Et maintenant, Messieurs, permettez-moi en terminant de dire une chose: vous êtes le jury, vous êtes la nation; si la nation n'a pas confiance dans les chefs de son armée, dans ceux qui ont la responsabilité de la Défense nationale, ils sont prêts à laisser à d'autres cette lourde tâche, vous n'avez qu'à parler. Je ne dirai pas un mot de plus.« Zitiert in Thomas, *L'Affaire sans Dreyfus* 453-54.

15 Im März 1903 wurden neun frühe Arbeiten Cézannes aus dem Besitz Zolas zu Preisen zwischen 600 und 4.200 Francs versteigert. Frederick Brown, *Zola: A Life* (New York: Farrar Strauss, 1995), 800, Fußnote 2.

16 Paléologue, *Journal de l'Affaire Dreyfus*, 110-12.

17 M. Dreyfus, *L'Affaire telle que je l'ai vécue*, 117-18.

18 Zitiert in Thomas, *L'Affaire sans Dreyfus*, 461.

19 »Je suis innocent. Si j'ai livré des documents à l'étranger c'était pour amorcer et un avoir de plus considérables; dans trois ans on saura la vérité et le ministre lui même reprendra mon affaire.« Zitiert in Thomas, *L'Affaire sans Dreyfus*, 161.

20 Paléologue, *Journal de l'Affaire Dreyfus*, 125 und 134.

21 Blum, *Beschwörung der Schatten*, 87.

22 Jean Jaurès, *Les Preuves: L'Affaire Dreyfus* (Paris: Éditions La Découverte, 1998).

23 Zitiert in Thomas, *L'Affaire sans Dreyfus*, 466.

24 Ibid.

25 Jean Denis Bredin, *L'Affaire* (Paris: Julliard, 1983), 310.

26 Thomas, *L'Affaire sans Dreyfus*, 467.

27 Bredin, *L'Affaire*, 324-25.

28 Paléologue, *Journal de l'Affaire Dreyfus*, 172.

29 Artikel 38, Loi de 29 juillet 1881 sur la liberté de la presse.

30 »Dreyfus est-il coupable d'avoir, en 1894, pratiqué des machinations ou entretenu des intelligences avec une puissance étrangère, ou un de ses agents, pour l'engager à commettre des hostilités, ou entreprendre la guerre contre la France, ou pour lui en procurer les moyens, en lui livrant des notes et

documents mentionnés dans le bordereau ci-dessus?« Zitiert in Bredin, *L'Affaire*, 355.

31 A. Dreyfus, *Cinq années de ma vie*, 202.

32 Ibid., 202-03.

33 Ibid., 205.

34 Ibid., 212.

35 Ibid., 213.

36 Ibid.

37 »dont le mystères a troublé tant d'esprit et d'où sont issues tant de légendes rocambolesques, il n'y a as vingt lignes qui l'appliquent réellement à Dreyfus. Pièces apocryphes ou sophistiqués – traductions infidèles, – témoignages dénaturés, – commérages ineptes ou fabriqués, – rognures de papier arbitrairement et qui prennent tous les sens que l'on veut, comme les feuilles sibyllines, – billets insignifiants auxquels on découvre une signification profonde et cabalistique, – c'est tout le dossier secret du Services des renseignements.« Paléologue, *Journal de l'Affaire Dreyfus*, 197.

38 Zitiert in Michael Burns, *France and the Dreyfus Affair* (Boston: St. Martin's, 1999), 153-54.

39 Paléologue, *Journal de l'Affaire Dreyfus*, 262.

40 »la vérité avait été pesée au nombre des galons.« A. Dreyfus, *Carnets 1899-1906* (Paris: Calmann-Lévy, 1998), 173.

41 »Le coryphée, le grand meneur du parti nationaliste, c'est le général Mercier. Il s'est installé dans une modeste maison qui appartient à son vieil ami retraité, le général de Saint-Germain. C'est là que, tous les après-midis et tous les soirs, se donnent rendez-vous les défenseurs de l'armée, d'abord la foule des témoins militaires, puis Cavaignac, Barrès, Drummont ..., enfin les hobereaux de la province bretonne et beaucoup d'ecclésiastiques. C'est de là que partent les mots d'ordre; c'est là que l'on machine et concerte les dépositions du lendemain. Le général Mercier fait régner, dans tous le camp, une discipline exacte.« Paléologue, *Journal de l'Affaire Dreyfus*, 223.

42 Zitiert in Burns, *France and the Dreyfus Affair*, 152.

43 Paléologue, *Journal de l'Affaire Dreyfus*, 193, 210-11 und 263 (Auslassungen wie im Original).

44 Ibid., 264.

45 Ibid., 222.

46 M. Dreyfus, *L'Affaire telle que je l'ai vécue*, 243.

47 »Mais ce qu'il y a de plus tragique, de plus fatal c'est précisément qu'il n'a droit d'être un homme privé. C'est que nous avons incessamment le droit de lui demander des comptes, le droit, et le devoir, de lui demander les comptes les plus sévères. Les plus rigoureux.« Péguy, *Notre jeunesse*, 76.

48 »Il n'est pas mort pour lui; mais plusieurs sont morts pour lui … Il ne s'est pas ruiné pour lui-même. Il ne se ruinera pour nul autre. Mais beaucoup se sont ruinés pour lui. Beaucoup ont sacrifié pour lui leur carrière, leur pain, leur vie même, le pain de leurs femmes et de leurs enfants« Ibid., 76.

49 »Dreyfus était rentré et presque instantanément, aux premières démarches, aux premiers pourparlers, au premier contact tout le monde avait eu brusquement l'impression qu'il y avait une paille, que ce n'était pas cela, qu'il était comme il était, et non point comme nous l'avions rêvé. Quelques-uns déjà se plaignaient. Quelques-uns, sourdement, bientôt publiquement, l'accusaient. Sourdement, publiquement Bernard-Lazare le défendait … – *Je ne sais pas ce qu'ils veulent,* disait-il, riant mais ne riant pas, riant dessus mais dedans ne riant pas, *je ne sais pas ce qu'ils lui veulent. Parce qu'il a été condamné injustement on lui demande tout, il faudrait qu'il ait toutes le vertus.* IL EST INNOCENT, C'EST DÉJÀ BEAUCOUP.« Ibid., 232-33.

50 »Les juges militaires, entourés du respect de tous, se sont prononcés en toute indépendance. Nous nous sommes, sans arrière-pensée aucune, inclinés devant leur arrêt. Nous nous inclinerons, de même, devant l'acte qu'un sentiment de profonde pitié a dicté à M. le Président de la République.« Zitiert in Bredin, *L'Affaire*, 399-400.

51 »Nous nous étions imaginé que le procès de Rennes était le cinquième acte de la terrible tragédie que nous vivons depuis bientôt deux ans … Et voilà que nous nous sommes trompés, un péripétie nouvelle se déclare, la plus inattendue, la plus affreuses de toutes, assombrissant encore le drame, le prolongeant et le lançant ver une fin ignorée, devant laquelle notre raison se trouble et défaille.

Le procès de Rennes n'était décidément que le quatrième acte ... quel sera donc le cinquième? de quelles douleurs et de quelles souffrances nouvelles va-t-il donc être fait, à quelle expiation suprême va-t-il jeter la nation? Car, n'est-ce pas? il est bien certain que l'innocent ne peut pas être condamné deux et qu'un tel dénouement étendrait le soleil et soulèverait les peuples!« Zola, *La Vérité en marche*, 159.

52 »Mon cher Dreyfus, je vous remercie de votre petit mot. Je me figure votre joie et celle des vôtres. J'aurais préféré, vous le savez, le Conseil de guerre, mais je ne m'entête pas. Cela vaut peut-être mieux ainsi.« A. Dreyfus, *Carnets*, 261.

53 Ibid., 273.

54 Franz Kafka, *Briefe an Milena*. Erweiterte und neu geordnete Ausgabe. Hg. von Jürgen Born und Michael Müller (Frankfurt am Main: Fischer, 1986), 288.

5 »Dreyfus wurde rehabilitiert, Picquart Kriegsminister, ohne daß jemand mit der Wimper gezuckt hätte.«

1 »Dreyfus a été réhabilité, Picquart ministre de guerre sans qu'on crie ouf!« Marcel Proust, *À la recherche du temps perdu*, vol 7: *Le temps retrouvé* (Paris: Robert Lafont, 1987), 649; deutsch: Proust, *Auf der Suche nach der verlorenen Zeit 7. Die wiedergefundene Zeit*, übersetzt von Eva Rechel-Mertens; revidiert von Luzius Keller (Frankfurt: Suhrkamp, 2002), 155.

2 Blum, *Beschwörung der Schatten*, 49.

3 Anatole France, *L'Ile des pingouins* (Paris: Calmann-Levy, 1927); Anatole France, *L'Anneau d'améthyste* (Paris: Calmann-Levy, 1899); Anatole France, *Monsieur Bergeret à Paris* (Paris: Calmann-Lévy, 1901); Roger Martin du Gard (1881-1958), ein bedeutender Romancier und Nobelpreisträger, wurde berühmt durch seinen neunbändigen Romanzyklus *Die Thibaults* (1921-1940). Die Affäre ist eines der Leitthemen seines 1913 publizierten *Jean Barois*. 1913 war *Jean Barois* ein großer Erfolg. Heute wirkt er allzu programmatisch und hölzern.

4 Proust, *Jean Santeuil*, übersetzt von Eva Rechel-Mertens, revi-

diert und ergänzt von Luzius Keller, hg. von Mariolina Bongio-
vanni Bertini (Frankfurt: Suhrkamp, 1992), 680-81.

5 Ibid., 729.

6 Proust, *Auf der Suche nach der verlorenen Zeit 6. Die Flüchtige*,
   übersetzt von Eva Rechel-Mertens; revidiert von Luzius Keller
   und Sibylla Laemmel (Frankfurt: Suhrkamp, 2001), 248.

7 Proust, *Auf der Suche nach der verlorenen Zeit 3. Guermantes*,
   übersetzt von Eva Rechel-Mertens; revidiert von Luzius Keller
   und Sibylla Laemmel (Frankfurt: Suhrkamp, 1996), 358.

8 Ibid., 369.

9 Proust, *Auf der Suche nach der verlorenen Zeit 7. Die wiedergefundene Zeit*, übersetzt von Eva Rechel-Mertens; revidiert
   von Luzius Keller (Frankfurt: Suhrkamp, 2002), 51.

Die Akteure

Blum, Léon (1872-1950), französischer Journalist, Richter und Führer der sozialistischen Partei, Gründungsmitglied der Pariser intellektuellen Elite. Er war dreimal französischer Ministerpräsident: von 1936 bis 1937 als Chef der *Front Populaire*-Regierung; 1938 einen Monat lang und vom 16. Dezember 1946 bis zum 22. Januar 1947. Blum hatte sich schon früh und entschlossen für Dreyfus eingesetzt und schrieb unmittelbar nach Dreyfus' Tod 1935 seine Erinnerungen an die Affäre in einer Artikelserie für die Wochenzeitung *Marianne* auf, die anschließend unter dem Titel *Souvenirs sur l'Affaire* als Buch veröffentlicht wurden. (Deutsch: *Beschwörung der Schatten*, 2005)

Boisdeffre, Charles Le Mouton de (1839-1919), wurde im September 1893 Generalstabschef. Deutlich geprägt durch seine Erziehung an Jesuitenschulen, vertuschte und unterstützte er die illegalen Machenschaften des Kriegsministers General Auguste Mercier, unter dem er gedient hatte, und die seiner Untergebenen General Arthur Gonse und Major Joseph Henry sowie ihrer Mitarbeiter. Seine Zeugenaussage fiel bei der Verurteilung Émile Zolas im ersten Verleumdungsprozeß und bei Dreyfus' Schuldspruch im Militärgerichtsprozeß von Rennes 1899 stark ins Gewicht. Nach Henrys Selbstmord nahm er seinen Abschied von der Armee.

Brisson, Henri (1835-1912), war Ministerpräsident, als die Regierung im September 1898 endlich Lucie Dreyfus' Antrag auf Revision des Pariser Militärgerichtsurteils durch den Kassationshof annahm.

Cavaignac, Godefroy (1853-1905), war Kriegsminister im Kabinett Henri Brissons; er verlas am 7. Juli 1898 in einer Rede vor der Abgeordnetenkammer die entscheidenden Dokumente des Geheimdossiers, die seiner Überzeugung nach Dreyfus' Schuld bewiesen. *Le faux Henry* gehörte dazu. Kurz danach jedoch entdeckte Cavaignacs Militärattaché, daß *le faux Henry* eine plumpe Fälschung war. Cavaignac trat nach Henrys Selbstmord zurück, da er nicht bereit war, dem Antrag der Regierung auf Revision des Pariser Militärgerichtsurteils zuzustimmen, und blieb sein Leben lang ein lautstarker Dreyfusgegner.

Clemenceau, Georges (1841-1929), war mit Unterbrechungen seit 1871 Abgeordneter der Nationalversammlung, bis er 1893 nicht mehr wiedergewählt wurde, weil er – zu Unrecht – beschuldigt wurde, ein bezahlter Agent Großbritanniens zu sein, und weil er marginal in den Panama-Skandal verwickelt war. Als Herausgeber der Zeitung *L'Aurore* setzte er sich energisch für die Revision des Pariser Militärgerichtsurteils gegen Dreyfus von 1894 ein. Er war verantwortlich für die Publikation von Zolas offenem Brief an den Präsidenten Faure und für den Titel »J'accuse«, unter dem er in *L'Aurore* veröffentlicht wurde. Clemenceau wurde 1902 in den Senat gewählt, war von Oktober 1906 bis Juli 1909 Ministerpräsident und machte Georges Picquart, der inzwischen Brigadegeneral geworden war, zum Kriegsminister seines Kabinetts. Im November 1917 wurde er noch einmal Ministerpräsident und Chef eines Koalitionskabinetts, in dem er sein eigener Kriegsminister war. Seine unerbittliche Kriegsführung in Zusammenarbeit mit Marschall Ferdinand Foch trug ihm den Beinamen *Père de la Victoire* (Vater des Sieges) ein. Um 1880 hatte er sich bereits einen anderen Spitznamen zugezogen: Tiger nannte man ihn wegen seiner aggressiven Wildheit in der Politik.

Demange, Edgar (1841-1925), Anwalt, Freund und Berater von Dreyfus; er verteidigte Dreyfus in den Prozessen vor den Militärgerichten von Paris und Rennes.

Dreyfus, Lucie (1869-1945), Tochter des wohlhabenden Diamantenhändlers David Hadamard und seiner Frau Louise. Lucie heiratete Alfred Dreyfus am 21. April 1890. Ihre beiden Kinder Pierre und Jeanne wurden im April 1891 und Februar 1893 geboren. Lucie Dreyfus kämpfte während der ganzen Affäre unermüdlich für die Freilassung ihres Mannes.

Dreyfus, Mathieu (1857-1930), Alfreds Bruder, überließ die Leitung des Familienunternehmens seinen beiden älteren Brüdern, um sich ganz für den Freispruch und die Rehabilitierung seines jüngeren Bruders einsetzen zu können. Nachdem er dieses Ziel erreicht hatte, nahm er seine Arbeit als Unternehmer wieder auf. Seine Erinnerungen an die Affäre hielt er in *L'Affaire telle que je l'ai vécue* fest.

Esterházy, Ferdinand Walsin (1847-1923), Abkömmling eines illegitimen Seitenzweigs der vornehmen ungarischen Magnaten-Familie, trat 1870 in die französische Fremdenlegion ein und nahm am Deutsch-Französischen Krieg teil. Er war ein Schwindler, ein unverbesserlicher Lügner und Intrigant, aber nicht ohne Witz und Verstand. 1877 wurde er in das Nachrichtenbüro versetzt, blieb dort aber nur kurz. Im Juli 1894 begann er, inzwischen zum Major befördert, seine Laufbahn als Spion für Maximilian Schwartzkoppen, der als Militärattaché der deutschen Botschaft in Paris akkreditiert war. Im Januar 1897 wurde Esterházy, nachdem ihn Mathieu Dreyfus als den wirklichen Verfasser des *Bordereau* angezeigt hatte, vor ein Militärgericht gestellt und freigesprochen. Nach Henrys Selbstmord im August 1898 wurde er aus der Armee ausgeschlossen, floh nach England und blieb bis zum Lebensende unter dem Namen Comte Jean de Volmont in Harpenden in Herfordshire. 1898 publizierte er *Les dessous de l'affaire Dreyfus*, seine verzerrte, oft unterhaltsame Version der Affäre.

Faure, Félix (1841-1899), Staatspräsident Frankreichs von Januar 1895 bis zum 16. Februar 1899, als er im Zuge eines amourösen Kraftakts an einem Schlaganfall starb. Faure war ein erbitterter Gegner der Revision des Urteils von 1894, spielte aber trotzdem für die Entlastung von Dreyfus eine wichtige Rolle, weil er Dr. Joseph Gibert mitteilte, daß das Pariser Kriegsgericht den Angeklagten aufgrund des Geheimdossiers schuldig gesprochen hatte.

France, Anatole (1844-1924), ursprünglich Jacques Anatole Thibault, war der Sohn eines Pariser Buchhändlers. Er war sehr produktiv, und obwohl er in vielen literarischen Gattungen schrieb, ist er hauptsächlich als Romancier in der Tradition des französischen Klassizismus bekannt. Sein erster großer Erfolg war *Le crime de Sylvestre Bonnard* (*Professor Bonnards Schuld*); der zu seinen Lebzeiten berühmteste Roman wurde *La Rôtisserie de la Reine Pédauque* (*Die Bratküche zur Königin Gänsefuß*). Als er zu der Überzeugung gekommen war, daß Dreyfus unschuldig sei, beteiligte er sich intensiv am Kampf für die gerichtliche Überprüfung des Pariser Militärgerichtsverfahrens. In drei Romanen von Anatole France – *Die Insel der Pinguine, Der Amethystring* und *Professor Bergeret in Paris* – spielt die Affäre eine Rolle. 1921 erhielt France den Nobelpreis für Literatur.

Gonse, Charles-Arthur (1838-1917), General der französischen Armee, war zur Zeit der Affäre stellvertretender Generalstabschef. Der Leiter des Nachrichtenbüros war ihm unterstellt. Wie General Boisdeffre war er gegen eine Revision des Pariser Militärgerichtsurteils durch den Kassationshof. Statt dessen führte er Regie in der Intrige, die Picquart kaltstellen und aus der Armee ausschließen sollte, und deckte oder initiierte Henrys strafbare illegale Aktivitäten. Nach Henrys Selbstmord wurde er gezwungen, aus der Armee auszuscheiden.

Henry, Joseph (1846-1898), ein Bauernsohn mit lückenhafter Schulbildung, verheiratet mit einer Wirtstochter, diente sich in der Armee hoch und arbeitete als Adjutant General de Miribels, durch dessen Protektion er 1877 zum erstenmal dem Nachrichtenbüro zugewiesen wurde. Ein Jahr später wurde er zur Truppe zurückversetzt, und 1893, kaum ein Jahr vor Dreyfus, wurde er auf Intervention de Miribels wieder dem Nachrichtenbüro zugeordnet. Er spielte eine zentrale Rolle in der Affäre. Im Pariser Prozeß schwor er einen Meineid auf seine Aussage, daß er aus zuverlässiger Geheimdienstquelle erfahren habe, Dreyfus sei der Verräter im Generalstab. Er war auch der Fälscher des *faux Henry,* und er organisierte die Aktion zur Vertreibung Picquarts aus der Armee und zum Schutz Esterházys. Durch seinen Selbstmord am 31. August 1898 wurde die Revision des Pariser Militärgerichtsurteils und schließlich auch Dreyfus' Entlastung unausweichlich.

Jaurès, Jean (1859-1914), ein Bauernsohn wie Henry, war ein brillanter Schüler und bestand das Aufnahmeexamen für die hochangesehene *École Normale Supérieure* als Jahrgangsbester. Danach absolvierte er eine zweite Auswahlprüfung, die *agrégation* in Philosophie, lehrte einige Jahre lang Philosophie, erst an einer Schule in Albi und dann an der Universität Toulouse, und wendete sich danach dem Journalismus und der sozialistischen Politik zu. Als er sich von Dreyfus' Unschuld überzeugt hatte, verteidigte er ihn in schlagkräftigen Artikeln, die in *La Petite République* erschienen und später als Buch mit dem Titel *Les Preuves* veröffentlicht wurden. 1903 bahnte er mit seiner meisterhaften Rede vor der Abgeordnetenkammer der Revision des Militärgerichtsurteils von Rennes den Weg. 1905 wurde er zum Anführer der sozialistischen Bewegung in Frankreich. Er war überzeugt von der internationalen Zusammengehörigkeit der Arbeiterbewegung und setzte sich nachhaltig für bessere Beziehungen zwischen Frankreich und Deutschland und für einen Streik der deutschen Arbeiter gegen den Krieg ein. Jaurès wurde am 31. Juli 1914 von einem fanatischen Nationalisten ermordet.

Lazare, Bernard (1865-1903), Lazare Marcus Manassé Bernard (den Namen Bernard Lazare nahm er an) stammte aus einer assimilierten bürgerlichen Familie, die hohe jüdische Feiertage beachtete, aber im übrigen nicht religiös war. Nach dem Studium an der Pariser *École des Chartes* tendierte er zum Anarchismus und wurde als unabhängiger, scharfsinniger Literaturkritiker bekannt. In den neunziger Jahren wandte er sich der Judenfrage zu und veröffentlichte 1894 *L'antisémitisme, son histoire et ses causes*. Im Frühjahr 1895 sicherte sich Mathieu Dreyfus Lazares Mithilfe bei der Aufgabè, Intellektuelle zum Einsatz für seinen Bruder zu bewegen, und regte ihn kurz danach an, eine Broschüre zu verfassen, die nachweisen würde, daß das Pariser Militärgerichtsurteil rechtswidrig war. Daraus resultierte das Pamphlet *Une erreur judiciaire: la vérité sur l'affaire Dreyfus*, das am 6. November 1896 an Abgeordnete der Kammer, Mitglieder des Senats und tonangebende Intellektuelle verteilt wurde. In dieser Schrift wurde zum erstenmal begründet und unwiderleglich bewiesen, daß eine Revision notwendig war.

Mercier du Paty de Clam, Armand (1853-1916), Sproß einer alten Familie, Absolvent der Militärakademie *Saint-Cyr* und der *École d'État-Major* (Vorgängerin der *École Supérieure de Guerre*), war stellvertretender Leiter einer Abteilung des Generalstabs. Er war der Offizier, der Dreyfus am Tag der Verhaftung den Text des *Bordereau* diktierte und die Voruntersuchung im Fall Dreyfus leitete. Er war der Verfasser des Kommentars zum Geheimdossier, der den Pariser Kriegsräten zusammen mit diesen Schriftstücken übergeben wurde, und er überbrachte dem Gerichtspräsidenten das Geheimdossier. Du Paty war großspurig, hochmütig, hatte eine ausschweifende Phantasie, trug gern Frauenkleider und ließ sich von Gonse und Henry überlisten, in der Intrige zum Schutz Esterházys und zur Vernichtung Picquarts eine Hauptrolle zu übernehmen. Im Juni 1899 wurde er wegen Fälschung verhaftet, dann aber freigesprochen. Nach dem Selbstmord Henrys wurde er aus dem aktiven Dienst zur Reserve versetzt und 1904 zwangsweise pensioniert. Bei Ausbruch des Ersten Weltkriegs meldete er sich freiwillig zum Kriegsdienst, bat um Einsatz an der Front und starb an Verwundungen, die er sich im Kampf zugezogen hatte.

Mercier, Auguste (1833-1921), General und von Dezember 1893 bis Januar 1895 Kriegsminister, die treibende Kraft hinter dem Urteil des Pariser Kriegsgerichts; er hatte dafür gesorgt, daß du Paty den Kriegsräten das Geheimdossier überbrachte. Er blieb ein unerbittlicher Gegner der gerichtlichen Überprüfung und hatte auf den Schuldspruch des Militärgerichts von Rennes großen Einfluß. Nachdem er 1902 in den Senat gewählt worden war, arbeitete er weiter gegen Dreyfus und erhob Einspruch gegen das Gesetz, das Dreyfus rehabilitierte und seine Wiederaufnahme in die Armee vorschrieb.

Paléologue, Maurice (1859-1944), ein brillanter junger französischer Diplomat mit einzigartigen Verbindungen. Paléologue war zuständig für die Kontaktpflege zwischen Außenministerium und Nachrichtenbüro und beobachtete als Vertreter des Ministeriums Zolas Verleumdungsprozeß, das Verfahren des Kassationshofs zur Überprüfung des Pariser Militärgerichtsurteils und den Prozeß in

Rennes. Seine Erinnerungen an die Affäre, *Journal de l'Affaire Dreyfus 1894-1899,* wurden 1955 posthum publiziert. Paléologue war ein guter Autor, und er überarbeitete die Notizen, die er im angegebenen Zeitraum laufend in sein Tagebuch eintrug, zu einer lebendigen Erzählung. Abgesehen von dieser stilistischen Überarbeitung, die er vielleicht vornahm, um einen besseren Eindruck zu machen, gibt es keinen Grund, zu bezweifeln, daß er in seinem Tagebuch die Entwicklung der Ereignisse so wiedergab, wie sie sich ihm darstellte. Vor seiner Pensionierung erreichte Paléologue die höchste Stufe der französischen Diplomatenlaufbahn; er wurde Generalsekretär im Außenministerium.

Picquart, Georges (1854-1914), ein vorbildlicher Offizier, dessen Karriere fast zehn Jahre lang unterbrochen war, weil er an der Überzeugung festhielt, daß Dreyfus unschuldig war. Er war einer der Heroen der Sache Dreyfus. Seine Entdeckung, daß Esterházy das *Bordereau* geschrieben hatte und daß nichts im Geheimdossier Dreyfus belastete, machte dessen Freispruch am Ende unumgänglich. 1906 wurde Picquart wieder in die Armee aufgenommen und zum Brigadegeneral befördert; unter Clemenceau war er Kriegsminister. Nach der Abwahl der Regierung Clemenceau wurde Picquart Kommandeur einer Pariser Division; er starb am 14. Januar 1914 an den Folgen einer Verletzung nach einem Sturz vom Pferd.

Scheurer-Kestner, Auguste (1833-1899), ein Grandseigneur der französischen Politik in den letzten beiden Jahrzehnten des neunzehnten Jahrhunderts und ein unerschütterlicher Verteidiger der Republik, Senator auf Lebenszeit und zur Zeit der Affäre Vizepräsident des Senats. Seine Wiederwahl im Januar 1898 scheiterte daran, daß er öffentlich Dreyfus' Unschuld erklärt und auf Revision des Pariser Kriegsgerichtsurteils gedrängt hatte. In der Hauptsache war es sein Verdienst, daß Zola von Dreyfus' Unschuld überzeugt und zu einem Parteigänger für ihn wurde. Scheurer starb an dem Tag, als Dreyfus vom Staatspräsidenten begnadigt wurde.

Schwartzkoppen, Maximilian von (1850-1917), vom 10. Dezember 1891 bis 11. November 1897 Militärattaché an der deutschen Botschaft in Paris, danach abberufen, um in Deutschland das Kommando über ein Regiment der Kaiserlichen Garde zu übernehmen. Er war Esterházys Auftraggeber, und seine Achtlosigkeit im Umgang mit zwei wichtigen Dokumenten, dem *Bordereau* und dem *petit bleu*, führte dazu, daß Dreyfus wegen eines Landesverrats angeklagt wurde, den er nicht begangen hatte, und schließlich zur Entlarvung Esterházys. Schwartzkoppen schrieb seine Erinnerungen an die Affäre und seine Rolle darin im Jahr 1903. 1930 wurden sie zusammen mit einem ausführlichen Kommentar seines Herausgebers veröffentlicht. Schwartzkoppen war zuletzt Generalleutnant der Infanterie. 1916 kommandierte er eine Infanteriedivision an der deutschen Ostfront und starb an einer Krankheit, die er sich im Dienst zugezogen hatte.

Zola, Émile (1840-1902) ist ebenso sehr wie Mathieu Dreyfus und Picquart zu verdanken, daß Dreyfus schließlich rehabilitiert wurde. Die bekanntesten Romane dieses unglaublich begabten Romanciers sind wahrscheinlich *Thérèse Raquin* und die danach entstandenen zu dem zweiundzwanzigbändigen Rougon-Macquart-Zyklus gehörenden Werke *La Curée (Die Beute)*, *L'Assommoir (Der Totschläger)*, *Nana* und *Germinal*. »J'accuse«, sein offener Brief vom 13. Januar 1898 an den Präsidenten der Republik, bildet einen Wendepunkt in der Affäre Dreyfus: Er führte unmittelbar zur Verleumdungsklage gegen Zola. Der Verleumdungsprozeß verwandelte sich in ein Forum, auf dem die Nichtigkeit der Beschuldigungen gegen Dreyfus und die rechtswidrigen Machenschaften des Generalstabs öffentlich angeprangert wurden.

Chronologie

1859   Am 9. Oktober wird Alfred Dreyfus in Mulhouse (Mülhausen) im Elsaß, damals ein Teil Frankreichs, geboren. Er ist das jüngste der sieben Kinder von Raphael and Jeannette (geb. Libman) Dreyfus.

1878   Dreyfus wird zum Studium an der *École Polytechnique* zugelassen. Er besteht die Aufnahmeprüfung als 182. von 236 angenommenen Bewerbern.

1880   Dreyfus macht das Abschlußexamen als 128. von 235; er wird als Leutnant in die *École d'application de l'artillerie et du genie*, die Artillerie- und Ingenieursschule, aufgenommen. Er besteht die Aufnahmeprüfung als 38. von 103 Kandidaten. Beim Abschlußexamen ist er der 32. von 97 Absolventen.

1889   Dreyfus wird zum Hauptmann befördert.

1890   Alfred Dreyfus heiratet Lucie Hadamard (1869-1945).
Er beginnt das Studium an der *École Supérieure de Guerre*.

1892   Dreyfus macht sein Examen als neuntbester von 81 Kandidaten.

1893   Am 1. Januar tritt Dreyfus seinen Dienst als Anwärter beim Generalstab der französischen Armee an.

1894   20. Juli
Major Ferdinand Walsin-Esterházy bietet dem deutschen Militärattaché Maximilian von Schwartzkoppen seine Dienste an.
ca. 25. Sept.
Das als *Bordereau* bekanntgewordene Schriftstück trifft in der *Section de Statistique* (d.i. die Abteilung für Spionage und Gegenspionage, das Nachrichtenbüro im Generalstab) ein. Es kommt auf dem »üblichen Weg« über Madame Bastian, eine in der deutschen Botschaft beschäftigte, vom Nachrichtenbüro bezahlte Putzfrau. Sie hatte es aus Schwartzkoppens Papierkorb geholt. Das *Bordereau* do-

kumentiert angeblich den Verrat französischer Militärgeheimnisse an Schwartzkoppen.

6. Okt.

Nach einer schnell durchgeführten Untersuchung – unter anderem verglich Major du Paty de Clam die Schrift auf dem *Bordereau* mit der Handschrift von Dreyfus – kam die Kommission des Generalstabs zu dem Schluß, daß Dreyfus der Verräter sei.

15. Okt.

Dreyfus wird unter Verdacht auf Landesverrat festgenommen und im Militärgefängnis an der Rue du Cherche-Midi in Isolationshaft gehalten. Du Paty leitet die geheime Voruntersuchung. Gegen Ende des Monats berichtet er seinen Vorgesetzten, daß das einzige Dreyfus belastende Dokument (das *Bordereau*) nur schwache Beweiskraft hat.

31. Okt.

Die halbamtliche Nachrichtenagentur Havas gibt bekannt, daß ein französischer Offizier unter Spionageverdacht steht und verhaftet wurde. Die Tageszeitung *Le Soir* identifiziert Dreyfus als diesen Offizier.

1. Nov.

La Libre Parole, eine rechtsradikale und antisemitische Zeitung, veröffentlicht einen langen Artikel über Dreyfus. Das ist der Beginn einer vehementen Hetzkampagne gegen Dreyfus in diesem und anderen Blättern der gleichen Sorte, *l'Intransigeant*, *le Petit Journal* und *l'Éclair*. Ihre Redaktionen erhalten offenbar geheime Informationen von Beamten aus dem Nachrichtenbüro, die damit die Regierung zwingen wollen, den jüdischen »Verräter« vor Gericht zu stellen.

7. Nov.

Eine offizielle Voruntersuchung gegen Dreyfus beginnt. Drei von fünf befragten Schriftsachverständigen erklären, das *Bordereau* trage seine Handschrift.

19. Dez.

Der Kriegsgerichtsprozeß beginnt. Dreyfus' Anwalt ist Edgar Demange. Gegen Demanges Einspruch verhandeln die Richter unter Ausschluß der Öffentlichkeit.

22. Dez.

Letzter Verhandlungstag. Der Kriegsminister General Mercier wird gewarnt, daß der Fall schlecht für die Anklage steht, und befiehlt du Paty, dem Vorsitzenden des Miltärtribunals heimlich eine Akte, das *dossier secret*, zukommen zu lassen, mit der Anordnung, den Kriegsräten die darin gesammelten Dokumente zur Kenntnis zu geben. Das Dossier enthält unter anderem die Kopie eines Briefes des italienischen Militärattachés an Schwartzkoppen, in dem »die Kanaille D.« erwähnt wird, und einen Kommentar von du Paty, der dem Inhalt des Dossiers die nötige belastende Interpretation gibt. Weder Dreyfus noch Demange werden über die Existenz oder den Inhalt des Dossiers informiert. Anscheinend verstehen weder die Kriegsräte noch Major Picquart, der dem Kriegsminister und dem Generalstabschef General de Boisdeffre täglich über den Prozeßverlauf Bericht erstattet, daß die Aushändigung des Dossiers ein strafbarer Verstoß gegen die Rechte des Angeklagten Dreyfus ist.

Die Militärrichter sprechen Dreyfus einstimmig schuldig und verurteilen ihn zu militärischer Degradierung, Deportation und lebenslänglicher Haft an einem befestigten Ort.

31. Dez.

Dreyfus' Einspruch gegen das Urteil wird abgelehnt.

1895 **5. Jan.**

Öffentliche Degradierung von Dreyfus im großen Hof der *École Militaire*.

15. Jan.

Casimir Perier, der Präsident der Republik Frankreich, tritt zurück. Am 17. Januar tritt sein Nachfolger Félix Faure das Amt an.

17. Jan.

Bevor Mercier sein Büro räumt, verbrennt er in Gegenwart des Nachrichtenbüroleiters Oberstleutnant Sandherr den Kommentar du Patys zum Geheimdossier, gibt ihm die übrigen Papiere der Akte mit dem Auftrag, die Dokumente in die Aktenordner zurückzulegen, aus denen sie entnommen wurden, und verlangt von seinen Untergebenen – Sandherr, General de Boisdeffre, General Gonse, du Paty, and Major Henry – ihr Ehrenwort, daß sie niemals verraten werden, was vor dem Militärgerichtsprozeß gegen Dreyfus und während der Verhandlung geschah. Er befiehlt auch die Vernichtung aller übrigen Kopien des du-Paty-Kommentars.

Sandherr hält sich nicht an Merciers Befehl, sondern legt seine eigene Kopie von du Patys Kommentar zu den Dokumenten des Dossiers, steckt alles zusammen in einen Umschlag, den er versiegelt und in seinem Büro behält.

21. Feb.

Dreyfus wird an Bord des Schiffs gebracht, das ihn zur Teufelsinsel befördert.

Ungefähr zur selben Zeit erklärt Präsident Félix Faure seinem Freund und Leibarzt Dr. Joseph Gibert, Dreyfus sei auf Grund des Geheimmaterials, das den Militärrichtern zugespielt wurde, verurteilt worden, nicht auf Grund des *Bordereau* oder irgendwelcher Erkenntnisse, die sich im Lauf des Prozesses ergeben hätten. Gibert informiert Mathieu Dreyfus, der eine Möglichkeit zur Revision des Militärgerichtsurteils und Aufhebung des Schuldspruchs sucht, über den Inhalt dieses Gesprächs.

März-April

Demange erhält vom Justizminister Ludovic Trarieux die Bestätigung des Gerüchts, daß die Kriegsräte einen Brief mit der Wendung »die Kanaille D.« gesehen haben.

Juni

Mathieu engagiert Bernard Lazare, einen vielversprechenden jungen Kritiker, der ihm helfen soll, bei Schriftstellern und anderen Intellektuellen um Unterstützung für Alfred Dreyfus zu werben, und beauftragt ihn, ein Memorandum vorzubereiten, aus dem hervorgehen soll, daß die Verurteilung Alfreds ein Justizirrtum war.

1. Juli

Oberstleutnant Georges Picquart löst Sandherr als Leiter des Nachrichtenbüros ab.

1896   20. Feb.

Esterházy sucht Schwartzkoppen in der deutschen Botschaft auf. Der Attaché äußert seine Unzufriedenheit mit Esterházys Diensten und droht ihm, die Geschäftsbeziehung zu beenden.

Anfang März

Ein an Esterházy adressierter Eilbrief (*le petit bleu*) wird in Schwartzkoppens Papierkorb gefunden und kommt auf dem »üblichen Weg« ins Nachrichtenbüro.

Picquart erkennt die Bedeutung des Briefes, läßt Esterházy polizeilich überwachen und beginnt mit der Untersuchung von Esterházys Aktivitäten der letzten Zeit.

Sommer

Er verschafft sich Proben von Esterházys Handschrift, vergleicht sie mit dem *Bordereau* und stellt fest, daß die Schriften identisch sind. Er untersucht die Dokumente im Geheimdossier und erkennt, daß das Dossier keine beweiskräftigen Schriftstücke enthält. Das zwingt ihn zu dem Schluß, daß Dreyfus unschuldig ist. Der Landesverräter ist Esterházy.

1. Sept.

Picquart schreibt den ersten offiziellen Bericht für seine Vorgesetzten, legt dar, was er gefunden hat, und versucht dann vergeblich, sie von der Unschuld des Angeklagten Dreyfus und der Schuld Esterházys zu überzeugen. Er weist General Gonse und General de Boisdeffre darauf hin, daß es für das Ansehen der Armee dringend notwendig ist, das Dreyfus angetane Unrecht sofort zu korrigieren. Die Haltung der Generäle verhärtet sich: Eine Revision des Militärgerichtsurteils von 1894 möchten sie um jeden Preis vermeiden.

3. Sept.

Eine britische Zeitung meldet fälschlich, Dreyfus sei von der Teufelsinsel geflohen. Die Geschichte hatte ein Journalist erfunden, den Mathieu dazu angeworben hatte, der Öffentlichkeit den Fall Dreyfus präsent zu halten. Ergebnis der Falschmeldung ist, daß die Haftbedingungen für Dreyfus brutal verschärft werden, angeblich, um seine Flucht zu verhindern. Sechs Wochen lang wird er jede Nacht mit Ketten an sein Bett gefesselt.

9./14. Sept.

L'Éclair, eine politisch rechtsstehende, antisemitische Zeitung, bringt zwei Artikel über den Inhalt und die Auslieferung des Geheimdossiers an die Militärrichter. Die Artikel geben den ungefähren Text des *Bordereau* wieder. Sie sollen Zweifel an Dreyfus' Schuld zerstreuen und jede Neigung zum Mitgefühl mit dem Verräter im Keim ersticken. Im zweiten Artikel wird behauptet, der Buchstabe D. in dem Brief des Dossiers, der von »der Kanaille D.« handelt, beziehe sich eindeutig auf Dreyfus.

18. Sept.

Dreyfus' Frau Lucie reicht bei der Abgeordnetenkammer einen Antrag auf Revision des Kriegsgerichtsurteils ein; sie begründet ihn mit den Enthüllungen in *L' Éclair*, die von der Regierung nicht dementiert worden waren.

27. Okt.

Der Kriegsminister General Billot unterzeichnet einen Befehl, der Picquart zu einer Inspektionsreise nach Ostfrankreich und Tunesien abkommandiert. Er setzt jedoch noch kein Abreisedatum fest.

2. Nov.

Major Henry, der Stellvertreter Picquarts im Nachrichtenbüro, übergibt General Gonse einen Brief, angeblich ein Schreiben des italienischen Militärattachés an Schwartzkoppen, in Wahrheit aber eine Fälschung Henrys mit dem Ziel, Dreyfus unwiderleglich zu belasten. Dieser Brief wird als *le faux Henry* (die Henry-Fälschung) bekannt. Obwohl Picquart nominell noch Leiter des Nachrichtenbüros ist, zeigen ihm weder Henry noch Gonse, noch der Generalstabschef General de Boisdeffre dieses Dokument.

6. Nov.

Bernard Lazares Broschüre *Une erreur judiciaire. La vérité sur l'Affaire Dreyfus* (Ein Justizirrtum. Die Wahrheit über die Affäre Dreyfus) wird veröffentlicht und unter den führenden französischen Politikern und Intellektuellen verteilt.

10. Nov.

Die Tageszeitung *Le Matin* druckt ein Faksimile des *Bordereau* ab. Sie gibt die widerrechtliche Auslieferung des Geheimdossiers an die Militärrichter im Prozeß von 1894 bekannt und erwähnt den »die Kanaille D.«-Brief.

16. Nov.

Picquart verläßt Paris.

14. Dez.

Henry fälscht den »Speranza«-Brief, schickt ihn mit der Post an Picquart und fängt ihn ab, bevor er dem Empfänger zugestellt wird. Das ist die erste von mehreren zweideutig formulierten Fälschungen, die er an Picquart abschicken, abfangen lassen und Gonse und Boisdeffre zeigen wird. Sie dienen dazu, Picquart bei den Generälen in Mißkredit zu bringen, und schaffen Beweismaterial für eine Klage gegen ihn, die auf Henrys Anschuldigung beruht, daß Picquart mit der Familie Dreyfus gemeinsame Sache macht und geheime Informationen weitergibt.

1897 April

Picquart schreibt einen »Nachtrag« zu seinem »Testament«, eine Zusammenfassung dessen, was ihm über die Affäre klargeworden ist. Er bewahrt diesen Nachtrag und die Briefe, die Gonse ihm geschrieben hat, in einem versiegelten Umschlag auf, den nur der Präsident der Republik zu öffnen befugt ist.

Juni

Picquart kommt auf Urlaub nach Paris, ist besorgt über Henrys Machenschaften gegen ihn und vertraut seinem Anwalt und Freund Louis Leblois an, was er von Dreyfus' Unschuld und Esterházys Schuld weiß, erwähnt aber nicht den *petit bleu*. Er gibt Leblois den an den Präsidenten der Republik Frankreich adressierten Brief und ermächtigt den Freund, falls er es für notwendig hält, einem Regierungsvertreter seiner Wahl zu sagen, was er weiß.

13. Juli

Leblois gibt alles, was er von Picquart erfahren hat, an den Vizepräsidenten des Senats Auguste Scheurer-Kestner weiter, erschwert ihm aber die Nutzung der Informationen durch erhebliche Beschränkungen.

Am nächsten Tag kündigt Scheurer Mitgliedern des Senats an, daß er eine Kampagne zur Rehabilitation von Dreyfus führen werde.

Aug.-Sept.

Unter Politikern und Journalisten spricht sich herum, daß Scheurer Dreyfus für unschuldig hält und Aktenmaterial besitzt, das den Unschuldsbeweis enthält.

17. Okt.

Esterházy empfängt einen mit »Espérance« unterzeichneten Brief, der ihn warnt, daß Anklage gegen ihn erhoben werde. Mit hoher Wahrscheinlichkeit hat Henry diesen Brief entworfen und seiner Frau diktiert. Das ist der Beginn der Zusammenarbeit des Nachrichtenbüros mit dem Verräter und der Maßnahmen zu seinem Schutz; dazu gehören geheime Absprachen zwischen Esterházy, Henry und du Paty.

Ende Okt.-Anfang Nov.

Durch Vermittlung von Leblois und Scheurer wird Émile Zola von Dreyfus' Unschuld überzeugt und stürzt sich in den Kampf um die Rehabilitation des Verurteilten.

J. de Castro, ein Wertpapierhändler, sieht ein Faksimile des *Bordereau* und erkennt darauf die Handschrift Esterházys, mit dem er geschäftlich zu tun hat. Er informiert Mathieu Dreyfus.

15. Nov.

Mathieu Dreyfus zeigt Esterházy in einem Brief an den Kriegsminister General Billot an. Der Text des Briefes wird der Presse zugänglich gemacht.

17. Nov.

General Billot ordnet eine Voruntersuchung gegen Esterházy an, die von General Georges de Pellieux durchgeführt werden soll. Pellieux kommt zu dem Ergebnis, daß nichts gegen Esterházy vorliege, daß Picquart jedoch schuldig erscheine. Grundlage seiner Einschätzung sind die gefälschten »abgefangenen« Telegramme und seine Erkenntnis, daß der *petit bleu* eine Fälschung ist.

25. Nov.

Empört über die Schmutzkampagne gegen Scheurer in den nationalistischen und antisemitischen Zeitungen, publiziert Zola in *Le Figaro* eine emphatische Verteidigung: »M. Scheurer-Kestner«. In den nächsten beiden Monaten folgen fünf sprachgewaltige Essays, die Gerechtigkeit für Dreyfus fordern.

4. Dez.

Trotz der Ergebnisse von General de Pellieux ordnet der Kriegsminister eine förmliche Ermittlung gegen Esterházy an; Major Ravary wird mit der Durchführung beauftragt. Am selben Tag erklärt der Minister in einer Parlamentsrede, daß Dreyfus zu Recht verurteilt wurde.

7. Dez.

Scheurer richtet im Senat eine Anfrage über den Fall Dreyfus an die Regierung, scheitert jedoch. Billot hat ihn ausmanövriert.

31. Dez.

Ravary kommt zu dem Ergebnis, daß das Verfahren gegen Esterházy einzustellen sei.

1898 1. Jan.

Esterházy, ermutigt von seinen Hintermännern im Generalstab, beantragt ein Militärgerichtsverfahren gegen sich selbst. Er wird vorgeladen.

4. Jan.

Picquart erhebt Klage gegen den oder die unbekannten Verfasser der gefälschten Telegramme, die ihm zugeschickt wurden.

10./11. Jan.

Esterházys Kriegsgerichtsprozeß. Er wird einstimmig freigesprochen.

13. Jan.

Zolas »J'accuse« erscheint in *L'Aurore*; Georges Clemenceau ist verantwortlicher Redakteur für den politischen Teil dieser Zeitung.

Am selben Tag wird Picquart mit sechzig Tagen Festungshaft bestraft; anschließend soll sein Fall – wie von Pellieux angeregt – vor einen militärischen Untersuchungsausschuß gebracht werden.

7. Feb.

Zolas Prozeß wegen Verleumdung der Kriegsräte beginnt und wird dank seiner Verteidiger zu einem Tribunal, in dem der Generalstab und General Mercier die wahren Angeklagten sind.

23. Feb.

Zola wird schuldig gesprochen und zur Höchststrafe verurteilt: ein Jahr Gefängnis und eine Geldbuße von 3000 Francs.

24. Feb.

Ministerpräsident Jules Méline vertritt in seiner Rede vor den Abgeordneten eine harte Linie und erklärt die Fälle Dreyfus und Zola für abgeschlossen.

26. Feb.

Die Militärkommission beschließt mit 4 zu 1 Stimmen den Ausschluß Picquarts aus der Armee.

2. April

Das Urteil gegen Zola wird aufgehoben, da der Prozeß einen Verfahrensfehler enthielt.

23. Mai

Der zweite Verleumdungsprozeß gegen Zola beginnt.

28. Juni

Pierre Brisson bildet ein neues Kabinett und bestimmt Godefroy Cavaignac zum Kriegsminister. Cavaignac ist von Dreyfus' Schuld überzeugt. Er ist feindselig gegenüber Zola und Picquart eingestellt und beabsichtigt, die Dreyfusards unschädlich zu machen, indem er bisher geheimgehaltene Dokumente veröffentlicht, die beweisen, daß Dreyfus schuldig ist.

7. Juli

Cavaignac hält eine Ansprache im Abgeordnetenhaus. Er verliest Dokumente aus dem Geheimdossier, unter anderem den *petit bleu*, und droht mit Repressalien gegen Dreyfusards. Seine Rede wird mit Begeisterung aufgenommen, der Text auf Plakate gedruckt und per Parlamentsbeschluß in ganz Frankreich verteilt.

8. Juli

Jean Jaurès publiziert in *La Petite République* einen offenen Brief an Cavaignac, in dem er ankündigt, er werde die vom Kriegsminister vorgebrachten Beweise in allen Punkten widerlegen. Er löst sein Versprechen mit einer Artikelserie in dieser Zeitung ein. Wenig später werden sie als Buch mit dem Titel *Les Preuves* (Die Beweise) veröffentlicht.

9. Juli

Picquart schreibt dem Ministerpräsidenten, er könne beweisen, daß zwei der von Cavaignac verlesenen Dokumente sich nicht auf Dreyfus beziehen und das dritte, *le faux Henry,* eine Fälschung ist. Der Brief wird in der Pariser Zeitung *Le Temps* abgedruckt.

12. Juli

Cavaignac reicht Klage gegen Picquart und Leblois ein, da Picquart dem Anwalt Zugang zu militärischen Geheimnissen verschafft habe.

13. Juli

Picquart wird festgenommen und im Santé-Gefängnis in Paris inhaftiert.

18. Juli

Der zweite Verleumdungsprozeß gegen Zola endet wieder mit einem Schuldspruch und einer einjährigen Gefängnisstrafe sowie einer Geldbuße. Zola flieht nach London.

13. Aug.

Hauptmann Louis Cuignet, ein Assistent Cavaignacs, stellt bei einer genauen Prüfung des *faux Henry* fest, daß das Dokument eine Fälschung ist.

30. Aug.

Henry gesteht Cavaignac, daß er *le faux Henry* gefälscht hat. Boisdeffre nimmt seinen Abschied aus der Armee.

31. Aug.

Henry begeht in seiner Zelle in der Festung Mont-Valérien Selbstmord.

3. Sept.

Cavaignac tritt als Kriegsminister zurück. Lucie Dreyfus reicht bei der Regierung einen Antrag auf Revision des Urteils von 1894 ein.

4. Sept.

Esterházy flieht nach seinem Ausschluß aus der Armee nach Belgien und von dort aus nach England.

21. Sept.

Picquart wird aus der zivilen Strafanstalt Santé in das Militärgefängnis an der Rue du Cherche-Midi überführt, unter der Anklage, den *petit bleu* gefälscht zu haben, und wartet dort auf seinen Kriegsgerichtsprozeß.

26. Sept.

Nachdem drei Kriegsminister nacheinander zurückgetreten sind, weil sie nicht bereit waren, den Antrag der Regierung auf Revision des Urteils von 1894 zu unterstützen, gibt ein neuer Kriegsminister seine Zustimmung, und der Justizminister übermittelt Lucie Dreyfus' Antrag dem Kassationshof.

29. Okt.

Der Kassationshof entscheidet, daß der Revisionsantrag zulässig ist, und ordnet eine umfassende Überprüfung des Urteils von 1894 an.

16. Nov.

Dreyfus wird telegrafisch benachrichtigt, daß der Kassationshof dem Antrag auf Revision stattgegeben hat. Er ist aufgefordert, seine Verteidigung vorzubereiten.

1899   3. Juni

Die Vereinigten Kammern des Kassationsgerichtes heben das Urteil von 1894 auf und laden Dreyfus vor das Kriegsgericht in Rennes.

5. Juni

Zola kehrt nach Frankreich zurück.

9. Juni

Dreyfus wird an Bord des Kreuzers »Sfax« gebracht; die Fahrt nach Frankreich beginnt. Picquart darf das Santé-Gefängnis verlassen, in dem er seit März – nach der Rückführung aus dem Militärgefängnis – inhaftiert war.

13. Juni

Die Verfahren gegen Picquart und Leblois werden eingestellt.

1. Juli

Dreyfus landet in Frankreich und wird in das Militärgefängnis von Rennes überführt.

8. Aug.

Der Militärgerichtsprozeß in Rennes beginnt.

14. Aug.

Fernand Labori, der Anwalt von Zola und Dreyfus, wird
von einem Attentäter angeschossen und verwundet; der Attentäter wird nie gefaßt.

9. Sept.

Die Militärrichter sprechen Dreyfus mit 5 zu 2 Stimmen
schuldig, billigen ihm mildernde Umstände zu und verurteilen ihn zu zehn Jahren Gefängnis. Am folgenden Tag setzen sie sich dafür ein, daß Dreyfus eine zweite militärische
Degradierung erspart wird.

19. Sept.

Dreyfus wird vom Staatspräsidenten begnadigt. In einer
öffentlichen Erklärung betont er seine Entschlossenheit,
weiter dafür zu kämpfen, daß seine Ehre und sein guter
Name wiederhergestellt werden.

1900   14. Dez.

Ein neues Amnestiegesetz garantiert Straffreiheit für alle
mit der Affäre Dreyfus zusammenhängenden Rechtsbrüche. Dreyfus wird von dieser Amnestie ausgenommen und
kann sich infolgedessen weiter um eine Revision des Urteils
von Rennes bemühen.

1902   29. Sept.

Zola stirbt.

5. Okt.

Zola wird auf dem Friedhof von Montmartre beigesetzt.
Anatole France hält die Hauptgrabrede. Dreyfus nimmt an
der Trauerfeier teil, obwohl es Gewaltdrohungen gegen ihn
gibt.

1904   5. März

Der Kassationshof akzeptiert das Gesuch der Regierung
auf Revision des Urteils von Rennes und auf eine ergänzende Untersuchung. Revisionsgrund ist die Entdeckung neuer

Tatsachen, unter anderem zusätzlicher Fälschungen in dem Dossier, das den Militärrichtern vorgelegt worden war.

1906 11. Juni

Das Kassationsgericht beschließt einstimmig, das Urteil von Rennes zu annullieren, und, mit 31 zu 18 Stimmen, auf eine Rückverweisung zu verzichten. Dieses Urteil des Kassationshofs wird am nächsten Tag in öffentlicher Verhandlung verlesen.

13. Juni

Per Gesetzesbeschluß werden Dreyfus als Major und Picquart als Brigadegeneral wieder in die Armee aufgenommen.

20. Juni

Dreyfus wird in einer Zeremonie im Hof der *École Militaire* in die Ehrenlegion aufgenommen.

1907 26. Juni

Dreyfus nimmt seinen Abschied von der Armee.

1908 4. Juni

Zolas sterbliche Überreste werden ins Panthéon überführt. Ein rechtsextremer Journalist verübt einen Anschlag auf Dreyfus, der mit Frau und Kindern an der Feierlichkeit teilnimmt, und verwundet ihn. Der Attentäter wird freigesprochen mit der Begründung, daß er seine Tat aus Leidenschaft und nicht vorsätzlich begangen habe.

1935 12. Juli

Dreyfus stirbt in seinem Haus in Paris.

Venedig unter vier Augen. Zusammen mit Anka Muhlstein. st 3701. 158 Seiten

Wie Max es sah. Roman. Übersetzt von Christa Krüger. Gebunden und st 2695. 206 Seiten

Zwischen Fakten und Fiktionen. Heidelberger Poetikvorlesungen. Übersetzt von Christa Krüger. es 2526. 115 Seiten

suhrkamp taschenbücher
Eine Auswahl

Isabel Allende
- Fortunas Tochter. Roman. Übersetzt von Lieselotte Kolanoske.
  st 3236. 483 Seiten
- Das Geisterhaus. Übersetzt von Anneliese Botond.
  st 1676. 500 Seiten
- Paula. Übersetzt von Lieselotte Kolanoske. st 2840. 496 Seiten
- Porträt in Sepia. Übersetzt von Lieselotte Kolanoske.
  st 3487. 512 Seiten
- Zorro. Roman. Übersetzt von Svenja Becker. st 3861. 443 Seiten

Jurek Becker. Jakob der Lügner. Roman. st 774. 283 Seiten

Louis Begley
- Ehrensachen. Roman. Übersetzt von Christa Krüger.
  st 3998. 444 Seiten
- Schmidt. Roman. Übersetzt von Christa Krüger.
  st 3000. 320 Seiten

Thomas Bernhard
- Alte Meister. Komödie. st 1553. 311 Seiten
- Holzfällen. st 1532. 336 Seiten
- Wittgensteins Neffe. st 1465. 164 Seiten

Ketil Bjørnstad
- Villa Europa. Roman. Übersetzt von Ina Kronenberger.
  st 3730. 535 Seiten
- Vindings Spiel. Roman. Übersetzt von Lothar Schneider.
  st 3891. 347 Seiten

Lily Brett. Chuzpe. Übersetzt von Melanie Walz.
st 3922. 334 Seiten

Lizzie Doron. Warum bist du nicht vor dem Krieg gekommen? Übersetzt von Mirjam Pressler. st 3769. 130 Seiten

Marguerite Duras. Der Liebhaber. Übersetzt von Ilma Rakusa. st 1629. 194 Seiten

Hans Magnus Enzensberger. Josefine und ich. Eine Erzählung. st 3924. 147 Seiten

Louise Erdrich
- Der Club der singenden Metzger. Roman. Übersetzt von Renate Orth-Guttmann. st 3750. 503 Seiten
- Die Rübenkönigin. Roman. Übersetzt von Helga Pfetsch. st 3937. 440 Seiten

Max Frisch
- Homo faber. Ein Bericht. st 354. 203 Seiten
- Mein Name sei Gantenbein. Roman. st 286. 304 Seiten
- Stiller. Roman. st 105. 438 Seiten

Carole L. Glickfeld. Herzweh. Roman. Übersetzt von Charlotte Breuer. st 3541. 448 Seiten

Philippe Grimbert. Ein Geheimnis. Roman. Übersetzt von Holger Fock und Sabine Müller. st 3920. 154 Seiten

Katharina Hacker
- Die Habenichtse. Roman. st 3910. 308 Seiten

Marie Hermanson
- Der Mann unter der Treppe. Übersetzt von Regine Elsässer. st 3875. 269 Seiten
- Muschelstrand. Roman. Übersetzt von Regine Elsässer. st 3390. 304 Seiten

Yasushi Inoue. Das Jagdgewehr. Übersetzt von Oskar Benl. st 2909. 102 Seiten

Uwe Johnson. Mutmassungen über Jakob. Roman. st 3128. 298 Seiten

James Joyce. Ulysses. Roman. Übersetzt von Hans Wollschläger. st 2551. 1008 Seiten

Daniel Kehlmann. Ich und Kaminski. Roman. st 3653. 174 Seiten

Magnus Mills. Die Herren der Zäune. Roman. Übersetzt von Katharina Böhmer. st 3383. 216 Seiten

Cees Nooteboom. Allerseelen. Roman. Übersetzt von Helga van Beuningen. st 3163. 440 Seiten

Elsa Osorio. Mein Name ist Luz. Roman. Übersetzt von Christiane Barckhausen-Canale. st 3918. 424 Seiten

Amos Oz. Eine Geschichte von Liebe und Finsternis. Roman. Übersetzt von Ruth Achlama. st 3788 und st 3968. 829 Seiten

Ralf Rothmann. Junges Licht. Roman. st 3754. 236 Seiten

Hans-Ulrich Treichel
- Anatolin. Roman. st 4076. 188 Seiten
- Menschenflug. Roman. st 3837. 234 Seiten

Mario Vargas Llosa. Das böse Mädchen. Roman. Übersetzt von Elke Wehr. st 3932. 395 Seiten

Carlos Ruiz Zafón. Der Schatten des Windes. Übersetzt von Peter Schwaar. st 3800. 565 Seiten